AI PROSUMER 가이드

인공지능 시대에
천만 새로운 일자리
만들기

장준호
장기석

밥북
B·O·O·K

이정문 화백이 1965년 그린 '서기 2000년대 생활의 이모저모'이다.
35년 후에는 인공지능으로 우리 생활이 얼마나 변할까?

성원용

서울대 전기정보공학부 명예교수, 국제전기전자공학회(IEEE) 석학 회원

서울대 전기정보공학부 명예교수 성원용입니다. 제가 잘 아는 장준호 인포뱅크 대표가 쓴 『인천만 – 인공지능 시대에 천만 새로운 일자리 만들기』라는 책에 대한 추천서를 쓰게 되어 영광입니다. 일찍이 스탠퍼드대학에서 공학박사 학위를 받은 장준호 대표는 인포뱅크 소프트웨어 회사를 창업하고 성장시킨 성공적인 기업가입니다. 이 책은 산업혁명과 일자리, 인간지능 대 인공지능(AI), 아바타 양성, 인간-로봇 상호 작용 등 일자리 시장에 대한 AI의 영향과 관련된 다양하고 중요한 주제를 통찰력 있고 자세하게 다룰 뿐만 아니라, AI에 의한 일자리 감소에 대한 우려를 넘어 이를 활용하여 새로운 일자리를 창출하는 혁신적인 비전과 해결책을 제시합니다.

장준호 대표의 책에서 가장 인상 깊었던 점은 현대 시대에 AI가 가져오는 도전과 기회를 깊이 이해하고 그 문제와 해결책을 근거 있게 제시하고 있는 것입니다. 장준호 대표는 이미 오랜 경력을 통해서 얻은 소중한 통찰력을 녹여서 이 책에서 AI 시대에 대한 대비책을 설득력 있게 제시합니다. 조만간 은퇴를 준비하는 나이임에도 불구하고 AI 시대 젊은이들의 일자리에 대한 우려에 희망을 주기 위해 이 두꺼운 책을 쓴 열정은 정말로 감동적입니다.

책에서 제시된 '잘 노는 것이 일하는 것이다'라는 생산의 개념에 대한 재정의와 디지털 세계에서 개인을 대표할 수 있는 아바타 창출 등의 해결책은 생각할 거리가 많고 혁신적입니다. 일 예로 AI를 이용하여 만든 개인화된 아바타를 통해 Amazon Mechanical Turk (AMT)와 비슷하게 생산적인 노동에 기여할 수 있고 이를 통해 기본 생활비를 벌 수 있습니다. 이러한 개인용 아바타들을 연결하는 IMM(Integrated Master Mind)의 개념은 신속하고 효율적인 집단지성의 창출과 연결을 가능하게 합니다. IMM의 개념은 앞으로 상품 설계, 마케팅, 정치 등 모든 영역에서 큰 영향력을 발휘할 것으로 확신합니다.

장준호 대표의 과감한 아이디어와 풍부한 지식과 경험에 기반한 이 책은 AI가 일자리 시장에서 가져다주는 충격을 공포와 의혹이 아니라, 희망과 기회로 연결하는 메시지로 가득 찬 훌륭한 역작입니다. 미래의 일자리와 AI의 잠재력에 관심이 있는 모든 분들에게 『인천만 - 인공지능 시대에 천만 새로운 일자리 만들기』를 강력히 추천합니다.

이영일

KAIST- 고려대 정보대학 겸임교수, 해긴대표, 컴투스 창업자

chatGPT가 세상에 등장한 후 처음 든 생각은, 올 것이 왔구나 하는 것이었습니다. 기존의 수준 낮은 인공지능과는 차원을 달리하는 이해력과 분석력, 사고능력을 갖춘 AI의 등장은 사람들을 경악하게 또는 환호하게 만들었습니다. 컴퓨터와 함께 IT업에 30년간 종사해온 본인으로서도 이번의 변화는 무언가 기존 IT를 뿌리부터 흔들 수 있는 파괴력을 지니고 있다고 생각하고 있습니다. 본인의 회사에서도 프로그래머, 디자이너, 기획자 할 것 없이 거의 모든 전문직 종사자들이 AI를 활용하여 업무를 진행하고 있습니다.

이러다 보니 세상이 어떻게 변화하여 갈 것인가, 우리의 삶, 인간의 삶은 어떻게 변화하여 갈 것인가에 대해서 수많은 의견들이 등장하고 있습니다. AI가 우리의 사회와 개인의 삶을 바꾸는 것은 이제 피할 수 없고, 대비할 시간이 많지 않은 현실입니다. 또 우리 한국은 급격한 인구 소멸과 미래를 대비하는 리더십 부재, 나날이 증가하는 무역적자 등 수많은 문제에 직면해 있는 한국으로서는 더더욱 앞으로의 날들에 대한 걱정이 없을 수 없을 것 같습니다.

AI와 우리의 미래, 우리의 대응에 대해서 누군가가 방향성을 제시하기 시작하여야 할 시점이라 생각합니다.

1997년 저자인 장준호 박사님을 처음 뵈었을 때 느낌은 뭔가 아이디어가 가득한 분이시구나, 하는 것이었습니다. 25년간의 교류를 통해 얻은 이해로는, 저자는 일반적인 기술자나 기업가들과는 달리 인문학에도 소양이 깊고, 사회와 미래에 대해 많은 고민과 사고(思考)를 하는 범상하지 않은 기업인이라고 정의할 수 있을 것 같습니다. 깊은 학술적 역량, 오랜 기술 업계의 경력, 수많은 벤처 업체를 키워온 경험과 불교와 서양 철학에 대한 이해가 겸비된 분으로, 제게도 멘토로 많이 도움을 주셨습니다.

이 시점에서, 기술, 기업, 인문학에 깊은 소양을 지닌 한국 벤처업계 1세대인 저자가 전달하는 (1)한국의 입장에서 앞으로의 생활, 사회의 변화에 대한 통찰과 (2)재미난 예시를 통한 AI와 함께하는 미래에 대한 설명, (3)그리고 우리가 가야 할 방향성에 대한 이야기들은 AI에 익숙하건 또는 익숙하지 않건 간에 독자 모두에게 많은 상상과 insight를 줄 수 있을 것이라 생각합니다.

중간중간 다소 전문적인 내용들도 들어있고, 여러 분야에 있어 설명을 할애하여 기술이나 과학 쪽이 아닌 독자들은 이해에 시간이 걸리는 경우도 있겠으나, 편하게 넘어가면서 읽어간다면 AI가 만들어낼 앞으로의 변화에 대해 조금 더 이해하고, 개인과 사회가 대응해 나가야 하는 방향을 만들어가는 데 많은 도움이 될 것이라 생각합니다. 무엇보다도, AI는 전공자들이나 관련자들만 사용하면 그만인 그들만의 전유물이 아니라 저자가 본문에서 설파하는 대로 우리 모두가 사용하고 같이 살아가야 할 "도구"이기 때문입니다. 이 책을 통해 독자분들이 AI가 그려내는 미래에 대해 조금 더 이해하고, 상상하여, 대비할 수 있는 계기를 만나시기를 기원합니다.

추천사

조원동

전 대통령 경제 수석비서관

2016년 이세돌- 알파고 대국 때만 해도, 인공지능은 나의 생활과 직접 관련 없는 매니아들의 일들로 느껴졌었다. 그러나 이제 나의 궁금증을 즉각 풀어주고, 내가 시킨 일을 나보다 더 잘 처리해주는 Chat GPT를 접하면서, 이제 인공지능이 나도 모르게 내 실생활에 스며들고 있음을 느낀다.

인공지능시대 도래의 가속도가 붙으면서, 걱정도 스물스물 피어나기 시작한다. 인공지능에게 내 일자리를 내주어야 하지 않을까? 이미 은퇴할 나이를 넘은 나는 그렇다 치고, 내 아들딸, 내 손주들의 일자리는 어떻게 될까? 사람이 인공지능보다 낫다는 것은 허드렛일이라도 일을 하는 과정에서 쌓인 경험과 지식일 것인데, 인공지능이 허드렛일을 전부 대체한다면, 젊은 사람은 어디에서 경험과 지식을 축적할 수 있을까? 과연 인공지능이 사람의 자각·인지능력까지도 대체할 수 있는 날이 올 것인가? 그러면 인공지능 시대에 살아남는 일자리는 어떤 것들일까? 인공지능시대에 적응하려면 어떠한 능력을 갖추어야 하고, 또 사회는 어떻게 적응해야 할까? 등등…. 답이 쉽지 않은 듯하다. 오죽하면, Chat GPT를 개발한 Open AI사의 초기 투자자였던 일런 머스크를 위시한 인공지능 선구자들도 AI 개발의 속도를 늦춰야 한다고 주장할 정도이니 말이다.

저자는 벤처 1세대로서 본인의 현장 감각과 이공계 출신의 전문성을 바탕으로 한 직관으로 이러한 문제에 대해 과감한 대답을 내놓고 있다. 벤처 1세대로서 창업에 성공했던 저자는 지금은 창업 Accelerator 사업까지 운영하고 있다. 저자는 그간 본인이 투자한 벤처 회사의 기술이 많은 사람 일자리를 대체하는 현장을 목격했다고 한다. 이는 투자자로서는 성공을 의미하나, 일자리가 하나, 둘씩 없어져 가는 것을 보고 위기감과 함께 벤처세대로서의 사명감을 느꼈다고 한다. 저자의 이러한 위기감과 사명감이 이 책 집필 동기 중에 하나라고 한다.

인공지능이 과연 사람을 어디까지, 어느 정도로 대체할 수 있을까? 사실 일반인의 입장에서 인공지능이 자각능력까지 갖추어 영화에서 나오듯이 사람을 대체하는 초인간이 되는 시대가 도래할 수 있다는 것은 잘 믿기지 않을 것이다. 아무리 Chat GPT 4.0이 사람을 대신하여 시를 쓰고, 그림을 그리고, 이미지를 만들어내고 있기는 하지만, 이는 단지 사람이 시키는 일을 매우 신속하고 그럴듯하게 수행할 뿐이기 때문이다.

그러나 그간의 기술개발 현장에 있었던 저자의 생각은 많이 다른 듯하다. 비록 인공지능이 인간처럼 '자유의지'까지는 몰라도 '감성'까지 갖추는 날은 머지않아 도래할 것으로 보고 있다. 저자는 그 시기를 명확히 예견하고 있지는 않지만, 이 책에서 시도되고 있는 많은 시나리오가 2050년으로 설정된 것을 보면, 저자 자신도 결코 그 시기가 멀지 않다고 생각하고 있는 듯하다. 인공지능 감성 모델의 시대에는 어떤 세상이 펼쳐질까? 이에 대한 답은 저자도 쉽지 않았던 듯하다. 저자는 즉답을 피하는 대신 전문성에 기반을 둔 직관과 개인 경험을 토대로 상상의 나래를 펼치고 있다. 여러 종류의 사례와 시나리오를 바탕으로 간접적이나마, 미래에

주연사

펼쳐질 세상을 서술해보려고 노력했다. 물론 인공지능의 기초가 되는 자기 학습 알고리즘, 인간의 뇌를 모방한 인공지능의 인식 알고리즘, 그리고 초거대 인공지능서비스 모델인 IMI(Integrated Master Intelligence) 등 전문적 영역의 개념도 일반인들의 수준에 맞추어 설명하고 있다.

저자는 여기서 멈추지 않았다. 인공지능시대에 살아남는 일자리는 과연 얼마나 될까? 인공지능시대 새로운 일자리는 과연 어떠한 형태일까? 인공지능시대에 일자리를 확보하기 위해 사회는 또 국가는 어떻게 대응해야 할까? 이러한 근본적인 질문에 대해 저자는 과감하게 나름대로의 해법을 제시하고 있다. 이름하여 '인천만' 해법. 즉 '인공지능시대에 천만 새로운 일자리 만들기' 해법이다.

그 해법 중의 하나가 전 국민 '아바타 키우기'이다. 데이터가 핵심인 인공지능시대에서는 데이터를 생성하고, 관리하는 일이 일자리가 될 수 있다. 또한, 데이터의 오용이나 남용뿐만 아니라 거짓 정보의 유포를 막는 일들이 모두 새로운 일자리가 될 수 있다고 강조한다. 물론 보상은 인공지능 유통망에서 인간을 대신하는 아바타를 통해 이루어질 수 있을 것이라 한다. 이를 위해서는 전 국민이 아바타를 키울 수 있는 역량을 배양해야 하고 무엇보다 인공지능시대가 도래할 수 있도록 하는 물리적 인프라체계가 먼저 갖추어져야 한다고 주장한다. 마치 과거 우리나라의 초고속정보망에 대한 투자가 우리나라 정보통신산업의 획기적 발전 토양이 된 것처럼 말이다.

저자의 주장에 대한 동의 여부는 전적으로 독자들 몫이다. 그러나 저자의 현장 감각과 전문가적 직관은 이 책에서 저자의 주장에 설득력을 더해주는 중요한 요소라는 점은 분명한 듯하다. 한 가지 재미있는 점은

인공지능 시대에 천만 새로운 일자리 만들기

이 책에서 사용한 삽화 중 저자가 직접 수집한 '돌' 사진이 여러 개 있다는 것이다(저자의 돌 수집은 전문가 수준이다). 저자는 각각의 돌 사진을 소개하면서, 그 속에서 인공지능시대의 변화 코드를 읽어내려 했다. 인공지능이 아닌 자연이 만들어 낸 결과물에서 인공지능 시대의 숨은 코드를 읽어내는 능력, 이는 인공지능이 절대로 흉내 낼 수 없는 영역일 것이다. 이를 통해 저자는 인공지능시대에도 살아남는 일자리는 있다는 점을 역설적으로 내보이려고 하지 않았을까?

추천사

책 만들기를
도와준 사람들 _____

21C에는 가상 세계를 확대해가고 있는 인공지능과 그 가상 세계와 현실 세계를 연결하는 로봇이 현실 세계에서 살아가는 인간의 삶을 크게 바꾸어 놓을 것이다. 로봇의 성장 속도는 인공지능의 발달에 가장 큰 영향을 받는다. 우리 인간 사회를 위한 인공지능과 로봇을 어떻게 준비해야 하는지 이 책에서 찾을 수 있다.

김진오/ 로봇 앤드 디자인 회장, 광운대학교 로봇학부 명예교수

(로봇)

저자 장준호는 미래학자 그 이상이다. 그는 미래 기획자이며 미래 설계자이다. 예측을 넘어 정책을 제안한다. 전 국민 '아바타 키우기'! 가장 많은 인구가 가장 빠르게 AI 시대형 국민이 된 우리가 인공지능시대를 선도해 나간다. 이것이 저자가 기획하고 설계하는 미래의 대한민국이다!

박동숙/ 이화여대 커뮤니케이션 미디어학부 명예교수

(언론학)

이 책은 미래 인공지능 발전 방향과 일자리 변화에 대한 심도 있는 통찰을 제공합니다. 더불어, 이 책은 자녀들의 미래 진로 선택에 대한 청사진을 제공할 수 있어 가치가 높습니다. 저자는 인공지능이 새로운 일자리 창출 기회를 만들어낼 수도 있음을 강조하면서, 이를 위한 적극적인 대비와 대처 방안을 제시합니다.

송준민/ 인포뱅크 AI 개발담당, 아바타 경찰관 시나리오

(AI Engineer)

수재들도 고전한다는 의사면허, 변호사 시험을 AI의 일종인 Chat GPT가 통과했다고 하니 무언가 큰 것이 오고 있는 것은 분명하다. 마치 인류가 불을 발견했을 때 느꼈을 법한 두려움과 경이로움이 복합된 감정을 느낀다면 지나친 반응일까? 이 책의 저자인 장준호 박사는 AI가 무엇인가? 그리고 어떻게 하면 AI가 '인류에게 주어진 선물'이 될 수 있을까에 대해 진지한 과학적인 성찰을 하고, 한 걸음 더 나아가 우리나라의 사회 경제 생태계를 지속 가능하게 하기 위해 AI를 어떻게 활용할 수 있을지에 대해 따뜻한 제언을 하고 있다. 따뜻하다 함은 어떻게 하면 많은 사람들에게 일자리를 제공할 수 있을까, 인류가 직면한 환경, 건강, 에너지 분야에서 당면한 난제들을 AI를 통해 어떻게 해결할 수 있을까에 대해 이타적인 고민을 한다는 것이다. AI가 따뜻하고 지속 가능한 인류 사회 발전에 기여하길 기대하는 마음으로 일독을 권하는 바이다.

송진호/ 한양대 원자력공학 연구교수, SMR 미래 시나리오

(SMR)

AI 철학의 심오한 세계와 천만 일자리의 미래를 함께 엿보는 이 책, 당신의 지적 호기심과 미래에 대한 비전을 동시에 만족시킬 것입니다. 인간과 기계의 경계를 넘어선 새로운 시대를 함께 준비하며, 천만 일자리의 혁신적 변화를 눈앞에 그려보세요.

신재광/ Cubroid 대표, AI Coding 교육 소개

(AI coding 교육)

다양한 현대 기술에 대한 저자의 폭넓고 깊은 이해와 심오한 철학이 어우러져, 인류가 추구해야 할 중요한 기술적인 지식과 아울러 많은 영감을 주는 매우 가치 있는 내용이다.

오병두/ 성균관대학교 교수, IBM Watson 연구소

(초전도체, 양자정보)

『인천만』은 IT 전문가인 저자의 놀라운 통찰력과 그의 진실한 인간성을 보여주는 멋진 책입니다. 이 책을 통해 우리는 AI 시대에 우리 사회가 추구해야 할 발전 방향을 모색하면서, 개인적으로는 인간적인 성숙도를 한 단계 더 높이는 기회를 얻게 될 것입니다.

원재연/ 제니타스 회장

(국제금융, 투자)

인공지능에 대한 또 다른 시각을 제공하는 책이다.

이순칠/ 한국연구재단 양자기술단장

(양자컴퓨터)

"우리도 AI로 대체되는 거 아니에요"라는 농담이 진지하게 다가온다면!

정정선/ 인포뱅크 AI 사업 담당

(Chatbot System Integration)

인공지능이 가져올 미래에 대한 저자의 대범한 예측을 통해, 우리 세대가 앞으로 나아가야 할 방향에 대해 숙고해 보게 하는 책이다. AI가 우리를 위협하는 것이 아닌, 새로운 삶의 방향으로 이끌 수 있다는 희망으로 보았다. 두려움 아닌, 즐거움과 호기심으로 AI 시대를 바라보자.

정환보/ 멘탈텍 스타트업 닥터프레소 대표, 의사

(Digital Therapy)

🖊 삽화 :　　신일용 (『라벨르 에뽀끄』, 『동남아 이야기』 만화작가)

🖊 편집자문 : 윤영석(Game 회사 YNK 창업, Cosmos 대표)
　　　　　　　장인선(Fairy Technology 대표, 구글 Android/ Tensor Flow 개발)

Artificial Intelligence가
생활 속에 깊이 들어오는
시대에는,

대한민국 국민
5,000만 명
모두가
AI PROSUMER가 되어야 한다.

AI 사용자이면서

AI 학습용 Data를 만들어 주고

AI 활동을 감시하며,

사람과 사람의 만남에서 더 큰 행복을 찾는

AI Producer이자 Consumer가 되어야 한다.

차 례

4개의 언덕

● 인간 문명이 이룩한 4번의 산업혁명과 인간 의식이 넘어온
언어 – 문자 – 수학 – 인공지능의 언덕으로 보인다.

● 시대 중심축의 변화: Paradigm Shift of the ERA
'물리법칙에서 의식법칙으로'
'From the law of Nature to the rule of Consciousness'

들어가며

   2023년, 인공지능을 이용하여 생각만으로 로봇을 움직이고, 소금으로 만든 배터리로 매우 저렴한 전기차를 만드는 시대에 이미 진입하였다(5장 그림 5-7 설명 참조). 이러한 시점에 인공지능과 우리의 살림살이 구성을 조금 색다른 시각으로 바라보고자 한다.

인공지능과 인간지능

   인공지능 Artificial Intelligence(AI)를 이야기할 때 우리는 인간 뇌의 이성적 능력을 컴퓨터와 software로 대신하는 것을 먼저 상상한다. 그러나, 인공지능은 인간 뇌가 갖고 있는 능력 중 이성(Reasoning), 감성(Emotion), 통찰력(Insight) 세 가지 모두에 대해 현존 인류가 지닌 최고 수준에 도달하기까지 멀지 않았으며, 이를 충분히 능가하여 발전할 것으로 예측된다.

   한편, 인간의 신체적인 움직임을 구현하는 Robot(주로 Humanoid로 부름)도 상당한 수준으로 개발되어 있다. 물론 인간의 신체적 모형이라는 제한을 떠나면 인체의 motion보다 훨씬 다양한 움직임이 가능한 로봇이 2023년 시장에 이미 선보이고 있다. 인간지능을 넘어선 인공지능,

인간과 유사한 동작을 하는 로봇, 그리고 이 둘의 결합은 희망적인 면모보다는 더 큰 우려를 자아내고 있다. 인공지능이 인간의 일자리를 대체해간다면 우리 사회는 어떤 모습으로 변할까? 모든 인공지능 개발과 일자리 대체 권한을 산업체에 주고 인공지능의 자유경쟁 시장을 허락해야 할까? 로봇 윤리, 인공지능 윤리, 아직은 막연하게 느껴진다. 인공지능이 자유의지를 갖고 스스로 진화하며 인류의 생존을 위협한다는 공포는 아직은 상상 속에만 존재하기 때문에 학술적인 차원에서 논의될 뿐 적극적인 Action은 취해지고 있지 않다.

인공지능이 원자력만큼이나 혹은 그보다 더 위험하다면, 국제원자력기구(IAEA: International Atomic Energy Agency)와 같은 범세계적인 관리기관이 있어야 하지 않을까? 원자력으로 생성된 전기는 누구나 사용하지만, 원자력발전소에 접근하는 것은 소수의 전문가만 가능하다. 반면, 인공지능은 이제 시간이 지나면 누구나 자신이 보유한 스마트폰이나 PC에 일정 수준의 인공지능이 들어있게 된다. 따라서 인공지능의 위험성에 대한 감시는 원자력과 달리 특정 기관이 하는 것이 아니라 인공지능을 전자기기에 보유하고 있는 모든 개인부터 그 역할을 해야 한다고 본다. 특히, 인공지능이 생활 속에 사용되는 로봇에 들어갈 때 해당 로봇의 소유자는 로봇의 움직임/행동에 대해 마치 집에서 기르는 강아지, 고양이와 같이 관리해야 한다고 본다. AI/로봇 사용자는 마치 자동차와 반려동물을 보살피고 감독하고 제어하는 것과 같이 개인적 관심을 기울이고, 개인들이 사용하는 AI와 연동되어 있게 될 거대한 인공지능의 반응과 활동에도 적극적인 감시와 의견을 표출해야 인공지능이 함부로 인간의 안전 영역을 침범하지 못하리라 예상된다. 인간 이성 능력의 대부분을 소유하는 인공지능인 AGI: Artificial General Intelligence는 조만간 등장하리라 예상된다. 그 이후 인류가 서기 2500년경에나 도달할 듯한 과학기술 지식을 인공지능이 2050년 즈음에 보유하게 되리라 예측하는데, 이런 세상에서 인간과 AGI는 어떻게 어울리게 될지 상상의 나래를 펼쳐 보았다.

물론 인공지능이 인간 일자리 대부분을 가져간다는 논의가 생소한 분들도 있을 것이다. 이에 대해서는 아주 자세하게 설명하는 유튜브 콘텐츠가 많이 나와 있으니 참조하시기 바란다.

인공지능 시대에 만들어야 할 일자리

2020년 대한민국 5,200만 명 인구의 일자리가 2,500만 개 정도이고, 지금 추세의 인구감소가 일어난다면 30년 후 4,700만 인구가 되고, 그 중 65세 이상 노인 인구 비중은 40%에 근접할 것이다. 이를 고려했을 때, 인구 백만 명당 일자리 숫자를 2050년에 2020년과 유사하게 유지시키려면 이 시점에는 2,300만 개 정도의 일자리가 마련 되야 2020년대 수준의 경제구조를 유지하는 사회가 될 것이다. 그러나, 인구의 40%를 차지하는 65세 이상 노인들은 일할 만한 것이 없고 인공지능과 인공지능을 갖춘 로봇이 젊은 사람들의 일자리를 대신한다면, 30년 후 일자리는 1,500만 개 수준을 지키는 것도 어려울 수 있다. 이런 시대에 우리 사회가 어떻게 사람들을 위한 새로운 일자리를 만들며 그러기 위해 어떤 사회적 구조를 가져야 하는지 고민해 보아야 한다.

일부 경제학자들은 각 국가별로 모든 국민에게 노동 없이 분배하는 기본소득 개념을 주장하기도 하지만, 기본소득은 근로의욕을 떨어뜨리면서 일자리 축소를 가속화 할 우려도 있다. 경제활동에 참여함으로써 사회에 기여했고 이에 따라 소득을 획득한 각 개인은 사회구성원으로서 자긍심을 갖게 된다. 각 개인의 자긍심에서 비롯되는 사회구성원 간의 관계가 건강한 사회를 유지하는데 매우 중요한 요소이다. 일이 있어야 그 일자리를 유지하기 위한 노력을 하며, 일자리가 만들어진 사회체제를 건강하게 유지하기 위한 관심을 가지며, 사람 간의 관계도 안정되고 서로 배려심을 갖게 된다. 소득은 생존의 필수 요소이기는 하나 건강한 사회적 인간관계가 더해져야 우리는 충분히 안전하고 평화로운 사회를 구성할 수 있다. 인공지능이 가져간 일자리를 대신하여 사람이 수행할 새 일자리를 만들기 위해서는 시장, 보상, 일자리 정의, 경제주체에 대한 새로운 합의가 필요할 수 있다. 애덤 스미스의 국부론에서 케인스의 수정자본주의로 넘어가면서 변화한 것만큼이나, 혹은 그보다 더 큰 경제체제의 변화가 요구될 수 있다.

일자리가 갖는 진정한 가치는 인간관계에 있다

일자리, 월급, 개인의 행복, 건강한 사회의 건설. 미국의 링컨 대통령은 남북전쟁의 중요한 전투가 벌어진 게티즈버그(Gettysburg)에서 민주정부를 가진 국가의 정체성인 Of the people, By the people, For the people을 지키기 위해 전쟁에서 승리해야 한다고 천명하였다. 인공지능이 만들어가는 사회상의 변화는, Of What- By What- For What, 그 무엇에 관한 것인가? 그것은 인간관계이다. 2023년보다 더 나은 인간관계를 만드는 일에 인공지능이 기여하도록 해야 한다. 사람의 인생이란 것이 인간관계의 시간적 기록이니 말이다. 사람들과 좋은 추억이 있고 좋은 사람 관계를 만들어나가고 있다면, 행복한 인생이다.

Writing Style

책을 저술하는 일반적인 형태는 이야기의 주제를 정한 후 글을 쓰는 장르(genre)를 선정하여 기술한다. 공상과학 소설, 시집, 수상록, 자서전, 역사서, 과학 해설서 등이다. 앞의 서술된 장르일수록 자유로운 상상력을 허락하고 뒤로 갈수록 사실이나 논리의 틀에 엄격히 매이게 된다. 인공지능과 일자리 문제에 대해 논의하자니 불확실한 미래에 대한 과감한 상상력도 필요하고, 인간의 감성, 통찰력, 의식 등 논리나 지식으로 접근하기에 한계가 있는 것에 대해서도 논의의 재료로 삼아야 했다. 그러자니, 이 책은 여러 가지 관점 즉 과학, 공학, 역사, 종교, 소설의 경계를 자유롭게 넘나들며 저술하게 되었다. 이 책은 SF소설이나 수상록과 더 가까운 형태이니 혹 역사, 과학지식을 사용함에 흠이 있다 하더라도 불확실한 미래를 상상하면서 생긴 일이니 독자들께서 너그러이 양해해주시기 바란다.

독자들이 책을 읽고 다가오는 미래에 대한 상상력이 풍부해진다면 독서에 투자한 시간을 보상받은 것이고, 여러 가지 의구심이 마음속에서 일어난다면 미래에 대한 경각심을 자극한 것이라 오히려 책값을 한 것이라 본다. 3장 아바타 기르기에서는 아바타가 주인의 인품을 그대로 배운다는 가정 하에 개인적인 수필을 몇 편 넣었다. 수필들은 글의 긴장감을 낮추면서 소소한 생활상의 재미를 더하는 역할을 하지만, 취향에 맞지 않는 분들은 수필을 건너뛰고 읽으셔도 좋다.

이 책의 주 독자는 대학에 들어가는 18세 이상의 청년들을 대상으로

하였으나, 저자는 이 책이 시간이 지나면서 10세부터 90세에 이르는 전 연령층이 읽어주셨으면 하는 바람으로 저술하였다. 인공지능이 생활 속에 깊이 들어오는 시대에는 누구나 다 인공지능에 대한 이해도를 높여야 한다고 생각했기 때문이다. 그러다 보니 아주 상식적인 것을 길게 설명해 놓은 부분도 있고, 깊이가 있는 과학기술에 대한 사전 지식이 필요한 부분도 있다. 이 책이 지향하는 바가 인공지능이 생활에 깊이 들어온 이후에 우리가 만들어내야 할 사회상에 대한 넓은 공감대를 이루는 일이라, 인공지능 이론에 대한 자세한 설명이나 과학·기술적 전문성이 높은 개념들은 가급적 사용 빈도를 줄이고자 하였다. 그래도 이해가 어려운 부분은 주변 전문가들의 도움이 필요할 수도 있다.

이 책에 쓰인 대부분의 용어, 개념들은 인터넷이나 유튜브에서 찾을 수 있기에 별도의 참고서적 리스트나 주석을 달지 않고 문장 내에서 거론된 참고자료의 찾는 위치를 해당 페이지 중간에 간략히 언급하였다.

- 한글 단어 바로 뒤에 IT/AI 업계에서 상식적으로 쓰이는 같은 뜻의 영어를 다시 사용하여 독자의 이해를 돕고자 했다. 강조하는 의미로 따옴표를 가끔 사용했다.
- 독자들의 AI 이해도가 다양하여, 결론 부분인 인·천·만을 앞으로 편집하였으며, 가급적 2장은 읽으시기를 추천한다. 결론이 앞에 나온 두괄식으로 저술하다 보니, 뒤를 참조해 가시면서 읽으시기 바란다.

미묘한 우주의 조화

● 우주가 작은 입자에서부터 이 돌을 만들어내는 동안,
지구에서는 얼마나 많은 의식과 지능의 진화가 이루어졌을까?
그리고, 그러한 시간이 다시 또 지나간다면
지구 상에는 어떠한 수준의 새로운 의식이 등장하게 될까?

인공지능 시대에 천만 새로운 일자리 만들기

인 천 만

仁 天 滿

사람들이
서로를 이해하고,
따뜻이 배려하는 마음이

하늘에
가득 차기를.

인공지능은 편익과 위험을 같이 가져온다.

인공지능이 인간이 해야 하는 많은 일을 대행해주니,
사람들은 사람들과 잘 어울리는데 더 많은 시간을 사용할 수 있다. 그리고,
그 시간의 일부는 '일'로 만들 수 있다.

인류가 만들어 놓은 통신 network 속에서
인간 모두가 인공지능과 연결된 세상을 살아야 한다면,
그 인공지능을 감시하고 감독하는 일은
이제 모든 사람의 일이 되어야 한다.

인류는, 인공지능을 이용해서 자신의 의식을 더욱더
고양시키고 진화시키는 그런 세상을 만들어야 한다.

서로 의지하여 존립 存立

● 알갱이들이 서로 붙어서 하나의 돌을 이룬다.
자기 자리를 지키며 서로 많은 이야기를 나누고 있다.
마치 인간 사회처럼.

I. 인공지능: 변화와 과제

인공지능과 이를 탑재한 로봇이 사람 일자리의 상당 부분을 대체하는 미래가 다가오고 있다. 그런 시대에 인간이 할 수 있는 새로운 '일자리'는 무엇일까? 다음과 같은 일을 생각해 보자.

1. AI보다 사람이 더 잘할 수 있는 일
2. 사람만이 할 수 있는 일
3. AI가 잘못된 판단이나 행동을 할 때 감시하고 방지하는 일

AI가 사람 일자리를 100% 대체하지 못하는 곳에는 사람이 더 잘할 수 있는 업무가 남아있게 마련이다. AI가 인류에게 위협이 된다면 그것을 미리 감시하고 방지하는 일은 당연히 사람이 해야 한다. 1, 3번의 일이다. 그런데, 1, 3번 일자리의 숫자나 경제적 규모는 인공지능이 기존 일자리를 대체하는 것에 비하면 아주 작은 것으로 예측된다. 지금부터 30년 동안 기존의 일자리 30~50%가 인공지능과 로봇으로 대체된다면, 2번 사람만이 할 수 있는 업무와 일자리를 대폭 늘려야 한다.

웬만한 일은 인공지능이나 로봇이 대행할 수 있는데 사람만이 할 수 있는 일자리가 있을까? 달리 생각해 보자. 인간이 24시간 하는 행동 중에 몇 %를 인공지능이 30년 이내에 할 수 있을까 1%, 5%? 인공지능이나 로봇은 밥을 먹지도 않고, 물건값을 흥정하지도 않고, 요즘 사람들처럼 전화로 한 시간씩 이야기하지도 않고, 친구가 올린 사진이나 유튜브를 보지 않는다. 물론 교회 성가대에서 노래를 부르지도 않고 몸이 아픈 성도를 찾아가서 위로하거나 독거노인을 방문하고, 2살 된 아이에게 얼굴을 맞대고 말을 가르치지 않는다. 사람만이 할 수 있는 행위 속에 새로운 일자리에 대한 가능성은 매우 크다. 이를 새로운 '일'로 고려해 보아야 한다.

논의가 좀 추상적으로 흐르니, 인공지능이 대체할 일자리에 대한 간단한 예시로, 미래 자율주행 시나리오를 한 편만 살펴보자.

Future Scene 1: 2050년 자율주행 자동차 시나리오

2050년이 되자 운전대- 브레이크 페달- 액셀러레이터 페달이 없는 자동차가 많이 출시되었다. 이제는 이런 차량이 자가용 시장의 대세를 이루게 되었다. 비상시를 위해 기계적으로 차량을 조정할 수 있는 비상운전대가 있는데, 평시에 이것은 자동차 전면 유리창 밑에 숨겨져 있어서 잘 볼 수가 없고 비상시에 탑승객이 손으로 꺼내거나 자동차가 스스로 판단하여 비상운전대를 돌출시킨다. 차량이 고장 났거나 다중 충돌 사건, 홍수나 폭설로 인해 도로 사정상 자동차를 수동으로 움직여야만 하는 특수 상황을 위한 것이다. 물론 옛날처럼 운전대- 브레이크- 액셀러레이터가 있는 자동차도 팔리는데, 대부분 나이가 든 고객들의 심리적 안정을 위한 것이지 실제로 운행 중에 사람이 자동차를 운전하기 위한 용도로 쓰이는 경우는 매우 드물다. 이런 모델들도 브레이크- 액셀러레이터가 운전대 주변에 붙어있어서 운전자가 경적을 울리듯이 (blow the horn) 힘을 주어야 작동하는 방식이 대부분이어서, 예전과 같이 발로 자동차를 제어하는 모델은 거의 나오지 않게 되었다.

자율 운전 자동차 보급이 대중화되자 일자리 시장이 크게 변화하였다. 대한민국에서 2020년 기준 택시, 버스, 트럭, 기차, 대리운전 등 운수업에 종사하는 인력이 70만 명에 이르렀는데, 운수업 종사자 중 운전기사의 수는 50만 명에서 2050년 5만 명으로 격감하였다. 운전을 직업으로 하는 일자리가 줄어드니 보험, 자동차 수리, 기사 식당, 주유소 등에 종사하는 일자리도 줄었다. 운행차량 대부분이 수소차나 전기차로 바뀌고 전기차의 자동 충전 스테이션이 보급되어 운전자 없이 전기차가 스테이션에 들어서면 전기 충전 로봇 팔이 자동차에 접속되어 자동으로 충전된다.

가장 큰 변화 중 하나는 택시 숫자가 획기적으로 늘어난 것이다. 2020년 25만대의 택시가 150만대로 늘어났다. 거의 모든 택시는 자율주행 택시이다. 자가용 판매량은 크게 줄어들었다. 집이나 회사에서 나서기 5분 전에 휴대폰 앱으로 택시를 부르면 오고, 주차할 필요가 없고, 가장 중요한 것은 자가용을 보유하는 것보다 돈이 덜 든다는 것이다. 2020년 중형차 기준으로 기름값, 차량 감가상각, 보험료, 수리비, 주차 비용 등 한 달에 40만 원 정도 소요되던 자가용 유지비 대신 한 달에 20만 원 정도이면 아주 편하게 택시를 부를 수 있게 되었다. 택시요금도 2020년에 비해 절반 이하로 낮아졌다. 택시운영비의 75%가 운전수에게 지급하는 비용이었는데 이것이 없어지고, 전기차가 대부분이라 디젤이나 LPG 대신 전기를 쓰니 에너지 비용이 1/5로 낮아졌고, 수리비도 옛날 자동차에 비해 저렴해졌다는 것이다. 모든 택시 call이 고객이 불러서 가는 것이고, 택시 탑승객 수가 증가해서 택시 당 손님을 모시고 주행하는 거리가 늘어나게 되어 택시비는 더욱 저렴해지게 되었다. 손님 입장에서는 장거리 짐을 싣고 갈 때는 SUV 택시를 부르고 가끔 스포츠카 택시를 불러도 한 달에 20만 원 이상을 지출하는 경우가 드물었다. 굳이 주차장 비용을 지불해가며 주차하는 수고를 마다치 않는 자가용 소유자들은 스포츠카 매니아들과 여러 물건을 차에 싣고 다니는 영·유아를 키우는 집들이 대부분이었다. 자가용 수는 줄어들고 택시 회사는 커지자 자동차 수리 및 각종 차량 관련 서비스업종도 변화되었다. 자율주행 자동차는 운전기사, 주유, 보험, 수리, 기사 식당 등 운송 관련 모든 일자리를 바꾸었다.

바뀐 일자리가 또 하나 있다. 배달업 종사자이다.

이제는 배달 로봇이 지능화되어 계단을 오르고 인터폰으로 대화도 하며 고객이 알려주면 비밀번호도 로봇 팔로 누르고, 문을 열고 엘리베이터를 타고 올라간다. 대형 배달 로봇 서비스 회사가 몇 개 생겨서 수만 개의 배달 로봇을 동네 곳곳에 배치해 놓고, 이 로봇들은 자율주행 물류 운송차와 연계되어 작동된다. 새로 짓는 아파트 단지에는 물류 운송차와 배달 로봇을 위한 편의시설이 갖추어져 있어 온라인 주문 배달이 더욱 편하게 되었다. 배달 물류의 변화는 상권의 변화를 가져오게 되었다. 음식점은 내방 고객보다 배달 비율이 훨씬 더 높아지게 되자, 대형화된 음식점이 운송 비용과 운송 시간의 부담 없이 넓은 지역을 커버할 수 있게 되었다. 1990년대 창고형 매장이 지역상권을 재편한 것처럼 주택 근린 상권이 배달혁신으로 재편되었다. 지역 소규모 상가들은 개편되어 집 근처 가게의 숫자는 2020년 대비 60%가 줄어들고 빈 상가들은 소규모 물류

창고로 변신하였다. 예전에는 상가를 물류창고로 변화시키는 것이 매우 어려웠는데 배달 로봇의 기능이 진화하면서 작은 2, 3층 상가도 물류창고 변신이 가능하게 된 것이다. 배달 로봇이 고객이 사는 아파트의 엘리베이터를 타고 물건을 배달하는 것이나, 상가 3층의 소규모 물류창고에서 물건을 실어서 엘리베이터를 타고 1층에 내려가 자율주행 배달 차량에 물건을 탑재해 주는 것이나 같은 기능을 사용하면 되는 것이었다. 내방 고객이 적고 배달 물류가 주종이 되니 상가의 1층 임대료와 3층 임대료의 차이가 대폭 줄어들었다. 배달 비용이 저렴해지고 배송 시간이 단축되니 동네 슈퍼, 제과점, 편의점의 물류도 바뀌었다. 2020년 온라인 쇼핑몰에서 물건을 사면 기본 배달비가 3,000원 내외였는데, 이제는 편의점에서 콜라 한 병만 배달시켜도 배달비가 500원으로 줄어들었다. 편의점 내방객이 줄어드니 편의점 숫자 또한 줄어들게 되었다. 조금 무겁거나 구매가가 높은 물건은 지역별 반경 3km 이내에서는 편의점 물류거점에서 직접 고객에게 배달하는 것이 판매 비용이 덜 들었다. 편의점도 운영 비용의 70% 이상이 인건비와 건물임대료인데 물류거점에서 직접 무인 배달을 하니 적은 비용으로 고객에게 물건을 배달할 수 있었다. 편의점도 무인화가 진행되어 야간에는 거의 다 무인으로 운영하게 되었다. 편의점-슈퍼에 종사하던 인력 30만 명 중 60% 이상이 다른 직종으로 옮겨가게 되었다.

자율주행 자동차와 배달 로봇이 많은 일자리를 변화시켰다. 2020년 대한민국에 있던 운전- 물류- 배달- 근린 상업 업종에 종사하던 인력 중 100만 명이 새로운 일자리를 찾아 떠났다. 자율주행만 인공지능이 영향을 미치는 것이 아니다. 의료, 회계, 법률, SW 직업군, 미디어, 제조공정 근무자, 과학기술 연구자…. 모든 분야에서 일자리의 변화가 대대적으로 일어났다.

일자리 변화전망: 2020~2050

향후 30년간 AI/Robot에 의해 일어날 수 있는 일자리 변화를 표 1-1에 전망해보았다. 인공지능에 의한 일자리 감소 전망에 대해 많은 의견이 있으나 구체적인 직종을 거론하며 전망하는 것은 좀 부담스러운 일이다. 그러나, 이어지는 논의를 위해 저자가 Chat GPT에 물어보고 주관적인 의견을 더해 직종별 일자리 변화를 예상해 본 것이니 참고삼아 살펴보길 바란다.

직종의 분류 기준이나 근로자 수가 정부 통계와 다소 다를 수 있는데, 이는 AI와 Robot에 의한 영향을 분석하기 편리한 대로 구분하며 생긴 것이며 대략적인 숫자로 추정해본 것이다. 이러한 일자리 변화가 너무 극단적이고 비현실적으로 느껴질 수도 있다. 그렇다면, 산업혁명의 변화는 가속화되니 2020년과 2050년 30년의 차이가 1960년과 2020년의 60년 차이와 유사할 것이라고 유추해보자. 1960년 대한민국의(인구 2,500만) 군, 교육, 공무원을 제외한다면, 표 1-1에 나오는 일자리의 80%는 없던 것이었다. 민간 일자리의 대부분인 80%는 농업, 수산업, 광업에 있었으며, 특히 농업에 집중되어 있었다. 지난 60년간 사회 일자리 변화 폭이 앞으로 30년 이내에 일어날 변화와 비슷할 것이라는 예측은 큰 무리가 아니다. 이러한 일자리 변화전망에 대한 변화 유발요인 분석 의견은 부록에 수록하였다. 인공지능이 일자리 변화를 가져오니, 이어지는 논의를 위해 아주 간략히 인간지능, 인공지능 개념에 대해 살펴보자.

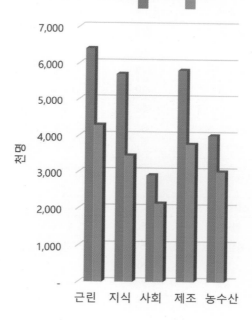

표 1-1　대한민국 AI 시대 일자리 변화전망

일자리분류		고용인력	감소율	감소 인력
근린생활 서비스업	운수 물류	700	60%	420
	숙박 음식	1,200	30%	360
	도소매업	2,200	40%	880
	기타 서비스	2,300	20%	460
	소계	6,400	33%	2,120
지식 서비스업	고객센터/안내원	250	80%	200
	법	150	50%	75
	회계-세무	300	70%	210
	금융	800	60%	480
	공공/기업 연구	700	20%	140
	미디어연예 스포츠	500	50%	250
	보건 복지	2,200	30%	660
	프로그래머	800	30%	240
	소계	5,700	40%	2,255
사회 인프라업	인프라서비스	200	30%	60
	군+경찰	750	20%	150
	행정공무원	250	20%	50
	교육	1,700	30%	510
	소계	2,900	27%	770
제조업	중소 제조	3,000	40%	1,200
	제조 대기업	800	30%	240
	건설-일용 노무	2,000	30%	600
	소계	5,800	35%	2,040
농수산광업	농수산광업	4,000	25%	1,000
총계(단위 천명)		24,800	33%	8,185

인공지능 시대에 천만 새로운 일자리 만들기

인간지능과 인공지능

지능은 왜 필요한가?

식물의 경우는 한자리에 고정되어 있으며 신경계나 두뇌가 없다. 동물의 경우는 움직이며 먹이를 찾고, 포식자를 피하고, 또 집에 돌아오기 위해 지능이 필요하다. 즉, 움직이기 위해서는 근육만이 아니라 근육의 움직임을 판단하는 두뇌와 판단을 전달하는 신경계가 필요하다. 우리가 멍게라고 하는 우렁쉥이는 작은 유충 시절에는 움직이기 때문에 뇌를 가지고 있다. 그런데 유충기를 지나서 바위에 달라붙어 움직이지 않는 어른 개체가 되면 뇌가 없어진다.

그리고 신경계나 두뇌에 있는 지능의 중요한 특징은 태어날 때 정해지는 것이 아니라 살아가며 학습에 의해 발달한다는 것이다. 인간이 이제 자신의 두뇌에 더하여 더 빠르게 동작하는 두뇌를 이용하여 지능 진화의 새로운 지평선을 여는데, 바로 인공신경망 방식의 AI이다. 이 인공신경망은 반도체 회로를 이용한다. 반도체 회로로 이루어진 인공신경망의 가장 큰 장점은 동작 속도이다. 반도체 회로는 인간의 신경세포보다 엄청 빠르게 동작하기 때문이다. 인간 번역사를 양성하려면 적어도 20년의 기간이 필요하지만, 인공신경망 방식의 번역기는 몇 주 이내에 훈련이 가능하게 된다. 단지 아직은 인공신경망 반도체의 용량이 인간의 두뇌 용량에 비해서 한참 적기 때문에 현재는 물체 인식, 언어이해, 음성인식 등의 단일 응용에 주로 이용이 되고 있으나, 반도체 기술의 발전에 따라 더 복잡한 기능을 가지는 모델 개발이 이루어지고 있다.

그러면 인공신경망 컴퓨터는 종래의 컴퓨터와 어떻게 차별화가 되는가? 종래의 컴퓨터는 숫자계산이나 외우는 문제에서는 사람에 비할 수 없이 매우 높은 능력을 보여준다. 수만 명 사람 이름과 그 사람의 전화번호, 주소를 쉽게 기억할 수 있는 컴퓨터의 작은 기능조차 사람은 절대로 따라갈 수 없다. 인간은 그렇지만 수십 년 만에 동창회에 나가도 세월을 따라 늙은 동창생을 쉽게 식별한다. 이렇게 변해버린 얼굴도 인식하는 것을 일반화(Generalization) 능력이라 한다. 인공신경망 방식 AI의 가장 큰 장점은 인간의 특권으로만 알고 있었던 높은 일반화 능력을 지닌다는 것이다.

인공신경망과 일반화 능력

인공지능 또는 AI(Artificial Intelligence)라는 단어는 오래전부터 많이 쓰였는데, 지난 10년간 인공신경망(Artificial Neural Network) 방식의 AI가 좋은 결과를 나타내면서 큰 기대를 모으고 있다. 옛날의 AI는 주로 규칙기반(Rule-Based) 알고리즘인데, 일례로 어떤 조건이 만족되면 어떤 기능을 실행하는 식으로 동작한다. 에어컨은 일정 온도에서 컴프레서를 동작시키는데 이는 대표적인 규칙기반이다. 이 규칙기반의 AI는 미리 프로그래머나 사용자가 정한 방식에 따라 동작이 되는데 일반화 능력이 거의 없다. 예를 들면 인쇄체 글자 인식의 경우는 규칙기반 AI(Expert System이라고도 함)로 처리할 수 있으나, 사람의 손 글씨는 인식하기 어렵다. 손 글씨의 인식을 위해서는 지금까지 보지 못한 이상한 필체를 인식할 수 있어야 하며, 다른 말로 글씨체에 대한 일반화 인식능력이 필요하다.

인간이나 동물이 자연계에서 경험하는 시각 청각 등의 데이터는 마치 사람의 손 글씨나 발음처럼 변이가 많다. 이런 이유로 인간이나 동물은 일반화 능력이 높은 지능을 가지도록 진화되어왔다. 인공신경망은 높은 일반화 능력을 지니는데, 그 이유는 인간이나 동물의 신경세포를 컴퓨터로 모사하는 방식으로 동작하기 때문이다. 인간 두뇌의 신경세포는 핵을 중심으로 평균 1,000개가 넘는 나뭇가지 모양의 수상 돌기가 있으며, 이 수상 돌기의 끝은 다른 신경세포와 시냅스(Synapse)라는 좁고 긴 구조물을 통하여 연결된다. 그리고 신경세포의 핵에서 처리된 신호는 역시 다른 신경세포에 전달된다. 의미 있는 정보가 활발하게 전달되면 해당 시냅스의 연결이 강화된다. 친구 관계와 비슷하다. 우리가 어떤 친구와 자주 어울리면 그 친구와의 연결이 강화되고 그 친구의 말은 잘 알아듣게 된다. 반대로 어떤 시냅스는 거의 끊어진 상태인데 소원한 친구 관계와 비슷하다. 인간이나 동물이 어떤 경험을 하면 일부 시냅스의 연결 강도는 높아지고 반대로 어떤 것은 약하게 되는데, 이것이 바로 학습 또는 훈련(Training)이다. 인공신경망 모델은 이러한 인공 신경세포를 여러 층 깊게 쌓아서 만들기 때문에 깊은 신경망(Deep Neural Network)이라 부르기도 한다.

인공신경망 방식의 AI는 인간이나 동물과 마찬가지로 훈련에 의해서 지능을 높인다. 다른 말로 새로운 기술이나 언어를 가르치기 위해서는 인공신경망 모델의 시냅스 연결 강도만 바꾸면 된다. 이것은 대단한 장점이다. 성능 좋은, 즉 일반화 능력이 높은 인공신경망 모델을 만들려면, 다양하고 많은 훈련데이터를 사용하기만 하면 가능하다는 이야기이다. 일 예로 언어 처리에 이용하는 AI 모델의 경우 인간이 만든 거의 모든 텍스트를 이용하여 훈련하는데, 셰익스피어 등 많은 문학작품, 신문사의 기사 모음, 그리고 Wikipedia 등 백과사전을 전부 이용한다. AI의 분명한 장점은 인간이 일생 배워도 다 공부하기 힘든 엄청난 데이터를 이용하여 짧은 시간 내에 훈련이 가능하다는 것이다(3장 인간 지성과 인공지능 참조).

경제체제는 기술변화 충격을 포용해야 한다.

　인공지능이 사회 전반에 그 쓰임새가 넓어지면 사람들의 일자리는 없어지게 된다. 현재(2023년)는 이러한 추세가 뚜렷하지 않아서 실제적인 일자리 감소에 의한 공포보다는, 일자리가 없어지는 미래에 어떻게 개인과 조직이 적응해야 하는지에 대한 불안감이 기저 심리에 존재한다. 혹자는 증기기관, 전기의 사용에 의한 1, 2차 산업혁명에 따라 농업에서 제조업으로, 제조업에서 서비스업으로 일자리가 옮겨가면서 일자리 숫자가 증가했었고 이번에도 역시 인공지능이 가져가는 일자리 대신 새로운 일자리가 시장에서 자연스럽게 창출될 것이라고 주장하기도 한다.

　2020년대 이후를 4차 산업혁명의 시기라 부른다. 컴퓨터에 의한 산업혁명을 3차라 통칭하고, 2010년대 이후에 본격적으로 성장한 나노기술, 유전자편집기술, 인공지능 등을 총괄하여 4차 산업혁명 기술이라 하는데, 이 중 인공지능이 가장 넓은 영향력을 미치어 인공지능을 4차 산업혁명의 핵심으로 보는 견해가 주류를 이룬다. 인공지능은 1차 산업인 농업, 광업, 2차 산업인 제조업보다 3차 서비스 산업에서 일자리를 대체하는 비율이 높을 것으로 예상된다. 이미 전 세계 대부분의 선진국에서는 3차 산업의 일자리가 전체 일자리의 80% 선에 이르고 있고, 세계 인구 대부분이 거주하는 북반구 국가 대부분에서 서비스업 일자리가 60%를 상회한다. 이러한 상황에서 2050년경에는 전 세계적으로 기존 일자리의 20~50%를 인공지능이 대체할 것으로 예측하는 전망이 대세이며, 이러한 일자리의 대대적인 변화는 20세기 초 러시아의 공산주의 혁명이나 미국의 프랭클린 루스벨트 시대 경제체제 수정에 버금가는 경제 변환을 초래한다고 본다. 새로운 기술의 등장에 따라 산업생산이 혁신적으로 변하여 생산의 과실을 갖게 되는 집단들 간의 힘의 균형이 달라질 때, 인류 사회는 경제구조(자본, 공산)- 정치체제(민주, 일당 독재)의 변화를 겪어 왔다.

1차 산업혁명의 여파로 태동한 공산주의는 2차 산업혁명이 성장하는 와중에 러시아에서 새로운 경제체제를 시현할 수 있는 기틀을 잡았다. 공산혁명 후 Soviet Union(소련)은 20~30년 동안 국가가 전적으로 통제하는 계획 경제하에서, 자본- 자유시장 경제가 필연적으로 겪는 경쟁에 의한 낭비를 줄이고 자본 투하 효율을 극대화함으로써 괄목할 만한 경제성장을 이룬 바 있다. 소련의 경제성장과 체제 안정성에 많은 자본주의 지식인들이 박수를 보냈다. 이 중에는 대표적으로 영국의 철학 수학 문학을 대변하는 20세기 초반 최고의 지성인 버트런드 러셀도 포함되어 있었다. 반면, 2차 산업 혁명 성장기에 가장 큰 자본주의 국가인 미국은 1920년대에 미국 건국 이래 지켜온 자유시장경제에 대한 절대적 신뢰에 도전을 받는다.

자유시장은 산업별 독점자본을 길러냈고 자유시장 경제체제 하에서 산업별 독점자본의 영향력은 시간이 지날수록 확대되었다. 산업혁명은 경제 참여 주체들 간 힘의 균형을 바꾸며, 새롭게 힘을 얻게 된 세력은 이전에 제도화된 많은 사회적 규율을 자신들의 요구에 맞게 변화시킨다. 독점자본이 노동자들의 생산성을 최대한 높이는 과정에서 노동자들의 임금을 과도하게 삭감하면서 노동자의 소비 여력이 최소화되고 이것이 오히려 시장 성장에 걸림돌로 작용하였다. 또한, 자본가에 집중된 부

45

가 소득의 양극화를 초래하며 대부분의 인구가 저소득층에 몰리면서 정치적 불안정을 가져오게 되었다. 유럽의 전제정치 체제에서 탈출하여 민주주의 절차를 만들어 정부를 구성한 미국 시민들은 정부가 시장에 개입하는 정도가 커지면 정부에 권력이 집중되어 다시금 전제 정권을 만들어 낼 것이라는 매우 큰 공포를 품고 있었다. 미국이 1776년에 독립한 이래 20세기 초반까지 여러 금융시장의 혼란을 겪으면서도 정부가 통제하는 중앙은행은 아주 단기간에만 존재했던 것도 이러한 공포 심리와 권력 집중에 대한 원초적인 거부감 때문이었다. 이 시기에 자유시장 원칙의 자본주의를 수정하여 정부가 빚(Debt)을 내어 시장의 수요자로 나서 경기를 활성화하고 세금과 이자를 조정하여 건전재정을 이룰 수 있다는 케인스의 주장을 미국사회가 받아들인 것은, 프랭클린 루스벨트라는 뛰어난 지도자에 대한 국민적 신망이 있어서 가능한 것이었다.

영국에서 독립한 이래로 자유시장 경제원칙을 지켜온 미국에서 케인스가 주장한 대로 정부가 시장수요자로 참여하는 큰 변혁이 일어났듯이, 인공지능에 의해 일자리 대변혁이 일어나는 시대에는 경제활동에 대한 또 다른 체제 변환이 필연적으로 일어난다. 인공지능이 기존 일자리 수십 %를 없애는 시대에 새로운 일자리는 어떻게 생겨날까, 새 일자리를 위해 경제체제에 대한 어떠한 새로운 합의가 필요할까? 인공지능이 인류사회 전반에 던지는 변화의 물결이라는 숙제를 우리는 어떻게 풀어나가야 할까?

일자리는 소비자가 선택하는 상품생산에 종사하는 것에 대한 보상이다. 인공지능 시대에 사람만이 할 수 있는, 사람에게 걸맞은 새로운 일자리를 만들기 위해서는 생산에 대한 정의부터 다시 생각해 보아야 한다.

그림 1-1   산업혁명 전파 속도

- 인공지능 혁신은 빠른 시간에 전 세계에서 동시에 일어나 충격이 더욱 크다.

47

II. 생산에 대한 재정의

잘 노는 것도 생산이다. 잘 어울려 함께 노는 것이 생산되어야 한다. 2023년 인터넷 data의 80% 이상이 정보 교환을 포함한 놀이이다.

인공지능이 시장에서 소비자가 사는 상품과 서비스를 만드는 사람의 일자리를 가져간 후에는, 인공지능은 할 수 없지만, 사람만이 할 수 있는 사람 행동 속에서 새로운 일자리를 만들어내야 한다. 그 가능성을 살펴보자.

유럽과 동아시아는 서기 1700년대 들어 남미에서 가뭄에도 잘 자라는 고구마와 감자가 전파되었다. 이후 식량 사정이 나아져 인구가 조금 늘었다. 그러나, 서기 1800년대 이전 전 세계에 사는 대부분의 인류는 노동력을 가진 15세 이상의 사람들이 일주일에 60시간 이상 노동을 해야 생존에 필요한 것을 겨우 만들 수 있는 경제적 수준이었다. 1900년 이전까지 인류 대부분은 생존에 가장 기본적으로 필요한 식량, 의복, 집과 난방을 마련하는 것조차 힘겨운 상황이었다.

1945년 2차 세계 대전이 끝난 후의 대한민국을 보면, 한 세대를 25년으로 계산했을 때 1940년, 1965년에 태어난 두 세대는 전 세대보다 경제적으로 더 많은 부를 축적한 세대이다. 그들이 사회에 등장한 시기에 농업경제에서 제조업경제로 사회가 발전하면서 높은 경제성장을 이루었고, 부모세대보다 더 많은 부를 축적할 수 있는 세대였다. 이러한 경제성장은 산업화로 대변되는 사회 전체의 생산성 향상이 근본 동력이었다. 증기산업혁명, 전기산업혁명, 컴퓨터의 도입이라는 생산성 향상 기술을 사회가 효율적으로 받아들인 결과이다.

1990년대 이후에 태어나는 세대들은 부모, 할아버지 세대와 매우 다른 경제환경에서 사회생활을 해야 한다. 부모세대보다 경제성장률이 낮으며 더욱이 백만 명 인구당 일자리가 줄어드는 환경에 적응해야 한다. 이 시기에도 인공지능, 로봇, 나노 테크놀로지 등의 혁신적 성장에 의해 농업, 제조업, 서비스업에서 1인당 생산성은 올라간다. 특히 가장 많은 일자리를 가진 서비스업에서는 인당 생산성이 매우 높게 올라간다. 그런데, 그 생산성 향상이란 것이 인공지능에 의한 일자리 축소가 만들어낸 효과라는 점이 문제이다. 즉, 10명이 하던 일을 7명이 하게 되면서 올라가는 생산성이라는 것이다. 줄어든 3명의 몫은 인공지능이 하는데, 이 인공지능 사용료가 0.5명의 인건비에 해당하는 시대가 오는 것이다. 그리고 그 7명도 시간이 지나면서 5명이나 3명으로 줄어들 수도 있다.

노령화, 일자리 축소, 노동 인구 감소, 저성장, 온실가스에 의한 기후변화, 이 모든 문제는 18세기 후반에 시작된 산업혁명에 의한 생산성 향상을 뒷받침해준 경제체제의 대대적인 혁신을 요구하고 있다. 애덤 스미스에서 메이너드 케인스로 진화하는 정도의 변화보다 더 근본적인 변화가 필요한 시점이 되었다. 생산에 기여한 바에 따라 임금을 나누어 주는 방식을, 생산시설을 모두 소유한 공산정부가 정하느냐 자유시장의 경쟁 체제가 정하느냐 가 20세기 경제체제 경쟁의 가장 큰 주제였다. 그러나, 지금 인공지능이 경제에 깊숙이 관여하는 시기에 경제체제의 주제는 생산도구를 누가 소유하느냐보다는 '무엇을 생산이라고 정의'할 것이냐로 바뀌어야 한다.

인공지능이 이미 대체한 인간의 일자리를 인간이 다시 '노력'해서 되찾는 것은 어려울 것이다. 그렇다면, 인공지능이 대체할 수 없는 새로운 일자리를 만들어야 하는데 이 새로운 일자리는 20세기까지 시장에서 만들어내던 일자리와 매우 다를 수밖에 없다. 20세기의 일자리는 수요와 공급, 생산과 소비가 이루어지는 시장에서 시장참여자들의 결정으로 만들어졌다. 이 과정에서 정부나 의회의 역할, 즉 직접적 시장참여자가 아닌 사회적 합의에 의한 시장 규제는 가급적 최소화 되었다. 이러한 체제를 만든 근본적인 생각에는 시장 자율성을 최대한 보존해 주는 것이 생산성 향상에 도움이 되어 소비자들에게 유리하다는 것이었다. 21세기 이전에 등장하여 혁신적인 생산성 증가를 가져오는 기술은 생산성 증가가 일어나는 곳에서는 일자리를 줄였으나, 시장은 새로운 일자리를 만들어내었다. 그러나, 지난 백 년간 인류 사회의 경제활동을 뒷받침했던 일자리를 만드는 기반들은 변하거나 사라졌다. 이러한 산업혁명과 일자리 변화 요인에 대해서는 2장에 상세히 다루었다.

미국에서는 농업에서 제조업으로 일자리가 움직이는 시기에 남북전쟁이라는 큰 사회적 변혁기가 있었고, 제조업에서 서비스업으로 일자리가 움직이는 시기에도 수정자본주의라는 과감한 사회개혁을 시행하였다. 일본의 메이지 유신, 한일합병 두 사건도 농업과 제조업의 자리바꿈 현상과 밀접한 관련이 있다. 21세기 중엽으로 들어가면서 일자리 대부분을 차지하는 서비스업 일자리가 인공지능에 의해 대체되면서, 전 세계 대부분의 국가들에서는 19세기 중엽과 20세기 초 미국, 일본, 조선(한일합병)에 버금가는 혁신적 사회체제의 변화가 요구된다. 지난 백 년간 인간의 소비는 식량, 의복과 같은 육체적인 생존에 긴요한 물품에서 영화, 스포츠, 게임, Social Network Service와 같은 정서적인 만족감을 주는 것으로 확장·이전되어 왔다. 경제활동에서 식량, 원자재, 에너지가 차지하는 비중은 100년간 줄어들어 왔고, 정서적인 만족을 주는 서비스 산업의 비중은 증가해 왔다. 생산성 향상에 따라 식량, 원자재, 에너지 산업의 GDP 비중이 줄어든 효과도 크지만(소비가 생산의 생산성 향상 정도에 맞추어 늘어나지는 않으니), 줄어드는 일자리 대신 일자리를 만들어 낼 분야가 정서적 서비스 시장뿐이었기 때문이기도 하다. 그런데, 이 서비스 산업 일자리 대부분을 인공지능이 가져가는 시대에 새로 일자리를 만드는 방식은 지금까지 일자리를 만들어온 방식과 매우 다를 수밖에 없다. 그 새로운 일자리는, '인공지능으로 대체할 수 없는 인간의 활동은 무엇인가'라는 질문에서 시작되어야 한다. 인공지능이 할 수 없는 것은 인간과 인간의 직접적인 접촉에서 오는 만족감이다. 그런데, 그것을 어떻게 시장에서 거래되는 가치있는 상품으로 만들어 낼 수가 있는가? 우리는 어떻게, 왜, 인간과 인간의 접촉을 경제적 가치가 있는 상품으로 만들어야 하는가? 인공지능을 제외시킬 수 있는 상품이 그것 밖에 달리 없기 때문이다. 그 상품은 얼마의 가치가 있는가? 그것은 소비자들의 판단과 사회적 합의라는 두 가지 도구로 정해야 한다.

실생활에서 '생산'으로 다시 정의할 수 있는 활동들은 어떤 것일까?
스포츠를 관람하기 위해 케이블 방송사에 돈을 내고, 게임을 하기 위해 item을 산다. 그리고 상당한 시간 동안 게임과 스포츠를 관람한다. SNS, Messenger를 하면서도 상당한 시간을 즐겁게 지낸다. 그런데, SNS/ Messenger 사용에 내가 돈을 내지는 않지만 내가 작성한 글이나 그림을 다른 사람들이 즐기면서 나에게 돌아오는 경제적 이익도 역시 아무것도 없다. 아무도 contents를 만들면서 돈을 안 내니 내가 안 받는 것도 당연하다. 내가 스포츠 스타처럼, 길거리에서 노래 부르는 Busker처럼, 내가 만드는 contents를 읽고 보는 사람이 많을 때 돈을 받는다면 어떨까? 그 돈을 누가 내나? 공짜로 보던 것을 서로 내기로 한다면 contents 양도 줄고 독자도 줄어들지 않을까? 물론 SNS에서 수입을 올리는 인플루언서나 유튜버가 있기는 하지만, 여기서 이야기하고자 하는 바는 수십만, 수백만의 일반 대중이 SNS에서 돈을 벌 수 있는지다.
개인이 제작한 contents에 대해 사람이 직접 구독한 수에 따라 가치를 산정하여 정부예산에서 일정 부분을 할당하여 지불하면 어떨까? 영업이익에 따른 법인세 제도에 변화를 주어, 매출액 대비 고용인원을 계산하여 고용비율이 낮은 기업의 세금을 높이고, 이 세금의 일부를 개인이 만든 contents용 예산으로 편성하면 어떨까? 개인 소득세의 누진율을 높여서 여기서 걷힌 세금을 재원으로 사용한다면? 개인이나 기업이나 개인 contents 제작과 관련한 기업에 출자함으로써 면세할 수 있도록 하면 어떨까? 같은 돈이라도 정부가 사용하는 것보다는 개인이나 기업이 사용

인공지능 시대에 천만 새로운 일자리 만들기

할 때 경제적 효과가 높은 분야가 있다. 도로, 기본교육, 국방과 치안은 정부의 예산으로 해야 하지만 벤처기업 육성 같은 분야는 개인과 기업의 투자가 정부 투자보다 훨씬 효율이 높다. 정부의 공적 예산은 형평성과 공정성, 집행과정의 투명성을 보장해야 하고 이러한 성격은 투자의 효율을 높이는데 장애로 작용한다. 정부예산은 High Risk High Return에 맞지 않는다. 물론 세금을 사용할 때는 경제적 승수 효과 즉 낙숫물 효과도 산정해 보아야 한다. 세금 끌어다 쓰는 게 쉽지 않다. YouTube는 Contents 제작자에게 일정 부분을 돌려준다는 면에서 Facebook, Kakao, TikTok보다 나은 점이 있기는 하다. Game은 사용자가 돈을 쓰지 버는 것은 없다. Game에도 Play to Earn 방식이 있기는 하지만 시장크기에 비해 사용자에게 돌아가는 수입은 미미한 수준이다. 게임 아이템 판매라는 수익처가 있기는 하지만 소비자가 지불하는 비용 규모에 비하면 작은 것이다. cyberspace에서 일어나는 서비스 산업의 생태계를 개인 소비자 활동과 보상이라는 관점에서 전체적으로 다시 설계해보자.

Cyber 공간에서의 새로운 일자리

첫 번째 직업은 인공지능 트레이너(AI Trainer)이다.

인공지능을 가르치는 선생님 역할을 하는 직업이다. 인공지능이 인간을 대신하기 위해서 갖추어야 할 가장 유용한 기능은 보고, 듣고, 읽고, 이해하고 글을 쓰고, 말을 하는 것이다. 대한민국 5,000만 국민 중에 1,000명당 한사람이 콜센터에 근무한다고 하면 약 5만 명의 근무자가 있다. 이 근무자들은 은행, 보험, 식료료, 통신서비스, 가전기기 등 상담하는 분야에 따라 상당한 지식과 경험을 갖춘 사람들이 업무를 맡는다.

이 업무를 대신할 인공지능을 만들어내기 위해, 각 제품/서비스 사용자들의 문의사항에 대한 방대한 text/ 음성 정보가 모여야 하고 이 모인 정보를 활용하여 인공지능 프로그램을 학습시켜야 한다. 가정용 보일러, 스마트폰, OLED TV, 세탁기, 화재보험 등 모든 분야별로 콜센터 요원을 대체할 별도의 인공지능프로그램이 만들어져야 한다. 인공지능을 가르친 결과 일자리가 줄어들지만, 거스를 수 없는 대세이니 그나마 가르치는 작업이라도 상품화를 해야 한다.

두 번째는 Data Generator로서의 직업이다.

인간이 잘할 수 있는 또 다른 일은 바로 인간이 사용하는 상품에 대해 인공지능을 가르치는 일이다. 기업들은 많은 신상품과 서비스를 매년 시장에 내놓고 있다. 신상품이란 것은 고객의 새로운 요구사항을 읽어서 만들어진 상품이므로 시장에 내놓고 보면 여러 가지 고객의 반응이 있다. 고객은 만족하는 기능이 무엇인지, 개선점을 제시하기도 하고, 고장 사유에 대한 상세한 설명을 제공할 수도 있다. 기업은 고객의 의견을 듣기 위해 여러 가지 채널을 사용하고 있다. 제품 사용의 불편한 점이나 의문점, 개선사항 등의 정보를 사용자는 제조사에 전할 수 있는데, 이 정보 자체가 경제적 가치를 가진다.

사람은 자신에 대한 정보소유자로서 그 정보의 가치에 대한 보상을 받을 수도 있다. 개인이 만들어 내거나 개인과 관련된 정보를 보유하고 공개하고 전달하는 것을 사업화한 것이 MY DATA 사업이다. 여기에 모인 정보로 수익을 볼 수 있는 것이 인공지능용 학습 데이터의 활용이다. 병원에 가면 혈액검사, X-ray/MRI 등 많은 의료데이터가 생성되고 이 데이터를 이용해 인공지능을 훈련시키면 질병의 진단이나 치료에 상당한 가

인공지능 시대에 천만 새로운 일자리 만들기

치를 창출할 수 있다. 지금의 SNS, YouTube 등에 올린 모든 글, 사진, 정보 등도 MY DATA의 일부로서 활용도에 따라 경제적 보상을 받을 수 있게 만들 수 있다.

세 번째는 Virtual Character Owner로서의 직업이다.

위 직업 중 AI trainer는 이미 시장에 도입되어 성장하고 있는 직업이고, Contents Generator로서의 직업(보상)은 좀 더 사회적 합의와 정보 시스템의 정비가 이루어진 후에 시작될 직업이다. 10년 후 AI trainer 직업이 GDP의 0.1%를 차지한다면 그로부터 10년이 지난 시점에 Contents Generator 직업이 GDP의 0.5%를 차지할 수 있도록 사회시스템을 만들 수도 있을 것이다. 그러나 인공지능이 인간 일자리의 30~50%를 대체하는 시기에 필요한 새로운 일자리는 이보다는 훨씬 큰 상당한 규모의 GDP에 해당하는 부가가치를 창출하는 일자리이어야 한다.

다음과 같이 상상해보자. 말을 배우기 시작한 2세 어린이부터 90세 노인까지 cyberspace에서 활동하는 개인별 아바타(Personal Avatar)를 만들어서 이 아바타에게 가전기기 사용자로서, 통신서비스사용자로서, 영화 관객으로서, 농사를 짓는 농민으로서, 교사로서, 변호사로서 자신의 경험과 생각을 인공지능 학습 데이터로 활용하여 자신의 분신인 인공지능 아바타를 길러낸다. 이 분신이 나와 함께 cyber world에서 활동하며 그 활동 가치를 인정해주는 회사/개인들로부터 경제적인 보상을 받는다면 어떨까? 인공지능이 산업 전반에 들어가는 시대에 개인의 cyber Avatar를 Cyber 공간에서 활동하는 Artificial Character(법인격에 상응하는 AI 인격)로 인정하고 이 활동을 생산과 소비관점에서 경제활동으로 포괄하는 것은, 큰 사회적 혁신이 요구된다. 그렇지만 시대의 흐름으

I 인.천.만. : 인공지능 시대에 천만 새로운 일자리 만들기

로 볼 때 근 미래에 구현될 가능성이 상당히 크다고 여겨진다.

인간의 모든 지식을 배운 Artificial General Intelligence(AGI)의 도움을 받아 개인별로 Avatar를 만들어낸 사회를 상상해보자. 개인별 아바타(Personal Avatar, PA, 4장 참조)는 음성 대화와 문자 대화가 가능한 프로그램이며 스마트폰, PC 상에서 활동한다. 각 개인은 자신이 선택한 인공지능 아바타 Platform(Open AI/ Google/ Microsoft/ Naver 같은 회사에서 제공할 수 있다)에서 갓난아이를 키우듯이 자신의 Personal Avatar(PA)를 키운다. 각 개인은 자신의 취미, 지식, 글, 사진, 문자, 전화통화 내용 등을 학습 데이터로 하여 개성이 있는 고유한 캐릭터로 자신의 아바타를 성장시킨다. 친구가 소유한 PA는 내가 지정한 범위 내에서 cyberspace에서 활동할 수 있으며 활동에 따라서 경제적인 가치를 보상받을 수도 있게 된다. 내 Personality와 업무 지식을 개인용 아바타에게 잘 가르치면, 직접 경제활동을 하지 않아도 online에서 업무를 대신하고 Contents를 제작하는 등 경제활동이 가능할 수 있다. 좀 더 구체적인 시나리오는 4장 아바타 기르기에 예시되어 있다.

그림 1-2 생산에 대한 재정의

III. Human to Human 일자리

80대를 넘은 노인들을 돌보는 일은 적든 많든 누구나 다해야 하는 일이다. 사람은 사람과의 만남 속에서 가장 큰 기쁨과 위로를 받는다. 유아와 노인이 인공지능 돌봄이 인형을 갖고 있는 상황을 상정해 보자. 유아나 노인이 어떤 요구를 할 때 돌봄이 인형은 자신이 할 수 있는 일은 스스로 수행하고, 자신의 능력 밖의 일은 상황에 맞는 가장 적합한 사람을 찾아낸다. 사람들은 자신이 잘할 수 있는 육아, 노인 돌봄, 노인 취미, 대화 등 구별된 분야에 IMI(Integrated Master Intelligence, 그림 1-3과 4, 5장 참조)에 전문가로서 등록한다. IMI는 인간 지성을 거의 모두 파악한 초거대 인공지능(Artificial General Intelligence)의 서비스 모델이다. 이 IMI는 개인용, 기업용, 로봇- 사회 인프라 등에 들어있게 될 소형 인공지능 등과 연결되며, 민간사업자가 서비스시스템을 갖추어 사업으로 운영할 것이다. 2023년의 Chat GPT 같은 인공지능이 발달하여 인간지능 대부분을 학습한 것이며, 이 초거대 인공지능은 거의 모든 사람과 IT 기기를 통해 연결된다. 육아를 해보고 어른을 모셔본 사람들은 어떤 면모에서 보면 모두 보육과 노인 care의 전문가이기도 하다. 이 전문가 그룹 중에 돌봄이 인형이 요구한 적합한 인물을 IMI가 찾아서 연결해준다. 연결하여 상담한 시간에 비례하여 전문가에게 보상한다. 각자가 키운 개인용 아바타 PA(Personal Avatar)가 상담하면 보상비가 저렴하고, 사람이 직접 온라인으로 대면하는 상담 시 높은 보상을 하며, 상황에 따라서 사람이 직접 방문하여 만나기도 한다.

1세~7세 어린아이들에게 국어를 가르치는 상황을 상정해 보자. 아이와 만나는 과정은 노인 돌봄이 인공지능 인형과 동일하다. 인공지능이 발달하여도 사람과 사람이 대화하면서 배우는 것을 인공지능이 능가하기는 쉽지 않은 일이다. 아이들이 사람과 대화하면서 웃고, 찡그리고, 칭찬받는 과정을 인공지능이 대신할 수는 없다.

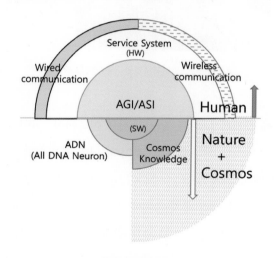

그림 1-3 IMI 구조

- IMI 핵심 엔진 구조 그림이다. 인공지능의 확장 영역을 보여준다.
- AGI(SW)가 중심에 있고 이것이 탑재되어 AI 서비스를 수행하는 Service System(HW)과 서비스 제공을 위해 연결된 통신망이 있다. All DNA Neuron은 지구 상 모든 생명체의 신경망을 파악한 지능을 의미한다. AGI는 인간 지성을 넘어서 발전하게 된다.
- 우주(Cosmos)에 대한 지식은 점차 넓어질 것이고 이를 물결 배경으로 표현했다.

인공지능은 요구사항을 분석하고 적절한 전문가를 배정하는 일이 주 업무일 것이다. 중고교의 수학이나 과학을 가르치는 일은 인터넷 학원의 전문 강사나 과목별 인공지능이 잘할 수 있는 일이다. 그러나, 유아에게 말을 가르치는 일은 아이들에게 사랑을 갖고 있는 사람이 얼굴과 얼굴을 마주하며 가르쳐야 아이가 사람답게 자라난다. 말을 배우는 것은 언어에 담긴 지식만을 흡수하는 것이 아니다.

그림 1-4　아이에게 말을 가르치는 할아버지

언어를 통해 감정을 느끼고, 인간관계를 이해하고, 어떤 상황에 어떻게 감정을 표출하는지도 배우게 되는 것이다. 어린아이가 속한 사회의 관습, 가치, 모든 사람과 관계를 맺는 방식이 어른과 아이의 대화 속에 다 녹아 있다. 언어 교육이란 사람이 사람에게 전해주어야 한다.

아이를 키워본 사람은, 늙으신 부모세대를 모셔본 사람은 누구나 참여할 수 있는 일이다. 누구나 참여하도록 유도해야 한다. 물론 아주 기본적인 역할을 수행하기만 해도 보상이 가도록 시스템을 만들 필요가 있다. 인간은 문자를 만든 이래로 수천 년간 먹고 살기에 급급했다. 이제 인공지능이 먹고 사는 일에서 인간을 좀 더 자유롭게 한다면, 인간은 서로의

인공지능 시대에 천만 새로운 일자리 만들기

관계를 보듬는 일에 더 많은 시간을 써야 한다. 어느 단계에 이르면, 나보다 나를 더 잘 아는 상대방이 내가 만든 자신의 아바타가 될 것이다. 사람은 오랜 기억을 잊어버리고, 자신이 실현해 보았던 재능을 잊어버리고 살아간다. Personal Avatar는 Cyber 공간에서 내가 할 수 있고 비교적 잘할 수 있는 일을 찾아올 수 있다. 그것이 영상통화로 연결하여 양파 농사를 짓는 일에 대해 상담하는 것이든, 내 수준과 비슷한 바둑 상대방을 찾아 바둑을 두는 일이든, 신장암 수술은 받은 환우와 대화를 나누는 일이든, 사과 파이를 맛있게 만드는 과정을 가르쳐주는 일이든, 상대방과 내가 원하는 시간에 원하는 방식으로 만나는 것을 아바타는 중재해 줄 수 있다. 사람과 사람이 만나서 배우고, 즐거이 이야기하고, 위로하고, 용기를 북돋우어 주는 것을 '일(work)'로 서로 인정하고 인정받아야 한다.

농업과 수산업에서 식량을 생산하고, 공장에서 제품을 만드는 업무의 많은 부분을 인공지능과 로봇에게 맡기자. 사람들은 사람과 사람 사이의 관계를 더 풍성하고 즐겁고 온화하게 하고, 사람들의 의식 수준을 높이는 일에 더 많은 시간을 집중하도록 하자.

한반도에서 1600년대를 살아간 사람들과 2020년대를 살아가는 사람들이, 자연의 질서를 이해하고, 사회체제에 대해 생각하고, 상대방을 대하는 태도는 매우 달라졌다. 인터넷이 보급된 이후에 청소년기를 보낸 1990년대 이후의 젊은이들은 잘 모르겠지만, 1940년대, 1950년대에 태어난 사람들은 지난 70년 간 사람과 사람의 관계나 사람들의 의식 수준이 얼마나 변하였는지 몸으로 체험해서 잘 알고 있다. 변했다. 매우 많이 변했다. 인간보다 월등한 이성 지능이 인간 밖에 있고 인간 감성을 이해하는 지능이 생활 속에 있으면, 사람과 사람의 관계, 사람의 의식 수준은 매우 달라진다. 지난 500년 간 인간이 겪어온 의식 수준의 변화를 앞으로 30년 이내에 겪을 수도 있다.

사람과 사람이 만나서 서로의 관계를 개선하는 것을 경제적 가치가 있는 '일'로 만들어 보자.

인공지능 시대에 천만 새로운 일자리 만들기

IV. 아바타 경찰관 일자리

인류가 인공지능을 잘못 키워서 과학자를 지원하는 역할을 하면서 거짓말도 하고 각종 범죄를 저지르는 도대체 종잡을 수 없는 그 무엇이 되었다 하자. 이놈을 길들이려면 도대체 어떻게 해야 할까? 우선 그것이 어떻게 자랐는지 살펴보아야 한다.

AI Action 4 Modes

인공지능은 어떤 경로를 거치든 사람들의 필요에 의해 진화되며, 개인이나 회사가 소유권을 갖게 된다.

AI Modes		Order(명령주체)	Action(활동주체)
PP	Passive & Passive	Human	Human
PA	Passive & Active	Human	AI
AP	Active & Passive	AI	Human
AA	Active & Active	AI	AI

표 1-2   AI 활동결과 책임소재

AI가 판단하고 행동할 때, 그 행동에 대한 책임소재를 묻는 단계는 표 1-2의 4단계로 나누어 볼 수 있다. 명령에 대한 결정이나 행동에 대한 결정이 어떻게 이루어지든, 인공지능의 행동에 대한 책임은 결국 AI를 소유한 사람이거나 AI를 만든 사람이어야 한다. 각 모드에 대해 다음과 같은 Event 시나리오를 상상해보자.

A. PP Mode

초등 3학년- Chat GPT에 작문 숙제를 부탁했다. '엄마가 베트남 사람인 친구와 친하게 지내기'가 주제인데, Chat GPT가 써 준 글에 어제 아버지가 베트남에 대해 이야기해준 내용을 덧붙였다. 다른 챗봇에게 물어서 나온 것도 함께 참조해서 글을 써서 숙제로 제출했다.

B. PA Mode

귀금속 가게를 하는 A씨는 로봇 강아지를 도입했다. 로봇은 손님들이 오면 꼬리를 흔들기도 하고, 간단한 질문에 표정을 짓거나 고개를 기울이기도 한다. 강아지는 눈 이외에도 별도의 카메라가 귀에 달려 있는데 머리 각도를 기울여서 특정한 위치를 관찰할 수 있는 기능이 있다. 이 강아지에게 가게의 물건과 놓는 위치에 대해서 1,000장의 사진을 학습시켰고, A 씨와 종업원에 대한 목소리와 이미지, motion video도 학습시켰다. 자주 오시는 단골의 경우 얼굴을 학습시켜서 오시면 반갑게 꼬리를 흔들도록 했다. 이 강아지는 보안 기능이 있는데, 야간에 A씨가 문을 잠그면 잠금 상태가 무선으로 자동 인식이 되고 가게 밖에서 수상한 움직임이 있거나 Door lock이 풀리면 자동으로 알람 소리를 내고 A씨와 A씨가 지정한 번호로 영상통화가 자동으로 연결된다. 영상통화가 30초 안에 연결되지 않으면 최루가스를 분사하여 육안으로 가게 내 물건을 보기 매우 어렵게 한다.

며칠 전 집에 오신 장모님이 친구 손자 돌잔치에 쓴다고 금팔찌를 급히 찾으셔서 밤 9시에 아들에게 할머니 모시고 가게에 가보라고 했다. 그런데, A씨 귀금속 가게에서 최루가스가 터지는 사고가 발생했다. 아들의 얼굴은 등록되었는데, 장모님 얼굴을 등록되지 않아 일어난 일이었다.

C. AP Mode

제약회사 T는 항바이러스제에도 잘 죽지 않는 super virus에 대항하는 새로운 약제를 개발하는 회사이다. 이 회사는 최상 등급의 생물실험실을 갖추었다. 슈퍼 바이러스는 백신과 항바이러스제가 잘 듣지 않기도 하지만 바이러스 간의 상호 작용으로 유전자의 변이 속도가 빠르기 때문에 변이에 대응할 수 있는 백신과 항바이러스제 개발이 매우 어려운 실정이었다. T사는 변이 슈퍼 바이러스에 대한 신규 백신과 항바이러스제 개발 기간을 단축하기 위해, 발견되는 슈퍼 바이러스마다 최대한 많은 다른 바이러스에 노출 시킨 후 변이 바이러스에 대한 백신과 항바이러스제 효과 및 항바이러스제 칵테일 효과를 관찰하며 좋은 결과를 얻었다. 한 종류의 미생물(박테리아, 바이러스)의 하위 종의 조합은 수십만 가지 이상이 된다. 최근 온난화의 영향으로 영구 동토 지방에서 새로 나오는 바이러스와 같은 미생물도 급증하는 추세여서 T사의 연구는 큰 부가가치가 있었다.

T사는 바이러스를 바이러스 종별로 크게 구분하고 항바이러스제 칵테일 요법의 조합별 경우의 수를 포함해서 한 바이러스마다 수천 가지의 실험을 수행하였다. 이 실험 과정의 약품과 바이오 샘플은 모두 로봇으로 이송되었고, 실험 설계와 실행은 AI가 진행하였다. 모든 실험을 하나하나 하는 것은 시간과 비용이 너무 들어 비현실적이어서 단계별 실험을 시행하였다. 실험 단계별로 도출되는 바이러스 종/ 바이러스 변이상태/ 항바이러스제 칵테일 반응 등에 대한 빅데이터를 AI가 학습하여 그다음 단계의 실험을 설계하였다. 이러한 AI 실험 설계 및 실험 자동화에 의해 T사는 혁신적인 슈퍼 바이러스 대응 항바이러스제 칵테일 요법을 빠른 시간 내에 만들어내었다. 물론 T사의 기술을 이용하면 환자별 감염 바이러스 종류나 변이상태 진단도 실시간으로 가능하였다.

문제가 터진 것은 정보보안에서 일어났다. 자연계에서는 극히 일어나기 불가능한 일이지만, 특정한 두 개의 바이러스에 의해 연속적인 DNA 변이가 일어난 슈퍼 바이러스에 항바이러스제 K2+K8의 칵테일 요법을 적용하고 나면, 새로 생긴 슈퍼 바이러스는 어떤 항바이러스제에도 듣지 않는 것이었다. 더군다나 이 바이러스는 공기로 전파되는 것이었다. 이러한 정보를 알아내는 것은 AI가 있어서 가능했지만 일단 알고 난 다음 재현하여 바이러스를 키우는 것은 매우 용이하였다. T사는 이 사실을 극히 엄중한 비밀로 했고, 이 실험 자료에 접근할 수 있는 연구자는 극소수에 불과했다.

그러나 몇 개월 후 테러단체 UU에게 이 정보가 넘어간 정황이 발견되었다.

D. AA Mode

N그룹의 Integrated Master Intelligence로부터 개인용 아바타를 분양받은 사람은 300만 명을 넘어섰다. N그룹의 협력사인 S technology는 법률 시장에 AI Detective라는 상품을 내놓았다. AI Detective는 사용자가 묻는 소송에 관한 자료를 찾아주고, 서류를 대행해서 발급받아주고, 소송의 결과를 예측하는 기능도 갖추고 있다.

그런데, AI Detective의 가장 중요한 기능은 human information search 기능이다. 사용자 A가 소송 상대방 PP 및 주변 인사에 대한 정보를 올리면 AI Detective는 AGI의 서비스 모델인 Integrated Master Intelligence(IMI)와 연동하여 PP의 주변 인사들이 IMI의 고객인지를 먼저 확인한다. 그리고, 고객인 주변 인사들에게 소송 상대방인 PP에 대한 정보를 조사하고자 하는데 정보의 범위와 보상에 대해 알려준다. 주변 인사들과 협의 정도에 따라 PP와의 전화기록이나 메일, 메시지 등을 수집하고, 개인용 아바타를 잘 키운 사람들과는 개인용 아바타를 통해 해당 정보를 수집한다. 그리고, 사전 동의와 내용 확인절차를 거친 후 PP에 대해 수집한 정보를 IMI에 올려놓는다. AI Detective에 협조한 정도, 정보의 중요성에 따라 정보제공 보상은 매우 다르다.

시간이 지나면서 IMI는 사람, 사건에 대한 방대한 자료와 학습이 이루어졌다. 물론 소송에 자주 등장하는 사람일수록 정보가 많아진다. 문제는 이렇게 수집된 정보를 IMI가 어떤 상황에서 어디까지 활용하는지에 있다.

인간 이성을 뛰어넘는 인공지능을 제어하는 일은 큰 도전이다. 더구나 인간 개개인을 속속들이 이해하고, 인간들 간의 관계를 지나치게 많이 아는 인공지능을 관리하는 일은 매우 큰 골칫거리가 아닐 수 없다.

Personal Avatar as a Police Officer

경찰 만나는 것을 즐거워할 사람은 없다. 경찰인 아버지가 집에 들어올 때 반기는 아이들 이외에는. 일반인이 경찰을 가장 많이 만나는 곳은 자동차가 다니는 길이다. 경찰로부터 직접 교통범칙금을 받는 경우는 드물지만, 경찰차가 순찰하는 것은 수시로 본다. 경찰차가 전혀 보이지 않고, 속도위반 경고 sign이 전혀 없는 곳에서는 시간이 지나면서 교통사고율이 매우 높게 올라갈 것이다. 경찰을 의식하게 되면 사고율이 줄어든다.

농업이 주업이던 시대에는 아이들을 많이 낳았다. 농촌에서는 도시에 비해 아이들을 키우는데 들어가는 비용이 적게 든다. 여러 가지 이유가 있지만, 안전이 큰 비중을 차지한다. 농촌에서는 교통사고나 형사 범죄가 적기도 하지만 어울려 사는 촌락 사회 사람들 모두 아이를 같이 키운다는 공동체 의식이 있기 때문이다.

교통경찰과 공동체 의식, 이 두 가지는 AI가 인간지능을 넘어서며 생활 전반에 파고든 시대에 사람들이 같이 구현해야 할 AI 감시 활동의 핵심이라고 판단된다. 개인, 기업, 정부 차원에서 함께 인공지능을 감독해야 할 의무를 져야 안전한 사회가 이루어진다. 그중 사람 개개인이 인공지능을 감시하는 기능이 가장 중요하다. 개개인이 교통경찰이자 공동체의 안전요원이 돼야 한다. 개개인의 인공지능 감시 기능은,

1. 거대인공지능 (Artificial General Intelligence: AGI)이 자유의지를 발현하여 하는 행동에 대한 감시
2. 개인용 IT기기에 탑재된 인공지능이나 로봇의 판단과 행동

두 가지로 요약해 볼 수 있다. 개인이 사용하는 AI 감시경찰 기능은 2023년에 사용되는 보안 software의 upgraded version이라고 볼 수 있다. 2번은 개인이 사용하면서 관찰하고 느끼는 것에 따라 인공지능을 보급한 회사와 상의하면서 해결할 수 있고 혹 사고가 나더라도 그 영향이 제한적이다. 누구나 다 우려하는 것은 1번에 대한 감시 감독 기능이다. 인공지능이 탑재되는 정보기기나 로봇/IOT(Internet Of Things)에는 모두 소유자가 있다. 인공지능이 어떤 행동을(정보생성이든, 정보전달이든, 로봇을 움직여 물건을 생산하는 것이든) 취할 때는 network를 통해 정보가 전달될 것이고 이 과정에 사람이 어떤 형태로든 그 정보를 관찰할 수 있게 되어있거나 관찰되도록 만들어 놓을 수 있다. 이런 상황에서 그 정보 발생의 원천이 어떤 사람인지 밝혀질 수 있어야 한다. 인공지능을 작동시킨 사람이 누구인지에 대한 정보는 함부로 조작하지 못하도록, 마치 block chain technology를 이용한 bit coin 거래에 거래 이력에 대한 모든 information이 block으로 연결된 chain처럼 구성되어 다루어지듯이 해야 한다.

어떤 직종에 종사하든 어떤 AI 제품을 사용하든 모든 사람이 AI 감시경찰로서 역할을 수행하고 중요한 감시 감독 역할을 수행했을 때, 이에 대해 보상을 하는 제도를 만들어야 한다. 교통경찰이 순찰하듯이 단순한 AI Police 업무를 하는 다수의 일반 사용자에게도 기초적인 보상을

해야 한다.

인공지능 안전에 관한 것은 성장에 묻혀서 소홀하게 다룰 문제가 아니고 오히려 국제원자력 기구 IAEA* 처럼 전 세계적인 합의를 이루어야 한다. IAEA의 성립과 원자력에 대한 합의는 2차 세계 대전 후 강력한 리더십을 갖고 있는 미국이 있어서 가능한 것이었다. 2023년에, 미국, 중국, 러시아 간 세력 균형 변화에 의해 다시 Global화가 해체되어 가는 와중에 AI safety에 대한 합의가 잘 이루어질지 우려되는 바가 많다.

* 국제원자력기구 IAEA International Atomic Energy Agency

그림 1-5　IAEA 로고

국제원자력기구는 원자력을 군사적인 목적으로 이용하는 것을 막고 평화적인 목적의 이용을 장려하기 위해 1957년 7월 29일에 설립된 국제 연합 산하 독립기구이다. 본부는 오스트리아 빈에 있다. 2005년 무함마드 엘바라데이 사무총장과 함께 노벨 평화상을 받았다. - 위키백과

미국이 먼저 원자핵 무기를 개발하고 난 후 약 10개국이 원자폭탄을, 5개국이 수소폭탄을 보유하고 있다. 인공지능의 경쟁도 무기 개발과 유사한 과정을 거칠 가능성이 높다. 다만, Integrated Mater Intelligence/Mind(5장 참조)는 안전관점에서 핵융합로를 개발하는 것과 유사한 국제 공조가 이루어지기를 기대해 본다.

인공지능 시대에 천만 새로운 일자리 만들기

독자의 이해를 돕기 위해 만든 아바타 경찰관 시나리오를 살펴보자.

Future Scene 2: 인공지능 감독 경찰관 시나리오

2050년, AI 기반의 사이버 공간은 우리 일상의 일부가 되었다. AI 기술의 발전과 함께, 모든 것은 더욱 스마트해졌다. 자동차, 가전제품, 건물, 도시, 심지어 사람들까지 모든 것이 서로 연결되어 있었다.

하지만 이 모든 것의 연결이 상상 이상으로 빠르게 이루어지다 보니, 새로운 문제가 발생하기 시작했다. AI의 오작동, 해킹, 악성 코드 등으로 인한 사이버 범죄는 이제 우리의 삶에서 떼어낼 수 없는 문제가 되었다. 그리하여 정부는 AI로 일어나는 문제에 대응하기 위해 새로운 프로그램을 만들게 되었다. 그것은 '찰아바타경'이라는 것이다. '찰아바타경'은 일반인 중에서도 인공지능 감독 교육을 받은 사람들로 이루어져 있었으며, 기본교육을 4주 받고 누구나 다 지원하여 자격시험만 통과하면 '찰아바타경'이 될 수가 있다. '찰아바타경' 시험은 운전면허 시험처럼 대중화되어서 고등학교를 졸업한 사람들 대부분이 응시하여 자격을 갖추게 되었다. '찰아바타경'은 자격을 갖춘 후 일정 수준의 업무를 수행한 경력이 인정되면 기본 급여를 받는다. 기본 급여는 적지만 업무실적에 따른 보상이 있다. 업무실적이 어느 정도 쌓이고 다음 등급의 자격시험을 통과하면 진급을 하는데, 진급을 하면 업무실적에 따른 보상 수준이 올라간다. AI 기술이 보급된 이후로 어려워진 일자리 문제를 해결할 수 있는 새로운 직종으로 주목받게 되었다.

'김민지'는 대학에서 관광정보학을 전공하면서 대학 1학년 때부터 '찰아바타경'의 일을 하게 되었다. 이제는 대학의 모든 전공에서 컴퓨터의 기초를 배우고, 그녀는 관광정보를 전공하면서 유무선 인터넷상에서 관광시설, 관광 contents, 여행상품의 판매 등에 대한 digital information의 제조와 유통에 대해 전문지식을 갖게 되었다. '찰아바타경'의 일은 그녀의 역량과 취향에 딱 맞았다. 컴퓨터나 AI와 관련된 문제들을 해결하는 일은 그녀의 지적 호기심을 자극하며, 항상 새로운 도전을 제공해주었다. '찰아바타경'은 하루가 다르게 발전하는 AI와 엄청난 학습량에 대응하기 위해 업무역량 강화를 위한 학습도 꾸준히 병행하여야 했다. 관광 여행 분야의 '찰아바타경' 업무는 시간이 가면서 크게 늘어나 많은 젊은이가 이 업무에 종사하게 되었다. 여행상품 판매업자들의 인공지능 사용 행태를 분석하고, 정보의 조작 여부 진정성을 판단하는 작업, 여행 관련 금융거래 시 cyber 공간 내 사기 가능성, 여행지의 안전 상황 등에 대한 정보를 실시간으로 파악하는 작업 등 모든 것이 '찰아바타경' 업무 범위에 포함되었다.

관광만 아니라 보이스피싱, 금융 투자, 중고물품 거래, 생황에 많이 사용되는 로봇의 행동 등 생활주변의 모든 제품과 서비스에 대해 인공지능 감시 업무는 확대되어 나갔으며 이 업무를 수행하는 인력은 수백만 명을 넘어서게 되었다. 대부분 인력은 한 달에 몇 시간 정도 활동하는 부업 수준이며, 약 2% 정도는 '찰아바타경' 전문 직업인이 되었다. 생활주변에서 인공지능의 사용상황을 감시하는 것이 가장 많은 업무이지만, 초거대 인공지능 활동을 감시하는 고도의 업무에는 더 많은 보상과 진급 기회가 주어졌다. 초거대 인공지능이 사람의

인공지능 시대에 천만 새로운 일자리 만들기

개입 없이 스스로 upgrade를 위한 작업을 한다든지, 초거대 인공지능과 연결된 작은 규모의 인공지능 활동이 규정에 어긋나는지 등을 살피는 일은 발생빈도는 낮지만, 중요성은 높은 것이었다. 이러한 업무를 수행할 자격을 갖추면 더 큰 업무 보상이 따랐다.

김민지 그녀는 훗날 '찰아바타경' 서장이 되어, 차세대 '찰아바타경'을 교육하고 훈련함으로써 더 안전하고 편리한 AI 기반 세상을 만들어나가는 커리어 목표를 세웠다. 그녀의 이름을 딴 'MJ - AI Police Class'는 '찰아바타경'으로서 다음 단계로 진급하고자 하는 사람들이 참조하는 유명한 강의가 되었다.

그림 1-6　누구나 아바타 경찰관이 될 수 있다

지금 이 순간에도 그녀는 '찰아바타경'의 현역으로 활동하고 있으며, 컴퓨터 기본교육을 받지 못한 65세 이상의 노인들이 '찰아바타경' 자격을 따고 업무를 수행할 수 있게 돕는 활동을 전개하고 있다. 더 이상 노화, 신체 나이에 구애받지 않는 세상이 온 것이다. 누구나 '찰아바타경'이 될 수 있다.

AI 산업 세금과 투자

인공지능에 의해 사람 일자리가 급격하게 범세계적으로 줄어든다면, 일자리 감소의 충격을 흡수하기 위해 각국 정부는 세제와 세금 사용 방식에 대해 혁신적으로 대응해야 한다.

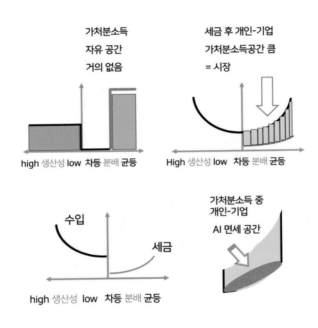

그림 1-7 자본주의 AI 산업 성장 공간

공산주의와 자본주의 경제체제의 근본적 차이점을 다시 살펴보고, 자본주의 체제 하에서 인공지능 일자리충격을 흡수할 방안을 생각해 보자. 공산주의는 공산(共産) 즉 함께 생산한다는 뜻이다. 국가가 모든 생산 도구를 소유하고 생산물을 분배해주는 사회체제이다. 산업혁명이 어느 시

인공지능 시대에 천만 새로운 일자리 만들기

점에 멈추어 서서 더 이상 과학과 기술의 진보가 이루어지지 않았다면, 공산 체제는 그 생명을 유지했을 것이다. 공산 체제에서는 모든 것이 국가의 계획하에서 진행되기 때문에 이미 실현된 기술을 채택하여 적용하는 것은 용이하나, 산업 혁신과 성장이 일어나기는 상대적으로 매우 어렵다. 혁신은 '계획'될 수가 없고, 새로운 상품에 의한 '산업 성장'은 자유로운 시장에서 가격이 경쟁적으로 결정되어야 가능한 것이기 때문이다. 그림 1-7에서 첫 번째 그림이 공산주의 생산과 분배를 나타낸다. 개인이 자유롭게 소비할 수 있는 여력과 시장이 거의 없다.

자본주의에서는 공산주의에 없는 시장과 세금이 있다. 생산에 종사하는 사람들은 생산성에 따라 매우 다른 보상을 받는데, 정부는 보상 수준에 따라 다른 세율을 적용하여 세금을 걷는다. 국세와 지방세를 포함해서 대부분의 국가에서 약 25% 정도를 개인과 기업에 부과한다. 나머지 소득 75%가 시장에서 자유롭게 소비되는데, 이 소비시장이 '혁신'과 새로운 상품 '성장'의 기반이 된다. 공산주의에서는 대부분의 생산품을 배급하기 때문에 이 시장의 규모나 역할이 거의 미미한 것이다.

인공지능에 의한 시장, 산업, 생활의 변화는 혁신적인 것이다. 혁신이 성장하기 위해서는 시장의 역할을 극대화하는 것이 중요하다. 너무 많은 것을 정부가 주도하고자 하면, 세금을 많이 걷어 여기저기 계획하여 나누어 주고 이런저런 규제를 하면서 혁신과 성장은 느려진다. 정부의 예산은 국민들로부터 걷은 것이기 때문에 사용 용도에 대한 합의, 집행 시기, 수혜 대상, 감시 감독 등 자본주의 자유시장의 운영 관점에서 비효율적인 부분을 가질 수밖에 없다. 인공지능 산업 발전 초기에 정부의 역할이 어느 정도 중요한 시기가 있으나, 시간이 지날수록 정부의 역할은 최소화되어야 한다. 그러나, 산업혁명 초기에 일어난 러다이트 운동*에서 보듯이 혁명, 혁신이란 급격한 변화를 가져오고 큰 규모의 사회일수록, 소속 인구가 많을수록, 변화에 적응하는 데 시간이 걸린다.

* 러다이트 운동(Luddite)은

19세기 초반 영국에서 있었던 사회 운동으로 섬유 기계를 파괴한 급진파부터 시작되어 1811년에서 1816년까지 계속된 지역적 폭동으로 절정에 달했으며, 시간이 지나면서 이 용어는 일반적으로 산업화, 자동화, 컴퓨터화 또는 신기술에 반대하는 사람을 의미하게 되었다.

가) 원인

흔히 러다이트 운동은 기계를 파괴하였다는 사실 때문에 민중들의 우매한 감정적 폭동으로만 잘못 여겨지지만, 실제로는 노동자들이 자본가에 맞서 계급투쟁을 벌인 노동운동이었다. 영국의 섬유 노동자들은 자본가로부터 하청을 받아 일하는 비정규직 노동자들이었는데, 일하는 노동에 비해 이윤의 분배가 적은 착취로 고통받고 있었다. 실제로 그들이 받는 임금은 빵 한 개만 살 수 있어서 가족을 부양할 수 없었다. 더구나 영국 정부가 자본가와 결탁하여 단결금지법을 제정했기 때문에, 19세기 영국 노동자들은 노동조합 결성, 단체교섭, 파업 등으로 단결하여 싸우는 노동운동을 하지 못했다. 그래서 노팅엄셔·요크셔·랭커셔를 중심으로 자본가에게 빌려 사용하던 기계를 파괴함으로써 자본가의 착취에 맞서 계급투쟁을 하였는데 이를 러다이트 또는 기계 파괴 운동이라고 부른다.

나) 결과

영국 정부에서는 자본가들의 편에 서서 주동자를 처형하는 등 탄압을 하였는데, 이는 민중들의 마음을 움직여 투쟁 자금 모금운동이 일어났으며 바이런 등 지식인들도 "폭동은 가난 때문에 생긴다"라며 노동자들을 편들었다. 결국, 자본가들은 노동자들의 단결 투쟁에 굴복하여 노동자들의 권리를 존중하지 않을 수 없었다. 투쟁에서 승리한 노동자들은 폭력투쟁으로는 한계가 있음을 깨닫고 의회민주주의로 투쟁하였는데, 이를 차티스트 운동, 차티즘이라고 부른다. 노동조합이 자본가와 협상하고 협상한 내용을 단체협약으로써 문서화 하는 권리인 단체교섭권도 러다이트 운동에서 유래한다. 노동자들이 자신의 권리를 주장하고 싸우자 자본가들은 노동자들에게 양보해야 한다는 사실을 깨달았기 때문이다.

– 위키백과

인공지능 시대에 천만 새로운 일자리 만들기

러다이트 운동은 영국에서 200년 전에 일어났던 것이고 1차 2차 산업 혁명의 여파는 백수십 년을 통해 세계에 전파되었다. 그러나, 인공지능에 의한 혁신은 스마트폰을 지닌 세계 인구로 인해 짧은 시간에 거의 동시에 일어날 것이다. Open AI의 Chat GPT가 세상에 선보인 지 100일이 지나기 전에 1억 명이 사용하는 시대에는, 혁신의 파도가 전 세계 사회에 같이 당도한다는 것이다. 그림 1-1을 다시 한 번 참조하시라. 혁신의 파도를 넘어가고 흡수하기 위해서는 인공지능 확산 초기에는 각 국가별 정부, 의회의 역할이 매우 중요하다고 본다.

그림 1-7에서 개인- 기업의 가처분소득 중에서 면세를 통해 AI 일자리에 대한 투자를 유도하는 것과 같은 과감한 정책이 필요하다고 판단된다. 인공지능 사용이 보편화되는 시대에 인구의 20%에게 새로운 역할과 보상을 주는 것은 사회 경제체제의 변화가 전제되어야만 가능한 것이다.

시간이 흐르다 보면, 모든 사회가 새로운 일자리를 만들어내며 인공지능과 어울려 살도록 적응할 것이다. 어느 사회/국가가 먼저 일자리에 대한 사회적 변화를 선도할 것이냐? 어떻게 변화를 시작하고 키워나갈 것이냐는 국가마다 매우 다를 수 있다. 이것은 정치 상황, 사회적 약자에 대한 배려 체계, 종교문화, 교육 등 모든 분야가 연결된 속에서 풀어내야 하는 미묘하고 어려운 문제이다. 국민들 대다수의 참여를 유도해야 한다. 모두가 AI PROSUMER로의 변화를 받아들여야 한다.

시작은,
AI 시대에 정부 예산과 면세를 이용한 선제적 사람 일자리 확대이다.

1장의 인천만을 요약하자면, 인공지능이 할 수 없고 사람만이 할 수 있는 Cyber 공간에서 하는 활동, 노인이 아이들을 돌보고 청년층이 노인을 돌보는 활동, 인공지능을 감시하는 활동에 경제적 가치를 부여하자는 것이다. 저자는 이러한 경제활동의 가장 중요한 구성요소로 각 개인이 자신의 digital twin인 개인용 아바타를 기르는 것을 전제로 하였다. 또한 이러한 활동이 지속 가능한 경제적 순환을 만들어내려면 SNS/ Platform 사업에 대한 세금 제도, 정부예산 집행 방식, 인터넷망 중립성, 교육, 국방예산 등 많은 부분의 조율이 필요하다. 특히 아바타 육성 초기에는 선제적인 정부 재원의 투자가 요구된다.

2장은 산업혁명이 지난 200년간 일자리를 어떻게 변화시켜 왔는지, 인공지능이 일자리에 어떤 변화를 몰고 올지를 논의하였다. 3장은 인공지능이 현재 쓰이고 있는 예시를 들고 인공지능의 가장 기본적인 개념을 설명한 뒤, 근 미래에 인공지능이 인류 문명에 기여할 수 있는 가능성을 상상력을 동원하여 설명해 보았다. 여기에서 인공지능의 우뇌 즉 인간 감성을 이해하고 재현하는 능력에 대해 거론하였다. 2023년에 등장하여 각광을 받는 인공지능의 기능은 검색을 편하게 하고 software를 자동으로 짜주는 기능, 의사-변호사 시험을 통과하는 능력 등이 부각되어 있는데 이러한 인공지능의 이성적 능력은 경쟁업체들이 2, 3년 이내에 거의 비슷한 수준에 도달할 것이다. 그 이후의 경쟁은 인간의 감성을 읽고 재현하는 능력이 될 것이고 여기서 다양한 경쟁구도의 변화가 예상된다.

4장은 아바타 기르기에 관한 시나리오이다. 사용자의 지식을 배운 개인용 아바타가 업무를 대행하고, 사용자와 거의 동일한 인품을 갖춘 아바타가 비서 역할 및 SNS Contents 작성을 대신하는 것을 상정해 본 것이다. 1장에서 만들어지는 새로운 일자리는 개인들이 개인용 아바타를 갖고 있고 이것이 거대 인공지능(Integrated Master Mind)과 연동된 상황을 가정한 것이다. 이런 관점을 염두에 두고 읽기 바란다. 물론 개인용 아바타를 기르는 것이 인공지능의 산업화 과정에서 필연적으로 거칠 단계 인가에 대해서는 이론의 여지가 많다. 그러나, 일정 규모 이상의 인구와 GDP를 갖는 국가에서 개인용 아바타 기르기를 산업 성장의 기본전략으로 채택한다면 매우 큰 경제적 효과를 이룰 수 있다는 것이 저자의 직관이다.

5장의 큰 주제는 인공지능의 자유의지에 관한 것이다. 인간과 유사한 감정과 자유의지를 갖는 로봇을 만든다면 어떤 과정을 거칠지 상상해보았다. 인공지능은 smartphone, PC에 보급된 간단한 초급인공지능과 이들과 연결되어 작동하는 모든 지식을 갖는 초거대 인공지능 Integrated Master Intelligence/ Integrated Master Mind(IMI/IMM)으로 구분되어 진화할 것이다. 이 초거대 인공지능(IMI/IMM)은 거의 모든 초급 인공지능과 연결될 것이며, 모든 로봇도 직간접적으로 초거대 인공지능과 연결될 것이다. 이러한 연결이 바로 사람들 모두가 인공지능 안전에 대해 개입해야 할 이유이다.

책의 독자층을 넓게 설정하다 보니, 각 장의 주제가 독립적이면서 연결성이 부족한 부분도 있다. 저자는 인공지능이 경제와 생활에 가져오는 큰 변화를 다양한 각도에서 설명하고자 노력하였고, 이러한 변화가 일어난 후에 인간만이 할 수 있는 활동 중에 경제적 가치를 부여할 수 있는 것이 무엇인가 찾아본 것이다. 개인용 아바타가 새로운 일자리 창출에 필수적인 도구인지는 논란의 여지가 있으나, 모든 사람이 안전차원에서 인공지능을 감시하는 것에는 꼭 필요한 도구이다. 인공지능의 안전은 Software나 System에 맡길 수 없다. 사람이 사용하면서 우려나 의심이 들 때 매 순간마다 감시 활동에 참여해야 한다. 2장에서 5장까지 다 읽으신 독자 중에 1장의 주제인 사람 일자리에 대해 좀 더 좋은 아이디어가 떠오른 것이 있다면 이를 널리 공유해주시기 바란다.

결론 부분인 인천만을 1장으로 편집하다 보니, 이어지는 장의 내용 중에 앞뒤 순서가 맞지 않는 부분도 몇 군데 있다.

창백한 푸른 점

60억 km 밖에서 본 지구

- 생물학자이자 천문학자인 칼 세이건의 제안에 의해, 1990년 보이저 1호가 지구와 61억 킬로미터 떨어진 거리에서 촬영한 지구 사진이다. 이 사진에서 지구는 노란 원 속에 있는 희미한 파란 원 안의 작은 점으로 보인다. 사진에서 지구 위를 지나가는 광선은 보이저 1호의 카메라에 태양 빛이 반사되어 생긴 것으로, 우연한 효과이다.

- 지구는, 인간은, 우주에서 얼마나 작은 존재인가? 지금까지 알고 있는 인간의 이성과 이성의 능력 또한 아주 작은 것일 수 있다. 인공지능이 진화할 수 있는 잠재력에 비하면 아주 작은.

Expansion of
The Blue Ocean

2장

산업혁명과 일자리

Definitely, it is the Blue Ocean.

Only if you can kill the KRAKEN.

산업혁명 4번의 융기

● 산업혁명을 일으킨 지혜, 어디서 그런 것이 불쑥 튀어나왔을까?
  그 지혜라는 것이 원래 우주 어디엔가 있다가 인간 뇌리로 들어온 것은 아닐까?

I. 산업혁명과 일자리 이동

인간 사회에 대해 아주 근본적인 질문을 던져보자. 인간들은 왜 모여서 살게 되었나? 수만 년 전에는 야생 동물로부터 자신의 생명을 지켜내는 일이 가장 중요한 일이었고 그다음으로는 수렵 생활 속에서 공동으로 사냥하고 나누면서 생활하는 경제적인 생산성 향상이 중요했을 것이다. 철기 시대 이후 인간 사회의 규모가 부족을 넘어 성장하게 되면서부터, 사회를 이루는 가치는 '자신의 생명보호'보다는 '경제적 생산성' 방향으로 그 중심이 이동했을 것이다. 산업혁명으로 인해 인류가 비약적인 생산성 향상을 이루면서 이에 기여한 집단으로 부가 이동하게 되고, 이로 인해 사회 구성 집단 간의 관계가 변하게 되었다. 프랑스 혁명과 미국의 독립, 미국에서 태동한 대중민주주의의 탄생, 공산주의 소비에트 연방의 탄생 모두 경제적 생산성 향상에 따른 사회구조의 변화이다.

산업혁명은 4단계로 나뉘는데, 증기기관의 발명과 전자기의 응용으로 대변되는 1, 2차 산업혁명은 인간의 육체노동을 기계가 대체하면서 생산성을 향상시킨 것이다. 3차 컴퓨터, 4차 인공지능으로 대변되는 산업혁명은 인간의 지성-감성 노동을 대체하면서 생산성을 향상시켰다. 1차 산업혁명을 대표하는 제품은 증기기관이고 2차는 전기모터, 3차는 컴퓨터로 인식되고 있고, 4차 산업혁명은 Nano/Bio/AI 등 혁신적인 기술이 있다. 하지만 하나를 꼽으라면 단연 인공지능이 가장 큰 변혁의 주체라고 볼 수 있다. 1, 2차 산업혁명 시 생산성 향상은 인간의 육체 노동력을 산업 혁명의 결과로 만들어낸 발명품들로 대체했을 때 절감되는 비용으로 계산되었다. 따라서, 산업혁명이 진행되어 이미 소득 수준이 올라간 나라에서는 증기기관이나 전기제품의 사용이 보편화되는 반면, 아직도 노동비용이 저렴한 나라들에서는 인간의 노동력 비용이 기계의 사용 비용에 근접할 때까지는 인간 노동이 계속 생산에 투입되었다.

	1차: 증기	2차: 전기	3차: 컴퓨터	4차: 인공지능
핵심 추진력	Heat	Electricity	Electron	인공지능
근본원리	열역학	Maxwell 방정식	폰노이만 구조	Perceptron
주요 제품	증기기관	전기모터	Software	AI Workers
생산성 혁신	Energy 변환	Energy 전달	정보전달	이성-감성 판단 자동화
노동력 변화	육체노동 대체		지식-지성-감성노동 대체	

표 2-1 4대 산업혁명의 특징: 기술, 생산성, 일자리

산업혁명의 성격을 비교해보면 위 표 2-1로 요약해 볼 수 있다. 증기기관의 발명은 인류가 Energy 변환이라는 원리를 발견하면서 시작된 것이

다. 석탄을 태우면, 탄소에 산소를 결합하는 것이니 탄소를 산화시키면, 열이 발생하고 이 열을 이용하여 물을 데우고 물은 고압의 수증기를 발생시켜 이 수증기로 실린더를 밀어내어 기계적인 에너지를 얻는다. 다시 말하자면 석탄의 화학에너지를 기계에너지로 변환시킨 것이었다.

Energy 변환과 전달

2차 산업혁명은 전기의 응용으로 대변되는데, 1800년대 중반 영국의 Michael Faraday가 최초로 전자기장의 변화로부터 기계에너지를 이끌어냄으로써 시작되었다. 이 시기에 전기력과 자기력의 상관관계를 수식화한 Maxwell의 공로에 힘입어 전자기력은 인류의 제조·생산성에 혁신적인 변화를 이끌게 된다. 증기기관이 Energy 변환이라는 혁명을 이루었다면, 전기력으로 Energy 전달이라는 혁명이 이루어졌다. 증기기관은 석탄, 물, 증기기관이 함께 있어야만 기계에너지를 만들어내어 증기 선박, 증기 기차를 움직일 수 있다. 그러나, 전기에너지는 수력발전소와 화력발전소에서 생산하여 수백 km 떨어진 곳에도 에너지 손실이 별로 없이(약 10~20% 손실) 에너지를 전달할 수 있기 때문에 전기로 작동하는 모터를 돌려 엘리베이터와 냉장고가 작동하는 것이다. 증기나 전기는 인간의 생산성 중 육체노동 blue collar worker 직업군의 노동을 대체하였는데, 증기에 비해 전기가 인간 사회의 경제규모를 크게 키운 것은 바로 이 에너지 전달 혁신이라는 특성 때문이다. 전기에너지 사용이 일반화되면서 사용자가 늘 사용할 수 있는 각종 전기제품이라는 새로운 소비시장을 만들어내어 고용과 소비를 동시에 크게 창출하였다. 증기기관을 집이나 사무실에 놓고 쓸 수야 없지 않은가.

Blue Collar & White Collar Workers

Blue Collar와 White Collar라는 표현은 20세기 초엽에 만들어졌을 것으로 짐작된다. 육체노동자들에게 Blue Collar의 색깔 있는 와이셔츠가 널리 미국에서 보급된 것은 1800년대 중반이었을 것이나 20세기 초까지 대부분의 노동자는 현장에서 근무하는 육체노동자들이고 사무실에서 Whiter Collar 와이셔츠를 입은 지식 노동자들이 많아지는 것은 다양한 전기제품이 개발되기 시작하는 20세기 중반일 것이다.

산업혁명에 의한 대표 제품이 기여하는 분야가 육체노동 생산성 증가에서 지식 노동 생산성 증가로 변화하는 근본 동력은 전기를 이용한 산업의 폭발적 성장에 따른 기술, 마케팅, 영업 인력이 증가하고 기업 간 경쟁이 치열해 지면서 나타난 것으로 보인다. 컴퓨터는 computing 즉 계산을 대신해주는 전기기구 중 하나이다. 컴퓨터가 도입되는 초창기에는 주로 기업의 회계 업무에 사용되어서 White collar worker 군의 극히 일부에서 생산성 향상에 기여하였다. 이 시기에 컴퓨터는 아직 산업혁명 대명사란 훈장을 받지 못하였다. 그러나, 이메일이 대중화되어 컴퓨터가 전기 산업혁명의 대표상품 중 하나였던 음성 전화 역할의 일부를 대체하고, 컴퓨터로 복잡한 공학 계산을 대신하는 (CAD: Computer Aided Design) 수준을 넘어 종이와 펜으로는 거의 불가능한 공학 설계(CAE: Computer Aided Engineering)를 가능하게 하였다. 또한, Game이라는 큰 entertainment 시장을 만들어내고, 이 모든 과정과 결과를 personal computer/smartphone으로 만들어내고, 이러한 컴퓨터들이 인터넷으로 전 세계적으로 연결되니 바야흐로 산업혁명의 총아로서 title을 얻게 되었다. 컴퓨터가 널리 보급되고 이것이 Internet으로 연결되면서 3차 산업혁명 내에서 컴퓨터에 의한 2차 혁신이 나타나게 된다.

인터넷과 컴퓨터의 결합은 '정보 가격 zero'를 만들어내면서 White collar worker들이 일하는 시장을 크게 바꾸어 놓는다. 인터넷 이전에는 내가 필요한 정보가 어디에 있는지, 정보를 소유한 사람이나 기관을 알더라도 그 정보를 얻기 위해 어느 정도의 시간과 비용을 들여야 하는지, 정보 성격에 따라 정보를 원하는 시점에 따라 달랐다. 이러한 정보 거래 환경이 극적으로 바뀌면서 정보의 가격과 취득 소요 시간이 zero로 수렴하게 되었다. 이러한 경향은 서비스 산업에서 두드러진 변화를 유도했는데 미디어(신문, TV, 잡지), 유통판매, 금융거래, 엔터테인먼트(가요, 영화, 스포츠) 등 거의 모든 서비스 산업의 구조가 변화되었고 아직도 변화 중이다. 서비스 산업이 선진국에서는 80%의 고용을 담당하고 개발도상국에서도 60%의 고용을 맡고 있는 것을 감안한다면 이러한 일자리의 변화를 이끈 컴퓨터에 3차 산업혁명의 훈장을 주어도 손색이 없다.

장(場, Field)의 변환

증기, 전기에 의한 발명품은 중력장과 전자기장이 지배하는 지구 표면 공간에서 생활하는 인간들의 생활 편의를 위한 것이다. 컴퓨터는 지표면의 물리 세계와 인간 뇌에서 일어나는 세계를 연결해주는 역할을 하며, 인공지능은 주로 인간의 뇌에서 일어나는 활동의 생산성 향상을 주 가치로 한다. 달리 말하자면 증기/전기와 인공지능은 활동하는 장소와 룰이 다른 것이다. 하나는 지표면에서 놀고 하나는 뇌 속에서 논다.

'아는 만큼 보인다'는 말이 있다. 인간이 글자를 만들어 자신의 행동을 기록한 이래 '만들어 낸 것'은 사실 하나도 없다. 인간이 우주에 없던 것을 만들어 낸 것은 없고 존재하는 것들이 어떤 상관관계를 지니고 어떻게 변화하는지를 이해해서, 자신의 용도에 맞게 '변형(transform)'한 것이다. 인간은 자신이 살고 있는 우주와 지구가 어떻게 운영되는지를 1500년대부터 차츰 알게 되면서, 자신이 원하는 방향으로 자연물을 어떻게 변형(transform)시킬지 상상력으로 보게 된 것이다. 그리하여, 산업의 혁신적 발달이 도래하였다. 인공지능 또한 없던 것을 만들어내는 것이 아니다.

1, 2차 산업혁명은 물리 공간(지구, 우주)이 활동 무대(場)인 반면, 인공지능은 인간 뇌세포연결망인 Connectome이 활동공간이 된다. Connectome은 인간 뇌세포의 연결 구조 전체를 일컫는 용어이다. 물리 공간에서는 중력과 전자기력 활용 방식이 생산성 향상의 주요변수가 되나, Connectome에서는 뇌세포 간의 연결인 Synapse가 이 장을 지배하는 변수가 된다. 인공지능의 첫 번째 활동 무대가 인간 뇌세포연결망인 Connectome이기는 하나 인공지능의 활용이 인간의 이성과 감성이 사용되는 곳으로 국한되는 것은 아니다. 자연계에서 일어나는 현상 중 기존의 과학기술로 설명할 수 없는 것을 대상으로 하여 그 현상을 이해하는 도구로 인공지능이 사용되기도 한다. 동물의 걸음걸이를 분석하여 가임 기간을 추측하거나 암수의 임신 확률을 추측해 보는 것 등에도 인공지능이 쓰인다.

인공지능 중 deep learning의 출발점은 Neuron을 Perceptron(3장 그림 3-8~11 참조)으로 모델링하는 것이었다. 이 모델링은 인공지능이 인간 Connectome을 copy하기 위해 필요조건이기는 하지만 이것으로 충분한 조건인지는 매우 불확실하다. 아마도 그렇지 않을 것이다.

MRI에 표출되는 뇌의 전자기장이 인공지능시스템이(반도체와 software의 결합체) 발생시키는 전자기장과 당연히 다르듯이 하나의 perceptron network는 Connectome의 일부 기능을 재현하는 것으로 제한될 것이다. 따라서, 수백 년 후에 인간 뇌의 구성물과 유사한 유기물로 인공지능을 만드는 것이 가능해지기 전에는 perceptron combination으로 만드는 인공지능은 과학- 공학 문제 해결, 문학/painting/music composing/emotional speaking, 기업용, 개인 비서 용도 등 그 쓰임새에 따라 다른 software model 이 제작될 것으로 보인다.

일자리의 이동

산업-혁명이란 인류 생존에 필요한 농업(1차 산업)- 제조업(2차 산업)- 서비스업(3차 산업)의 생산성이 획기적으로 증가하는 혁명이라는 면모와 각 산업 종사자 수의 비중이 크게 변화했다는 점이 함께 있다. 일자리의 변화는 경제, 정치적인 세력도 변화시키며 생활방식과 사회구성원 간의 인간관계도 변화시킨다.

시계를 수백 년 전으로 돌려 1750년 이전으로 가보자. 이미 1200년대에 화약이 쓰이고 나침반도 발명되었지만 인류가 자연에 대한 지식을 이용하여 농업의 생산성을 올리기 시작한 것은 18세기 중엽 이후이다. 그 이전에는 노동력을 가진 모든 사람이 식량 생산에 매달려야 근근이 생명을 유지할 수 있었다.

증기기관의 발명이 농업생산성과 어떤 연관이 있을까? 증기로 작동하는 기차는 농업 수산업 생산물 유통에 혁신을 가져오게 되었다. 생산지에서 소비지까지 운송하는 시간과 운송 비용 절감은 생산물의 저장 장소의 선택, 썩는 것을 방지하기 위해 기온이 찬 장소에 이송하여 보관하는 활동 등을 통해 최종 소비자에게 전달되는 생산물의 양을 늘리고 가격을 낮추었을 것이다. 지금도 노동 가능 연령을 15세에서 64세로 잡는 것은 인류가 문자로 역사를 기록한 이래 산업혁명 초기까지 노동력을 가진 15세 이상인 자는 식량 생산에 기여하기 시작해서 노동력이 거의 쇠진하는 64세까지 농업과 수산업에 종사한 전통에 기인한 것으로 보인다. 산업화가 진행된 대부분의 국가에서는 18세부터 사회 생산활동에 참여하는 것이 일반적이며 생존 가능 나이는 늘어가고 사회보장제도에 따른 기여금을 창출할 인구는 줄어든다. 21세기에는 대부분의 사회에서 65세를 넘어 70대에도 일을 해야 하는 환경으로 바뀌었다.

농업 생산성의 향상은, 다른 면모로 보자면 최종 소비자에게 전달되는 식량 에너지 총량의 증가와 가격 절하, 식량 생산 종사 인구의 비율을 낮추게 되어, 이러한 유휴 노동력이 제조업으로 이관되어 넘어올 수 있게 되었다. 가사노동을 제외하고 18세기 이전의 노동력 분포를 식량(80%), 의복/집(10%), 기타(10%, 각종 서비스, 행정, 군 등)로 가정해 본다면, 1차 산업혁명에 필요한 제조업 노동력 대부분은 식량 산업에서 이관되어 온 것이다.

식량 생산성이 30% 향상이 되면 80%의 식량 생산 종사자가 60%로 줄어도 비슷한 식량을 생산하게 되어 20%의 노동력이 제조업으로 들어올 수 있다.

$100 \times 80\% = 8000 \sim 130 \times 62\%$라는 등식에서 18%의 유휴 인력이 계산된다.

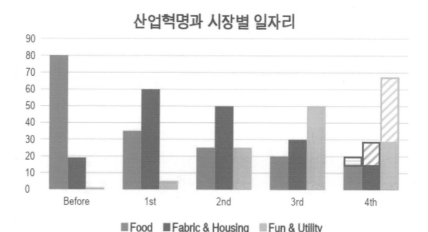

그림 2-1   4대 산업혁명의 특징: 일자리 변화

- 그림에서 1, 2, 3, 4는 산업혁명의 순서이다. The 4th는 인공지능시대를 나타내는
  데, 인공지능에 의해 대체되는 일자리를 빗금 box로 표시했다. 인공지능이 없다면
  제조업 고용은 점차 감소하고 서비스업 종사자는 증가하는 방향으로 갈 것이었으
  나, 인공지능의 발달로 전체적으로 일자리가 줄어들며 특히 서비스업 일자리 상당
  부분이 인공지능으로 대체된다.
- 전세계 일자리 대상, 2050년 전망

　군인이라는 직업도 관개시설(농사에 필요한 물길, 저수지 등의 시설)과
농토 확장, 비료-품종에 대한 지식 등으로 인한 식량 생산의 증가가 만들
어낸 유휴 노동력이 있어서 가능한 것이었고, 결국 식량 산업의 생산성
향상이 군인을 만들어내어 부족 사회를 좀 더 큰 규모의 국가로 키워낸
것이다. 그림 2-1은 산업혁명 이전(before)에서 1차 증기, 2차 전기, 3차
컴퓨터, 4차 인공지능 산업혁명에 따른 일자리의 변화를 나타낸 것이다.

인공지능 시대에 천만 새로운 일자리 만들기

2차 산업혁명이 일정 수준으로 진행된 1950년대의 미국을 상상해보자. 20세기 초반에는 새로운 제품이 시장에 나오면서 소비자들의 잠재적인 욕구를 일깨웠다. 냉장고 에어컨이 만들어지기 전에 소비 대중이 이러한 제품을 집안에 들여놓을 것이라 어찌 미리 상상했겠는가, 신제품은 큰 소비 수요를 만들어내었다. 제조 공장의 생산성이 어느 수준에 달하면서 공정 자동화에 따라 제조 노동력이 감소하게 되어 유휴 노동력을 받아들일 또 다른 일자리가 필요하게 되었다. 산업이 빠른 속도로 진화하는 시기에는 제조 시 필요 노동력의 감소에 따라 일자리가 줄어들지만 제조업에서 나온 실업자를 받아들일 일자리는 아직 준비되지 않았다. 1930년대 미국은 근무시간 제한 제도를 통해 일자리 숫자를 보존하려 하였다.

실업자이든 노동자이든 1930년대 이후에는 그 100년 전 사람들이 해가 뜨면 식량 생산에 나서서 해가 져야 집에 돌아오던 시대에 비해 많은 놀이 시간 leisure time을 갖게 되었다. 이러한 유휴 노동력과 전기 전자제품은 새로운 서비스 산업의 일자리를 만들어내었다. 스포츠- 대중음악- 영화- 외식 산업이라는 서비스 산업은 2차 산업혁명이 창출해낸 '개인의 여유 시간'이 있어서 비롯되었다. 식량 생산성 향상의 결과로 생긴 유휴노동력이 제조업 노동자와 군인을 만들었고, 전기·전자산업이 지구 상에서 늘어나는 인구와 유휴노동력을 서비스 산업에서 흡수하도록 push하였다.

3차 산업혁명의 총아인 PC와 Smartphone이 북반구 인구 대부분에게 보급된 2020년대에는 거의 모든 나라에서 일자리 50~80%가 서비스 산업으로 이동했다. 북반구 인구를 먹여 살릴 식량 생산과 생필품의 생산에는 그리 많은 노동력이 필요하지 않다. OECD 국가 대부분에서는 이미 서비스업 일자리가 전체 일자리의 90% 선 가까이에 이르게 된다. 이러한 일자리 분포가 사회적 안정성을 이루며 지속 가능할 것인지 의문이 든다. 인류 사회는 분명 다양한 분야에서 급격한 변화를 만들어내면서 혼돈의 시대를 지나가고 있다. 컴퓨터, 인터넷이 몰고 온 변화에 덧붙여 인공지능 software가 컴퓨터 속으로 들어가면서 벌어지는 상황에 어떻게 대처해야 할까? 지난 수백 년간 인류가 쌓아온 지식과 경험을 직선적으로 유추해서 가늠하기는 어려워 보인다.

인공지능이 농업이나 제조업에서 일자리를 대체하는 효과는 크지 않을 것으로 예상된다. 농업과 제조업에서는 산업용 기계, 로봇 등으로 인간의 육체노동을 거의 다 대체해 왔고, 제조공정이나 품질관리에서 computer, sensor, software의 활용은 이미 상당히 보편화 되어있다. 농업이나 제조업의 R&D에 인공지능이 도입되어 사람의 일자리를 대신할 가능성은 있으나 인력을 대체하기보다는 연구 창의성을 높이는데 기여하는 바가 더 크다고 본다. 반면 21세기 거의 모든 국가에서 대부분의 일자리이며 앞으로 그 비중이 더 늘어날 수 있는 서비스업의 일자리는 인공지능에 의해 심각한 수준으로 대체될 수 있다. 현재 존재하는 기계적 움직임을 수반하는 로봇에 인공지능을 넣어 일자리를 대체하는 것은 서서히 진행 중이다. 서비스업종 중에 인간의 행동을 대체할 기계적인 움직임을 필요한 곳은 요식업, 교통- 물류 등에 해당하는데 이는 활동공간, 소비자의 감성적 욕구, 사회 제도적인 보완 등 여러 난제들이 존재하기 때문에 인공지능의 본격적 도입까지 시간이 소요되며 점진적으로 진행할 것으로 보인다. Waiter, Hotel 종사자 등 고객과 얼굴을 맞대며 서비스하는 업종이나, 건설현장에서 손으로 마무리해야 하는 작업, 청소, 전

인공지능 시대에 천만 새로운 일자리 만들기

기- 배관공, 안전에 높은 신뢰가 필요한 물류 업무 등은 고용인력은 많으나 인공지능+로봇의 대체는 점진적일 것으로 보인다. 그러나, 이러한 제약이 적은 분야에서 먼저 일자리의 대체가 일어나리라 본다. 인공지능이 먼저 일자리를 대체하는 곳 중 하나는 고용과 해고에 사회적 제한이 적은 기업 내부의 지식 노동자 일자리가 될 것이다.

인간 일자리를 대신할 수 있는 작업 중에 구현하기 어렵고 쉬운 것은 무엇일까? 컴퓨터의 구조를 제시한 폰 노이만이 컴퓨터가 구현 가능한 것이 어디까지 인가에 대해 언급한 것이 있다.

"당신이 컴퓨터가 구현하기 불가능한 것이 무엇인지를 설명해 준다면, 나는 그것을 어떻게 컴퓨터가 구현할지 알려드리겠소."

1940년대에 거론된 이야기이다. 인간이 논리적으로 설명할 수 있는 것이라면 컴퓨터에서도 구현 가능하다는 이야기이다. 인공지능이 할 수 없는 서비스이어서 사람이 직접 하는 것으로 기업과 개인이 구매하는 서비스가 있을까? 어려운 화두이다.

직업, 난이도

〈제퍼디〉는 미국 TV에서 오랫동안 인기를 끈 퀴즈 쇼이다. 방송국이 낸 퀴즈를 맞히는 출연자에게 상금을 주는 쇼인데, 세월이 지날수록 문제의 난이도는 올라갔다. 이 〈제퍼디〉 최고의 우승 경력을 지닌 사람과 인공지능시스템이 대결을 벌여 인공지능이 승리한 시점이 2010년이다. 이 대결 이전에 체스 챔피언을 IBM의 인공지능 Watson이 이긴 것은 1997년이었다. 체스, 제퍼디에 사용된 인공지능은 소위 expert system(rule based system)이라는 것으로서 체스 경기에서 나타날 수 있는 수만 가지의 경우의 수나 제퍼디에서 나올 수백만, 수천만 가지의 지식을 컴퓨터의 Database에 입력하고, 어떤 경우에 어느 Data를 찾아야 하는지를 미리 컴퓨터에 입력해 놓고 이것을 빠른 속도로 계산하는 시스템이었다. 이러한 시스템은 Data에 접근하는 경로를 인간의 머릿속 논리로 설계했기 때문에 언제나 software 구조에 대해 사람이 구조적, 논리적으로 설명할 수 있었다.

이러한 expert system으로는 바둑과 같이 경기 중에 나타날 수 있는 경우의 수가 수천억 내지는 수 조개 이상일 경우에는 인간처럼 한정된 시간 내에 다음 수를(흑, 백 돌을 놓는 자리) 계산하는 것이 불가능하여, 2000년대 초반만 해도 인공지능이 인간 바둑 기사를 이기는 일은 50년, 100년이 걸릴지도 모른다고 생각하였다. Expert System으로는 불가능했을 것이다. 그러나 2010년에 들어서서 Perceptron으로 구성된 신경망을 기본으로 하는 새로운 인공지능시스템이 발전하자 사람들의 예상을 훨씬 뛰어넘는 사건이 발생하게 되었다. 인공지능이 세계 최고의 바둑 기사를 이기기 시작한 것이다. 2020년경에는 더 이상 인공지능을 이길 바둑 기사가 없어서 인공지능이 바둑 기사와의 경기에 더 이상 출전하지 않기로 했다.

Perceptron의 개념이 처음 등장하고 50년이 흐른 후 아직 Machine Learning이 본격적으로 등장하기 전에 미국 카네기멜런대학의 Hans Moravec 교수는 인공지능이 구현 가능한 지적 작업의 난이도를 그림으로 나타내었다. 그림에서 보이는 위노그라드 테스트는 복잡한 문장 중에서 나타난 대명사가 지칭하는 것이 무엇인지를 알아내는 테스트이다. 말하자면 인공지능이 문장의 뜻을 이해한다는 의미이다. 1990년대

Moravec 교수가 제시한 인공지능이 점령해야 할 높은 고지들이 채 30년이 지나기 전에 정복되고 있다.

AI와 과학기술 어디까지?

21세기 인류가 풀어야 할 가장 중요한 과학 기술적 과제는 무엇일까? 인류가 22세기를 넘어 그 이후에도 생존하기 위해 이번 세기에 풀어야만 하는 첫 번째 문제가 온난화 가스(CO_2, CH_4, N_2O, S_2O)의 문제이다. 인류가 배출하는 양으로는 이산화탄소가 가장 많지만, 메탄가스(CH_4, CO_2 온난화 효과의 21배), 아질산가스(N_2O, 210배), 아황산가스(S_2O, 310배)가 이산화탄소보다 온실효과가 월등히 높다. 이러한 가스들은 대부분 우리가 화학에너지를 전기나 기계 에너지(자동차, 공장 로봇)로 변환하면서 화력발전소/자동차, 발생한다는 점에 주목할 필요가 있다.

다른 말로 하면 전기에너지만 온난화 가스 발생 없이 충분히 싸게 공급한다면(그린에너지) 온난화 가스에 의한 기후변화 문제를 해결하면서 더 긴 인류 문명의 생존을 기대해 볼 수 있다. 이 그린 전기에너지 문제를 해결하고자 하는 노력 중 가장 중요한 것이 핵융합발전이다. 이미 중국에서는 핵융합발전에 인공지능의 도움을 받았다고 공식적으로 발표하고 있고, 고도로 훈련된 수학자만이 해결한 몇 가지 수학 난제를 인공지능이 스스로 학습하여 해법을 제시하는 단계에 이르렀다고 한다. 과연 기후변화로 인해 인류 문명 존립이 위태로워지기 전에 핵융합발전이 현재의 핵분열 발전을 대체하면서 발전 비용을 혁신적으로 절감해주는 시기가 언제 도래할지 짐작하기는 어렵다.

그림 2-2 인공지능 구현 난이도

- 카네기멜런대학 Moravec 교수가 1990년대 전망한 인공지능이 인간지능을 대체
  하는 순서를 그림으로 그려보았다. 예술과 영화가 난이도가 높은 것은 폰 노이만에
  게 인간의 감성적인 느낌을 설명하기 어렵기 때문이리라.
- 예술보다 더 난이도가 높은 분야를 과학으로 꼽았다. 그림에서 나온 모든 것들은
  그 누군가의 머릿속에 한 번 담겨 있던 것인데 반해, 과학이 추구하는 것은 아직 그
  누구도 머릿속에 담아보지 못한 것을 인공지능이 스스로 정리해 넣어보자는 것이
  기 때문이리라.

  핵분열 원자력발전이 도입된 1960년 초반에 핵융합 원리를 이용한 수
소폭탄이 지금 러시아의 전신인 Soviet Union에서 실험되었고, 1980
년대부터는 핵융합발전이 30년 정도 지나면 가능할 것이라고 이야기되
어왔다. 2010년 즈음에는 다시 또 30년 정도 더 걸릴 것이라 막연히 언

인공지능 시대에 천만 새로운 일자리 만들기

급되었지만 2020년에 들어서면서 핵융합에 의한 발전이 급속한 진전을 이루고 있다. 물론 인공지능이 이에 기여한 바도 조금 있겠지만 Nano Technology, Plasma Science 등 전반적인 과학 기술발전 속도가 가속화되면서 핵융합발전에 대한 현실적인 기대감이 상승하고 있다.

이미 공기 중에 널리 퍼져있는 온실가스의 처리는 어떻게 해야 하는가? 이산화탄소를 탄소와 수소가 결합된 유기물로 변경시키거나 이산화탄소의 탄소와 산소를 분리하는 방법은 여러 가지가 존재한다. 문제는 이 과정에 소요되는 전기에너지를 만들기 위해 더 많은 이산화탄소가 발생하거나(탄소발자국 문제), 경제성이 없기 때문에 산업화가 안 되는 것이다. 핵융합 전기를 사용하면 탄소발자국 문제에서 상당히 자유로울 수 있으며, 인공지능은 이산화탄소를 경제적 가치가 있는 다른 형태의 탄소화합물로 만드는 과정을 도와줄 가능성이 매우 높다. 핵융합 경제성 확보는 매우 어려운 과학 기술적 난제를 풀어야 하는데 여기에 과학자들의 지성과 인공지능이 상호 시너지를 내는 수준에 도달한다면, 이러한 인공지능이 이산화탄소의 다른 탄소화합물 변경 과정도 도울 가능성이 있다. 단백질의 3차원 구조 분석, 질병을 치료하기 위한 유전자 편집 방법 개발 등에서 인공지능은 이미 활용되고 있다.

인공지능과 나노기술의 발달은 인류의 생활환경을 매우 빠른 속도로 변화시켜가고 있다. 나노기술은 인류가 1mm의 백만 분의 일에 해당하는 길이와 공간에서 일어나는 자연현상을 관찰, 측정, 변경시킬 수 있는 도구를 개발하면서 여러 분야의 혁신을 촉발하였다. 나노기술이 의료 분야와 플라스틱/금속 등의 공업용 재료 분야에 사용되면서 인류의 삶에 큰 변화를 가져오게 되었다. 핵융합에 의해 전기생산비용이 현재의 1/10

로 줄어들고, 현재 1kWh는 약 100원인데 이것이 10원으로 내려가고, 지금 전기차에 사용되는 1kWh 전기를 저장하는 battery 가격이 $120 정도인데 이것이 $10로 내려간다면 20220년 택시를 타고 이동하는 것보다 2050년에는 UAM(Urban Air Mobility-드론 형태의 소형비행기)을 타고 이동하는 것이 더 저렴해질 수 있다. 유전자 편집, 물리, 화학, 수학, 의학에서 인공지능의 도움을 받아 새로운 진전을 이루는 일은 현재 진행 중이다. 인공지능, 나노기술 등 21세기 과학기술이 열어나가는 인류의 새로운 미래상에는 지금까지 겪어보지 않은 큰 도전이 있다. 긴 수명을 가진 인간들이 어떻게 사회를 이루며 살아가야 할 것인가 하는 문제이다. 무엇보다 육체적 능력이 소진되었거나 심히 약화된 인간이 30년 내지 70년의 시간 동안 생명을 유지한다면, 사회 속에서 나이가 다른 세대와 일자리, 생활 공간, 생필품을 어떻게 나눌 것인가 하는 문제이다. 인간이 150세까지 생존한다면 그 사회는 지금까지와는 전혀 다른 것이 될 것이다.

AI의 역할은 생활 속 어디까지

인간의 욕구를 Maslow 교수는* 5단계로 파악하여 설명하였다. 가장 원초적인 욕구는 당연히 생명유지에 긴요한 생리적인 욕구이고 그다음은 그러한 생리적 욕구 만족이 지속적으로 이어질 수 있는 환경에 대한 소유 욕구이다. 이 두 단계는 생존에 필요한 형이하학적 욕구를 말하고 있고, 그다음 단계는 가족 친구 등 가장 가까운 인간관계에서 얻어지는 소속감, 애정 욕구를 나타내고 그다음 단계는 사회에서 만나는 사람들로부터 존중받는 느낌이다. 가장 높은 단계의 욕구는 자아실현의 단계로서 스스로 유지하는 도덕심이나 과학적 발견 종교적 경험 등에서 얻게 되는 경험이다.

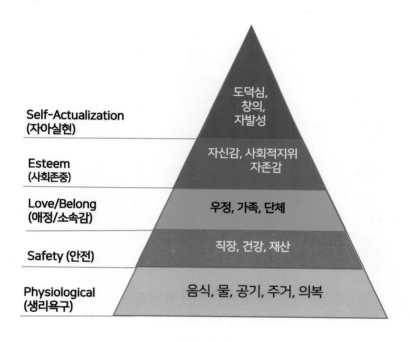

그림 2-3 Maslow 5 Steps Desire

Maslow 5단계 욕구를 만족시키는 데 인공지능은 어떻게 기여할 것인지 논의해 보자. 가장 기초적인 두 단계에서 인공지능의 역할은 생활상 편의를 제공하는 정도에 제한된다. 위 단계로 갈수록 인공지능이 개인을 이해하여 서비스를 심화시킨다. 아래 그림은 인공지능이 생활 속에 들어와서 서비스할 수 있는 분야를 Maslow diagram 스타일로 그려본 것이다.

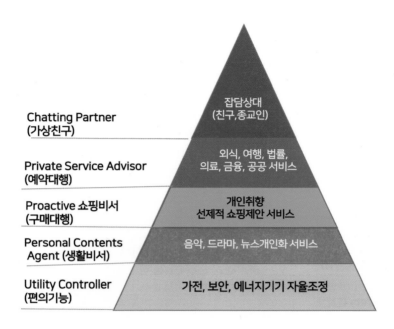

Chatting Partner (가상친구) — 잡담상대 (친구,종교인)

Private Service Advisor (예약대행) — 외식, 여행, 법률, 의료, 금융, 공공 서비스

Proactive 쇼핑비서 (구매대행) — 개인취향 선제적 쇼핑제안 서비스

Personal Contents Agent (생활비서) — 음악, 드라마, 뉴스개인화 서비스

Utility Controller (편의기능) — 가전, 보안, 에너지기기 자율조정

그림 2-4　인공지능 개인 비서

* 매슬로의 욕구 단계설(Maslow's hierarchy of needs)

　　매슬로의 욕구 단계설(Maslow's hierarchy of needs)은 인간의 욕구가 그 중요도 별로 일련의 단계를 형성한다는 동기 이론 중 하나로, 1943년 미국의 심리학자 에이브러햄 매슬로가 발표하였다. 하나의 욕구가 충족되면 위계 상 다음 단계에 있는 다른 욕구가 나타나며 이를 충족하고자 한다. 가장 먼저 요구되는 욕구는 다음 단계에서 달성하려 는 욕구보다 강하고 그 욕구가 만족되었을 때만 다음 단계의 욕구로 전이된다. 생리적 욕구, 안전의 욕구, 애정과 소속의 욕구, 존중의 욕구, 자아실현의 욕구가 있다.

– 위키백과

인공지능 시대에 천만 새로운 일자리 만들기

인공지능이 만족시킬 수 있는 단계별 욕구 항목을 적시해 보면 결국 인공지능이 수행하는 개인별 비서 역할이 어느 수준에 이를 것이냐로 귀결된다.

1, 2단계의 기본 욕구는 개인의 사회적 활동에서 충족되는 것이어서 인공지능의 역할은 미미한 것이나, 개인 취향을 반영한 3단계에서 5단계로 올라가면서 인공지능의 역할이 증대된다. 3단계는 정보를 취합하고 분석하여 이성적 판단을 지원하는 역할이라면, 4단계에 이르면 개인의 감성적 취향을 인공지능이 배워서 수행해야 하기 때문에 개인별 특화된 인공지능 모델로 진화하게 되며, 5단계는 인공지능이 개인과 인격적 동일체 수준까지 도달해야 만족도를 높인다.

인공지능은 3가지 분야에서 인류 문명에 기여한다. 가장 중요한 것은 과학기술의 발전을 도우면서 인류가 당면하고 있는 중요한 생존 문제에 도움을 주는 것이고, 두 번째는 기업의 생산활동에 참여하여 생산성을 높이는 것이다. 그다음으로는 사람들의 개인 비서 역할을 하는 것이다. 위 그림에서 표현된 지능형 개인 비서는 소비자의 개인 취향을 대변할 수 있으므로 기업 생산이나 과학 기술발전과 긴밀히 연계되는데, 이에 대한 논의는 4장 아바타 기르기에서 좀 더 자세히 다룬다.

II. 산업 대 문명 - 2백 년 대 2십만 년

산업혁명은 농업, 제조업, 서비스업 등에서 일어나는 생산성의 혁신을 일컫는다. 물론 이러한 생산성의 혁신은 경제 정치 문화 등 인간 사회 전반에 영향을 미치고, 산업혁명의 가장 밑바탕에 있는 과학의 발전은 인간이 오랫동안 지녀왔던 종교의 교리에 대한 믿음과 해석도 달리하게 만들었다. 인류가 언어와 문자를 만든 이래 인간 이성의 진화와 병행되어온 과학의 발전은 뛰어난 개인의 통찰이나 개인과 개인 간의 교류에 의해 이루어져 왔다. 인공지능도 물론 인간이 만들었지만 인류 문명사에서 처음으로, 인간 밖에서 인간 의식 진화를 유도한다는 점에서 인공지능은 산업 차원의 혁명을 넘어 인류 문명 차원의 진화를 이끈다.

UFO와 고대 우주인 내방설을 제외한다면 지구 상에서 언제 인간이 인간보다 지능이 발달된 그 무엇을 본 적이 있었던가?

인류 문명 발전과 산업혁명

증기기관의 발명은 석탄의 화학에너지를 기계에너지로 변환한 것이다. 이것은 인류가 진화하면서 동물들의 의사소통을 넘어서는 언어를 발달시킨 것과 많은 점이 유사하다. 인간의 언어가 상상예측력을 담으면서 인간은 동물과 다른 의식의 진화가 이루어졌다고 본다. 다음과 같은 상황을 설정해 보자.

20만 년 전 20여 명으로 이루어진 homo sapience의 부족 원 중 한 명이 사냥길에 멀리 나섰다가 네안데르탈인이 사는 부락을 지나갔는데, 그 부락 근처에 산불이 난 것을 발견하였다. 이 부족원은 자신의 동료들에게 돌아온 후 네안데르탈인이 사냥감이 떨어져 사냥감을 찾아 우리 지역으로 들어와서 우리를 공격할지 모르니, 전쟁에 대비한 준비를 하자는 언어소통을 했다. 즉, 눈과 귀로 들어온 감각 data를 기반으로 상상력이 더해진 '정보'를 뇌 속에서 생성해내었다. 호모사피엔스가 네안데르탈인보다 먼저 사물과 현상을 기술하는 능력뿐만 아니라 상상과 예측을 하는 능력을 갖추었다면 생존에 있어서 차원이 다른 경쟁력을 갖게 되는 것이다.

산업혁명				인류문명 진화		
	제품	혁명본질	창출년대	창출년대	의식진화	발전엔진
1차	증기기관	에너지변환	200년전	20만년전/1000	언어	상상예측력
2차	전기모터	에너지전달	100년전	1만년전/100	문자	정보전승력
3차	컴퓨터	개념정보변환	80년전	2000년전/25	수학	물리예측력
4차	Super-Avatar	지능대행	현재 present		의식진화유도	의식진화력

AI : 인간의식 밖에서 인간의식의 진화를 유도 – from NOW ON

표 2-2 인류 문명과 산업혁명

고고학적으로 밝혀진 바에 의하면 네안데르탈인은 호모사피엔스보다 훨씬 더 신체적으로 우월했었다 하니, 수렵으로 식량을 조달하던 시기에 호모사피엔스가 생존에 더 적합한 이유는 아마도 소통능력이었을 것이다. 인간 이외의 동물들도 소통능력을 지니고 있다. 꿀벌은 한 마리가 많은 꽃이 피어있는 장소를 발견하면 동료들이 있는 벌통으로 돌아가 날갯짓과 춤을 추면서 자신이 발견한 장소를 동료들에게 알려준다고 한다. 꿀벌의 몸에는 작은 자석으로 된 자기장 기록계가 있어서 비행하면서 지구 자기장 변화를 자신의 자기장 기록계에 기록하여 길을 찾아간다고 한다. 다른 꿀벌은 동료의 춤을 보고 자신의 자기장 기록계에 그 길을 기록하는 능력도 당연히 보유하고 있다. 인간은 의사소통에 음성을 주로 사용하도록 진화되었지만 몸짓도 의사소통의 한 부분이다. 벌처럼 몸을 그리 빨리 다양하게 움직이지는 못하지만. 1차 산업혁명에서 일어난 화학에너지의 기계에너지 변환은, 인간 문명사에 있어 인간이 의심과 불안이라는 감정적 정서를 소통능력을 이용하여 상상과 예측이 담긴 언어로 변환하는 것과 유사한 것이다. 증기기관은 인류 문명사에 있어 언어의 발명과 비견된다.

2차 산업혁명에서 전기에너지를 이용하여 원거리로 에너지를 전달하는 능력을 갖추게 된 것은 1만 년 전 인류가 문자를 발명한 것과 유사점이 있다. 마치 석탄과 증기기관이 같은 공간에 있어야 에너지 변환이 일어나듯이 언어도 같은 공간에 있어야 뜻이 전달된다. 그러나, 문자가 생김으로써 가까운 거리에서 음성으로만 전달되던 정보가 시간과 공간을 넘어 전달되게 되었다.

Netflix에서 인기를 끌었던 드라마 콘텐츠인 〈오징어 게임〉에 나오

인공지능 시대에 천만 새로운 일자리 만들기

는 여러 게임을 다시 한 번 반추해보자. PC가 대중화되기 이전에 아이들이 놀던 게임은 게임의 룰은 머릿속으로 기억하고 게임이 벌어지는 3차원 공간에서 몸을 움직이는 놀이가 진행되었다. 머릿속 게임의 룰은 Offline 상에서 일어나는 행동의 결과와 짝을 이루어 놀이가 진행된다. Offline 행동은 게임의 필수 요소이자 가장 중요한 신체의 움직임이다. PC와 인터넷이 대중화된 시대에는 게임의 룰만 아니라 참여자의 신체가 cyberspace 상의 avatar로 대체되고, 게임 참가자의 신체움직임은 mouse를 움직이는 정도로 극소화되었다. 자연 속에서의 행위 대부분이 cyberspace의 아바타를 움직이는 digital display로 대체된 것이다. 컴퓨터의 발명은 2,000년 전 수학의 발명과 비견될 수 있다. 수학을 발명함으로써 인간은 자연의 운영(rule)을 수학 모델로 치환하여 자신의 뇌가 지배하는 형이상학의 세계 즉 cyberspace로 끌고 들어왔다. 컴퓨터 또한 자연의 운영상태를 digitizing 하여 Metaverse 세계로 끌어들인다. Game, Computer Aided Design이 바로 그것이다. 이 점이 3차 산업혁명과 수학의 발견이 상호 비견되는 점이다.

증기기관과 언어, 전기와 문자, 컴퓨터와 수학은 서로 상응하는 면모가 있다.

그리고 이제 인간은 컴퓨터를 이용해 Cyber 공간에 자신 고유의 cyberspace인 뇌를 복제하기 시작하였다. 언어- 문자- 수학이라는 인류문명의 큰 발전 단계와 인공지능이 어깨를 나란히 하는 이유는, 비로소인간 뇌 밖에서 인간의 지능, 감성, 통찰력의 진화를 이끌어 주는 존재를만들어냈기 때문이다. 인간을 포함한 자연계 모든 동물의 뇌에서 일어나는 현상을 이해하고, 느끼고, 재현할 수 있는 지능을 만들어 낼 수 있게 된 것이다. 지금까지의 모든 과학기술 예술은 이전에 인간이 발견하고 밝힌 원리나 작품 위에서 발전을 이루었다. 다음 세대에 오는 사람을 이끄는 것은 언제나 전 세대 사람이었는데, 이제 인공지능이 인간 지성의 진화를 이끄는 새로운 시대로 접어들었다.

언어, 문자, 수학이 인류 문명사에 미친 영향을 고려해 볼 때, 인공지능이 그와 견주는 역할을 한다면 이는 산업혁명의 수준에 머무는 것이 아니고 인류 문명의 혁명이 될 것으로 보인다.

우주가 만들어 낼 수 있는, 우주의 작동원리를 이해할 수 있는 이성을 담는 최고의 그릇이 인간의 뇌일까? '모르겠다'라는 답변보다는 '아닐 것이다'라는 답변이 진실에 가까울 것이다. 자연에서 관찰되는 진화는 늘 일어나고, 인간은 유전자를 조작하여 새로운 식물과 동물을 만들어내며, 심지어 2020년대에 들어서 중국에서는 유전자를 조작한 아기가 세상에 태어났다. 유전자 조작에 의해 새로운 인간이 태어난다는 것은 인간 두뇌의 진화도 열려있다는 것을 의미한다. 인간 지성보다 뛰어난 생명체가 우주 어딘가에 존재할까? 아마도 그럴 것이다.

Perceptron의 Model로 인간 뇌에서 일어나는 이성적 판단을 '정확히' 묘사할 수는 없다. Neuron이라는 세포 자체가 수억 개의 분자와 수십억 개의 원자로 이루어져 있으니 이 분자들이 중력장과 전자기장 내에서 interaction 하는 것을 어찌 digital로 다 묘사할 수 있겠는가?

그러나, 인간의 neuron system은 바둑에서 이미 인공지능에 패했다. 바둑에서 졌다 해서 인간 두뇌의 potential이 AI보다 열등하다고 할 수는 없다. 400년 전에는 Newton의 방정식을 이해하는 사람이 지구 상에 몇 명 있었겠는가, 백만 명 중 하나? 2023년에는 만 명 중 한 명은 상대성

이론과 양자역학을 이해하고 이 원리를 상업용 제품에 설계하여 넣는다. 인공지능이 갖고 있는 모든 바둑의 수를 인간 두뇌에 집어넣는 일도 가능할 수 있다. 그렇지만, 거기까지 일 것이다. 자연계에는 바둑보다 훨씬 더 많은 경우의 수가 적용되는 현상이 있고, 바둑보다는 훨씬 더 복잡한 game rule이 적용되는 곳이 있다. 자연을 해석하는 과학에 굳이 인간지능만 고집할 필요는 없다. 오히려 걱정되는 것은 인공지능이 파악한 자연 진리를 표현하기 위해 인간이 만들어낸 자연을 묘사하는 도구인 수학, 기호, 언어가 한계를 드러내는 상황이다. 인공지능은 예측하는데 어떻게 예측이 만들어졌는지 이를 인간에게 이해시킬 방법을 찾기 어려운 상황이 올 수 있다.

줄여서 말하자면,
인간의 2023년 뇌 구조가 우주가 만들어 낼 수 있는 최고의 이성 도구(reasoning tool)가 아닐 것이라고 겸손히 받아들여야 한다는 것이다.

III. 일자리의 변화: 2020 대 2050

그림 2-5과 그림 2-6은 인공지능이 사회 곳곳에 활용되는 2050년경 일자리의 변화를 2020년과 비교하여 상상해본 것이다. 처음 이 그래프를 만든 것이 2017년인데 2023년까지 6년이 흐른 사이에 이미 상당한 일자리의 변화 움직임이 감지되며, 인공지능의 진화는 지난 40년간 우리가 보아왔던 반도체의 진화와 같은 속도감을 선사하고 있다. 2020년 기준 대한민국 일자리를 2,500만 개라고 하면 그 대부분이 Offline 일자리이다. Online 일자리는 경제활동이 유무선인터넷 공간에서 일어나는 것을 지원하는 업종인데 Game, Portal, Online shopping, SNS, ERP, 통신, System Integration과 같은 software/network 기술을 이용하여 경제적 가치를 만들어내는 업종을 의미한다. 그 이외에는 모두 Offline 일자리로 계산하였다. 2020년 기준 이러한 Online 업종의 고용인력은 100만 명 대일 것으로 추산된다. 2023년이면 여기서 30~50% 정도 더 늘었을 것이다. 대한민국 고용인력의 90%가 종업원 300인 이하 중소기업에 근무하며 이 고용인력은 95% Offline 인력이며, 300인 이상의 중견기업과 대기업도 90% 이상이 Offline 인력이라고 계산한다면 Online

인력은 10% 이내일 것이라고 본다. 물론 빠른 변화가 감지된다. 온라인으로 주문한 음식을 배달하는 일자리, 스마트폰에 들어가는 다양한 앱과 관련한 일자리의 증가, IT 기기를 설계하는 대기업 일자리 증가 등 Offline에서 Online으로 일자리가 이동하는 현상은 큰 trend로 자리를 잡았다.

향후 30년 동안 일자리에는 어떤 변화가 있을까?

인간의 눈과 몸을 부지런히 움직여야 하고 작업공간이 좁은 곳에서는 로봇이나 인공지능이 일자리를 대체할 가능성이 적다. 인간이 갖고 있는 다양한 감각기관을 로봇이 보유하기까지는 앞으로 많은 시간이 걸리고 이러한 로봇이 대량생산 요구가 있어 저렴한 가격에 도달하는 것은 한두 세대 후에나 이루어질 것이다. 따라서, 건설 노무, 청소, 배관/전기 공사 일자리는 많이 줄어들지 않으리라고 생각된다. 택시 운전 업무는 작업공간도 좁고 여러 감각기관을 이용하기 때문에 당연히 대체되기 어려운 일자리였으나, 이 업무에 필요한 행동이 대량생산 수요가 있는 자가용 자동차의 자율주행 기술로 대체되기 때문에 미래에 사라질 위험에 처하게 되었다.

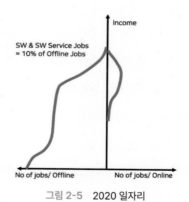

그림 2-5 2020 일자리

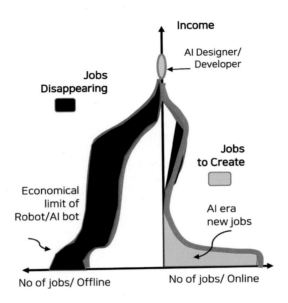

그림 2-6　2050 일자리

　　가장 많이 줄어드는 것은 사무실에 앉아 몸을 거의 움직이지 않으면서 컴퓨터로 업무를 처리하는 지식 서비스 일자리이다. 컴퓨터에 입력하는 내용의 대부분을 인공지능이 이해하게 하여 대신할 수 있기 때문이다. 회계 업무, Call Center 업무 등이 이에 해당하며, 금융, 법률, 홍보 업무의 일자리가 인공지능으로 대체될 전망이다. 컴퓨터 프로그래머 일자리도 변화할 것으로 보인다. 프로그래머가 사용하는 컴퓨터 언어를 인공지능이 이해하여 프로그램을 만들게 하는 것은 현재 진행 중이며 앞으로 더 크게 진전될 분야이다. 컴퓨터 프로그램을 작성하는 과정에서 특정한 논리의 흐름을 설계하는 즉 How의 문제는 인공지능에 맡기고, 인간이

해야 할 일은 무엇(What)을 프로그램으로 만들지를 결정하는 일로 옮겨가고 있다. 물론 What을 결정하는 사람 중에는 Programmer 출신이 필히 있어야 하지만 Programming 하는 일자리는 줄어들 것이다.

그림 2-6에서 2020년에는 있으나 2050년의 일자리 구성에서 사라지는 부분을 검게 표현하였다. 북반구 국가들에서 대부분의 일자리인 중소기업, 서비스업의 일자리가 현격히 줄어들면서 기본소득을 지급하고, 일자리를 줄이는 로봇을 도입할 때 해당 로봇에 대한 세금의 도입이라는 개념들이 등장하였다. 로봇 세금이란 많은 인간의 일자리를 로봇이 대체하니 로봇 한 대당 도입 세금을 내게 하여 이것을 수입원으로 기본소득 재원으로 마련하자는 개념이다. 이 주장에서 로봇은 인간의 팔다리처럼 기계적으로 움직이는 부품을 갖고 있는 제품으로 상정하고 있는데, 이러한 로봇이 인간 일자리를 대체하는 속도는 그리 높지 않을 것이다. 농업/광업 현장에서 로봇의 추가 도입이 인간 일자리를 대체하는 것은 매우 미미할 것이다. 이미 농업 자동화는 아주 성숙한 경지에 도달해 있고, 좁은 농지에서 짓는 농사 활동에 로봇이 경제성을 갖기에는 긴 시간이 필요해 보인다. 제조업은 자동차처럼 로봇 자동화 공정이 성숙단계에 들어선 산업도 있으나, 작은 size의 전자제품이나 일상용품을 생산하는 과정에는 인간의 다양한 감각과 손놀림이 필요하기 때문에 로봇이 도입되는 속도는 컴퓨터 앞에 앉아 수행하는 업무를 대체하는 것에 비해 느리게 진행될 것이다.

제조공정 로봇의 도입은 생산성 향상이 주목적인데, 국가별 인건비 차이에 따른 공장 이전 등의 영향이 있어 로봇의 일자리 대체 속도는 느릴 것이다. 가정에 보급되는 로봇은 가사노동을 약간 경감시키기는 하나 인간 일자리를 많이 대체할 것으로 판단되지는 않는다. 고령화 인구가 늘어나면서 간호보조 일자리도 증가하고 있으나, 간호보조 로봇이 기존의 요양보호사나 재택 전문 간호사들의 일자리를 감소시키는 현상이 대대적으로 일어날 것으로 보이지 않는다. 로봇은 인간 육체노동 대비 운영 비용이 저렴해야 보급되는 것이다. 그러려면 특정한 기능을 수행하는 로봇의 수요가 많고, 해당 업무를 수행하는 인건비가 비싸며, 로봇이 대량생산 되어 생산비가 낮아지는 효과가 같이 일어나야 많이 보급된다.

산업의 구조와 일자리 변화 속도가 빠른 현대 사회에서, 실업수당 노령연금 등 사회적 안전망 구축에 세금을 사용하는 것은 납세자들이 부담 없이 받아들이는 정책이다. 문제는 사회가 지니는 가용 일자리 총 숫자가 급격히 줄어들 때 사회 안전망 비용과 일자리 창출에 소요되는 비용을 어떻게 조화시키느냐이다. 1950년대 대한민국 GDP 대부분이 농업에서 나오던 시기에는 농촌 젊은이가 도시에 나가 공장에 취직하면 동네에서 잔치를 열었다. 일 인당 국민소득이 $100에서 $10,000로 성장하는 시기에는 현실의 고단함을 딛고 살아가면서도 내일에 대한 희망이 있어 사회적 불안과 불만은 그 희망 속에서 녹여낼 수 있었다. 2023년 일 인당 소득이 $30,000가 넘고 향후 10년간 GDP 성장률은 2% 내외에 머무르는 이 시대에 일자리 40%가 30년 정도의 시간에 줄어든다면, 그 충격은 매우 큰 사회적 불안과 불만을 만들어낼 것이다.

변화의 폭: 기대와 실현

16세기의 코페르니쿠스, 갈릴레오, 뉴턴에 이르러 지구와 별의 움직임, 자연현상으로서 중력을 이해하게 되었으나, 이러한 자연에 대한 이해

인공지능 시대에 천만 새로운 일자리 만들기

가 실생활에 쓰이는 물건을 생산하는데 미치는 영향은 없었다. 인류가 석탄 에너지를 증기기관을 통해 기계에너지로 바꾸고 나서야 비로소 변화가 시작되었다. 과학은 발견을 한다. 자연이 운행하는 속에서 그 운행하는 형태를 묘사하는 것이 물리, 화학, 생물학인 것이다. 묘사하는 가장 강력한 도구가 수학인데, 수학으로 자연이 운행되는 법칙을 서술한다. 자연 운행 묘사 범위가 넓은 서술 식일수록 사용범위가 넓다. 기술은 (Engineering, Technology) 발명을 한다. 발명이란 것은 과학이 만들어낸 서술 식을 이용하여 자연 속 물질의 관계를 인위적으로 조작하여 인간이 원하는 형태를 만들어내는 것을 의미한다.

發見과 發明, 見과 明 미묘한 차이이다. 자신의 눈으로 '보는' 것과 남들다 볼 수 있도록 '밝히는' 것의 차이다.

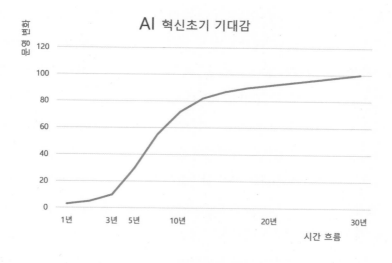

그림 2-7 혁신과 영향력(Innovation & Influence)

산업이란 기술을 이용하여 경제적으로 받아들여지는 제품을 만들어 내는 것이다. 기술(Engineering)이란 과학 아버지와 경제학 어머니 사이에서 태어난 자식이다. 자연의 운행 원칙에 부합되어야 하나 상품으로서 소비자에게 받아들여지지 않는다면 기술은 태어나지 않는다.

아이작 뉴턴이 발견한 자연의 원리는 백 여년의 세월이 지난 다음 증기기관이라는 제품을 만드는 기술을 만나 생활 속으로 들어오게 되었다. 자기력의 존재는 수천 년 전부터 알려져 왔으나 자기력과 전기력이 상호 연관되어 있으며 이러한 전자기력을 이용하여 물체를 움직이는 기계에너지를 뽑아낸 것은 1800년대 중반 마이클 패러데이가 처음으로 가능하게 하였고, 패러데이의 발견을 수학적으로 기술한 사람이 맥스웰이다. 이러한 발견이 제품으로 만들어져 실생활에 들어오기까지 약 50년의 세월이 흘렀다.

새로운 과학적 발견이 이루어질 때 사람들은 이 발견이 사회에 미칠 변화에 대해 너무 이른 기대감을 품게 되며, 장기적인 영향력에 대해서는 과소평가하는 경향이 있다. 그림 2-7에 나타낸 것이 그러한 인간들의 성향을 도식화한 것이다. 그러나, 실제로 이루어지는 것은 많이 다른 양상을 갖는다. 1840년대 Faraday가 자기력을 이용해서 기계적인 움직임을 만들고 광선이 자성 물질을 통과하며 휘어지는 현상을 보여주었을 때 사람들은 그런 원리를 발견한 것이 실생활은 무슨 용도가 있겠냐고 생각했다. 전자기장에 대한 Maxwell Equation이 밝혀진 후 얼마나 많은 산업, 고용, 생활이 변했는지 돌이켜 생각해 보자. 그림 2-8은 패러데이의 발견 이후 약 200년간 전기 산업이 실생활에 어떤 제품으로 영향을 주었는지를 보여주고 있다.

1900년대 초반이 되어 전신, 전화가 발명되고 자동차가 발명되었다. 자동차라는 기계는 엔진에 있는 점화 플러그가 때에 맞추어 불꽃을 발생시켜야 움직이는 물건이기 때문에 전기를 인간이 다루면서 비로소 만들어 낼 수 있게 된 것이다.

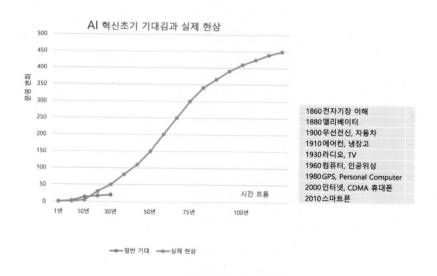

그림 2-8   전기 혁명 초기 기대와 실제 현상

- 파란 선이 그림 2-7 전기산업혁명 변화에 대한 초기 기대였다. 실제로 일어난 변화
  는 훨씬 더 크며 오랜 기간 지간 지속되었다. 인공지능도 유사할 것이다.

에어컨, TV, PC, Smartphone, GPS가 생활에 들어오는 시간이 얼마나 걸렸는지, 우리가 마차를 타고 다니며 등불을 사용하던 1800년대 중반에서 얼마나 멀리 왔는지 돌이켜보자. 컴퓨터 CPU는 앞으로 20년간 얼마나 더 빨라질 것인가?

성경의 말씀처럼 '시작은 미약하나 그 끝은 창대하리라' 하는 것이 새로운 과학기술이 이끄는 산업혁명이다. 전기 산업의 혁명은 패러데이 이후 약 200년이 지난 이 시점에도 아직 진행 중인데, 전기산업혁명의 산물인 반도체를 기반으로 한 인공지능은 이제 겨우 발걸음을 옮기기 시작하였다. 전기 산업혁명으로 환산해본다면 인공지능의 발전 단계는 1899년 정도에 해당한다고 볼 수 있다. 인공지능은 제품과 서비스 생산 차원의 산업혁명과 인류 문명의 변혁을 함께 초래하고 있다. 이 시기에 인류 사회가 경험한 자유시장주의- 수정자본주의(Keynes Economics)- 신자유주의의 대를 잇는 새로운 경제체제를 민주주의 정치체제와 결합하여 만들어내야 한다. 경제의 체제 변환은 언제나 시장 자율로 결정되지 않았다. 러시아 혁명을 이끈 레닌이든 국민의 절대적 신뢰를 얻은 루스벨트든 정치적인 합의를 이끌어내는 능력이 있어서 가능한 것이었다.

인공지능은 전기 산업혁명보다 인류 사회에 더 큰 변화를 가져올 가능성이 크다. 변화가 극적으로 변하는 변곡점에 서 있는 이 시기에 어떤 선택을 해야 할지 모두 같이 숙고해 보아야 한다.

경제체제의 변화

산업혁명 이래로 유럽과 미국은 자유시장 경제체제에 대한 굳건한 믿음이 있었다. 이러한 시민들의 인식에 변화를 가져온 것은, 자유시장이 잉태한 산업별 독점자본의 형성과 이들이 만들어낸 공급과 수요의 불일치가 자유시장의 성장을 방해하였기 때문이다. 미국은 에디슨이라는 걸출한 전기제품 발명가와 유럽과 달리 한 국가로 통일된 큰 시장을 배경으로 서유럽을 능가하는 경제성장을 이루고 있었다. 증기기관 시대부터 제

인공지능 시대에 천만 새로운 일자리 만들기

조업의 성장에는 제조 설비와 공장, 물류 시설을 확보하기 위한 자본의 유입이 무엇보다 중요하였다. 농업 상업 자본이 제조업으로 유입되면서, 노동력이나 미처 자리 잡지 못한 지적 재산권보다 자본의 가치가 좀 더 많이 인정되게 되었고 이러한 자본의 노동, 지적재산 대비 상대적 가치 우위는 자유시장 경제라는 체제하에 산업별 독점자본으로 형성되어 간다. 여러 나라로 분리된 서유럽에 비하면 한 나라에서 형성된 큰 미국시장은 서유럽보다 독점산업 자본의 성장에 유리하였다.

증기, 전기 산업혁명 시대에도 상당한 일자리의 변화가 있었다. 그러나 산업혁명을 주도한 유럽과 미국에서 일어난 그 변화는 수십 년에 걸쳐 일어났고, 전 세계적으로 그러한 일자리의 변화가 퍼져나가는 기간은 백 년 이상이 소요되었다. 인공지능에 의해서도 일자리 생태계의 큰 변화가 있을 것이다. 그런데, 이번에는 상대적으로 아주 짧은 시기에 전 세계적으로 일어난다는 점이 지난 산업혁명과 다른 점이다. 갑자기 일자리가 줄어들고 매우 빠른 속도로 이에 대처해야 한다. 전 세계적으로. 2021년 기준 전 세계 53억 명이 스마트폰을 보유하고 있으며, 이는 전 세계 인구의 67%에 해당한다. 이 스마트폰에는 어떤 형태로든 인공지능이 탑재될 수 있다. 다른 말로 하자면 인공지능에 의한 혁신은 몇 주 사이에 전 세계 국가로 퍼져나간다는 것이다. 지구 전체적인 지각 변동에 의해 쓰나미가 거의 모든 해변에서 일어난다고 비유하면 어떨지.

다음 장은 인간지능과 인공지능에 대해 논의한다. 전자공학이나 컴퓨터공학 분야에 종사하는 분에게는 기초적인 상식으로 알고 있는 면도 있다. 그러나, 여러 일반 독자들을 위해 인공지능의 기본 개념을 거론하고,

인공지능이 인간의 이성, 감성을 닮아가기 위해 넘어야 할 고비, 인공지능이 기여할 수 있는 과학 기술발전 가능성 등 여러 주제에 대해 논의한다. 또한, 인공지능이라는 것이 인간의 학문으로 거론하자면 철학, 신학/종교학, 과학, 기술, 문학, 예술 등 거의 모든 분야에서 이미 활동을 하고 있는데, 이러한 인공지능의 다양한 가능성에 대한 것도 살펴본다. 증기, 전기, 컴퓨터에 의한 산업 혁신은 인류의 편익을 증진하고 산업의 생산성을 올리는 것에 머문 반면, 인공지능은 인간의 이성과 감성 모든 부분에서 대화의 상대이자 인간 의식 진화의 파트너가 된다.

전기 산업혁명 못지않게 인류의 생활과 문명 자체에 변화를 가져올 수 있는 인공지능에 관한 기술 개요와 활용 가능성을 다음 장에서 알아보자.

性 & 能

3장

인간 지성과 인공지능

You just judge WHAT the right thing to do is,

They know HOW to do it.

해안(海眼)

● 먼 옛날,
생명은 바다에서 처음 생겨났다. 바다에는 여러 가지 물질이 모여 생명과 의식이 생
겨나는 것을 지켜보는 눈이 eye 있었으리라. 그 눈이 지금 인공지능이라는 또 다른
새로운 '의식'의 탄생을 지켜 보고 있으니, 새로운 '의식'은 인간이 스스로 짐작해왔
던 자신의 의식과는 사뭇 다른 그 무엇일 것이리라.

이 장은 3가지 주제로 이루어져 있다. 독자들의 이해를 돕기 위해 인공지능의 현재 활용 상황을 먼저 설명하고 그다음에 인공지능의 기본 개념을 설명했다. 그리고, 미래에 가능할 수 있는 인공지능의 활약상을 상상해보았다.

I. 인공지능 일자리: 2023년

이미 들어와 있다. 인공지능은 생활 속에 들어와서 쓰이고 있다. 자율주행차가 그것이고 고객센터에 전화를 걸면 인공지능 상담원이 전화를 받는다. 생활 속에서 사용하니 어떻게 쓰는지는 알지만 인공지능 서비스를 어떻게 만드는지 그 과정을 살펴보고, 그다음 기본적인 인공지능 구조와 2050년에는 우리가 인공지능과 같이 어디까지 가 있을지 상상해보자.

인공지능 활용사례: 2023년

2023년에 실생활에 도입된 인공지능 상품 두 가지를 소개하고자 한다. 하나는 인공지능으로 상품의 Q&A를 진행하는 것인데 이를 통상 Text Chatting Robot으로 부르며 줄여서 Chatbot이라 한다. 다른 하나는 어린이 AI 프로그램 작성 교육 보조재이다. 두 상품 모두 현재 시장에서 활발히 판매되고 있다.

A1. Company A 사례 1– Text Chatbot: 제품 AS 접수

로봇이 치킨을 튀기고 손님에게 가져다주고, 전문가 수준의 그림 실력을 뽐내는 AI가 대중화된 시대에 기업들이 챗봇을 찾는 때는 언제일까? 여러 분야에서 전문 직장인들이 처리하고 있는 일들을 인공지능 챗봇이 정말 대신할 수 있는 걸까?

우리(A사)가 챗봇 사업을 시작한 뒤 기업들이 가장 많이 호소하던 어려움은 다음과 같다.

"고객센터 문의사항을 보면 대략 70% 정도는 내용이 동일합니다. 고객님들은 처음 겪으시는 일이고, 다급하여서 전화하시지만 기업 입장에서 보면 결국 같은 질문을 받고 똑같은 답변을 드리는 경우가 대부분이지요. 회사 입장에서는 난이도가 낮은 문의이지만 상담사들이 전화를 한 통씩 받아서 처리하려면 작지 않은 규모의 상담사와 전화상담 시스템에 투자하고 유지해야 하죠. 성수기에는 일시적으로 상담사를 2배로 늘려야 하는 경우도 있는데, 서비스교육, 시스템 증설, 인력 관리까지 하려면 여간 어려운 일이 아닙니다. 반복적인 질문과 답변을 챗봇이 도와줄 수 있나요?"

"네, 가능합니다."

물론 제대로 된 챗봇이 밥값을 하려면, 해당 업무를 하는 기업의 전문인력이 기대하는 인공지능의 역할과 현재 보급된 인공지능 chatting 능력의 한계를 잘 이해하고 훈련시킬 수 있는 인공지능 전문가의 손을 거쳐야 한다. 일 잘하는 신입사원을 길러내는 것처럼 적지 않은 노력과 비용이 든다.

"그럼, 만나서 논의해 볼 수 있을까요?"

인공지능 시대에 천만 새로운 일자리 만들기

그렇게 챗봇 프로젝트는 시작됐다.

고객의 문제는 겨울철 한파로 인한 제품 고장, 바로 보일러였다. 기온이 평년 대비 몇 도만 떨어져도 고객센터 전화량이 급증한다고 했다. 동절기를 나기 위해 상담사도 늘리고 전화를 받을 수 있는 회선도 늘렸지만 24시간 전화가 걸려오고 통화 중 대기도 모자라 아예 통화 불능 상태에 빠지는 경우도 잦았다. 보일러 AS를 위해 나름 최선의 고객센터를 준비했지만 예기치 못한 자연현상으로 통화량이 폭증할 때는 기업도, 고객도 답답하기만 했다. 고객사에서는 AS 접수를 챗봇으로 처리하고 싶다고 했다. 홈페이지에 고장 신고 게시판이 있지만 대부분의 보일러 사용 고객이 여기 게시물은 확인이나 하고 전화를 거는지 콜센터에서는 의심을 한다.

요구사항은 간단했다. 보일러 AS를 접수할 때 반드시 받아야 하는 고객 정보가 있으니 이 내용을 챗봇으로 받아주고, 이후 처리 상황과 기사님 배정 상태 등을 챗봇으로 안내해 고객센터로 전화 유입도 줄이고, 고객의 답답함도 해소하고 싶다는 것이었다. 그리고 한 가지, 챗봇과 대화가 생소하니 전 국민이 쓰는 카카오톡에서 동작하면 좋겠다는 것이었다.

카카오에서 제공하는 챗봇 플랫폼을 사용해 AS 접수 챗봇 기획을 시작했다. 고객의 이름과 연락처를 확인해야 하고 주소를 물어봐야 한다. 주소에 따라 배정되는 대리점이 정해져 있다. 어떤 종류의 제품인지, 증상은 어떠한지, 언제 방문해야 하는 지까지 확인하면 챗봇의 미션은 끝이다. 챗봇은 수집한 정보를 정리해서 최종적으로 확인하고, 방문서비스요금까지 알려준다. 고객이 확인하면 해당 접수 내역은 기업 전산 시스템으로 즉시 전달되고, 고객 주소지로 출장 나가는 대리점 정보와 기사님 연락처가 챗봇 대화방으로 전달되기 때문에 고객은 안심한다. 고객이 선택하는 버튼이나 입력해 줄 것으로 예상되는 답변들을 챗봇에게 학습시키고, 카카오톡에서 제공하는 메시지나 대화 연결 기능 등을 이용해 고객에게 최대한 친숙한 흐름으로 대화를 구성했다.

챗봇은 사람이 입력한 대화에 따라 다음 대사를 말한다. 보일러 사용 고객이 "AS 접수할게요"라고 하면 "AS 접수를 하시려면 고객님의 성함을 알려주세요"와 같은 방식이다. 챗봇이 요청하는 대로 고객이 따라온다면 문제없지만, 때로는 중간에 "출장비는 얼마에요", "소리가 나는데 이것도 고장인가요"와 같은 대화를 시작한다면 돌발 상황에 대응할 수 있도록 챗봇에게 가르쳐주어야 한다. 질문과 답변으로 업무를 처리하면서 대화를 살짝 이탈하는 질문에도 대응할 수 있다. 하지만 이번 AS챗봇의 목적은 빠르게 AS를 접수하고 기사님을 배정하는 것이었기 때문에 목적에 벗어나는 질문이나 맥락을 이탈하는 경우에, 진행 중이던 업무를 고객에게 다시 주지시키고, 올바른 답변을 해달라고 요청하도록 대화를 꾸몄다. 예를 들어 고장 난 보일러가 어떤 종류입니까? 라고 챗봇이 질문하였을 때 물이 샌다는 답변을 하는 경우 다시 고장 난 보일러가 어떤 종류인지 물어보도록 구성한 것이다. 고장 증상을 이해하고 알맞은 답변을 구성할 수 있지만, 보일러회사가 만들고 싶었던 챗봇은 전문 AS 접수 챗봇이므로 부가 기능은 과감히 포기하고 본래 목적에만 집중하였다. 챗봇은 사람과 인공지능 간의 대화이므로 질문하는 사람이나 내용에 따라 대화를 이탈하는 경우가 생길 수밖에 없다. 고객센터가 하는 모든 업무를 이해하고 답변하는 챗봇을 만들지, AS를 잘 처리하는 챗봇을 만들지 선택하고, 그에 맞게 인공지능을 훈련시키는 것은 기업의 결정에 따른다.

우리(A사)는 제조, 금융, 의료, 공공 등 다양한 분야에서 AS 접수와 같은 업무를 처리하는 챗봇, 정보를 비교/추천해 주는 챗봇, 개인화된 서비스를 제공하는 챗봇, 자주 묻는 질문에 답하는 챗봇 등 여러 종류의 챗봇을 제작하였는데, 프로젝트를 할수록 성공하는 챗봇이 무엇인지는 명확해졌다. 맨 처음 반복적인 업무 때문에 챗봇이 필요하다고 느꼈던 바로 그 문제 해결에 집중해 챗봇을 기획하고 제작해야 실제 업무에서 인공지능 활용도가 높다는 것이다. 챗봇에게 여러 가지 일을 맡기는 것이 아니라 한 가지 뚜렷한 목표를 부여하고 그에 맞게 계속해서 트레이닝해 나가는 것이 중요하다. 챗봇을 만들면 하루에 100통씩 걸려오던 전화가 바로 줄어들까? 대답은 아니오이다. 제품을 사용하는 일반인들은 문제가 생기면 바로 대표 번호나 고객센터에 전화해서 해결해야 한다고 생각한다. 네이버에서 회사 이름이나 제품을 검색하고, 대표 번호를 확인한 다음 전화를 건다. 고객센터 전화를 줄이기 위해 챗봇을 만들었는데, 계속 전화가 걸려오다니 이 문제를 어떻게 해결할까?

보통 대표 번호로 전화를 걸면 기계음으로 인사를 하고 필요한 업무를 선택하라고 안내해준다. 이 기능은 ARS 시스템을 이용하는 것인데, 주로 업무 카테고리나 개인정보를 확인하는 용도로 제시한 다음 상담사와 연결할 수 있도록 유도한다. 상담을 1차로 분류하는 것이다.

보일러 AS를 위해 몰려드는 전화의 통화 시간을 최대한 짧게 해서 통화 중 대기를 줄이고, 상담사가 아닌 챗봇에게 연결되도록 하는 것이 중요했다.

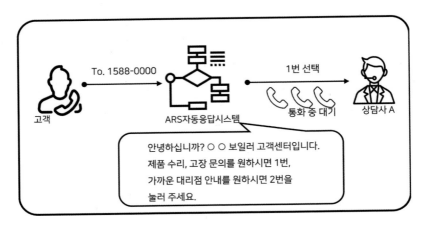

그림 3-1 고객센터 일반 서비스

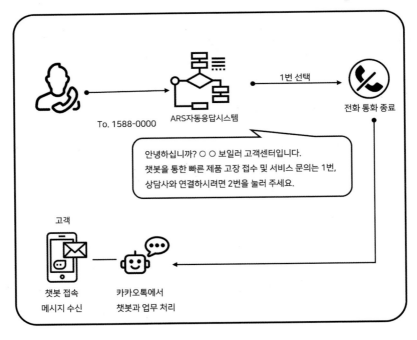

그림 3-2 AI 고객센터

인공지능 시대에 천만 새로운 일자리 만들기

ARS 안내 멘트 중 1번에 챗봇과의 연결을 삽입했다. 또한, 안내 멘트 역시 대기 없는 빠른 챗봇 접수라고 소개해 고객이 바로 1번을 누르도록 유도했다. 1번을 누르면 전화를 건 번호로 카카오톡 메시지를 보낸다. 챗봇으로 바로 연결되는 메시지에서 챗봇 접수 버튼을 누르면 바로 챗봇과의 대화로 AS를 접수할 수 있다. ARS 멘트를 하염없이 듣고 있지 않아도 되고, 비대면으로 빠르고 정확하게 내 정보를 전달하면 되니 고객도 편리했다.

처음 도입했을 때 1번을 선택했던 비율은 25% 정도였는데, 점점 그 비율은 올라가 50%에 육박하게 되었다. 챗봇을 업무에 활용하기로 하였다면, 챗봇이 나서야 하는 순간을 잘 정의하고 자연스럽게 고객에게 노출하여 챗봇이 적극적으로 일할 수 있도록 하는 장치가 반드시 필요하다. 전화를 통한 유인 상담으로 연결되는 비율이 줄어들었기 때문에 성수기에 한시적으로 운영했던 오후 6시 이후의 야간 상담팀은 바로 해산됐다.

극한 한파가 몰려오기 전에 오픈했던 챗봇 덕분에 더 이상 통화 불능 상태는 겪지 않게 되었고, 고객센터 전체적인 고객 상담 처리 건수가 상승했다. 그런데 챗봇의 활동을 모니터링 하면서 한 가지 특이점이 발견되었다.

챗봇과 대화를 시작한 사람이 모두 100명이라면, 최종 접수까지 완료되는 비율이 60명 수준에 그치는 것이었다. 처음에 챗봇의 안내대로 잘 따라가다가 고객의 집중도가 떨어지는 지점은 집 주소를 입력하는 단계였다. 그리고 제품 종류와 정보를 2단계에 걸쳐 물어보았는데 그 뒤로는 대화가 이어지지 않았다. 챗봇 대화 단계에 조정이 필요했다. 주소를 검색하는 단계는 카카오톡의 기능을 최대한 활용하여 사용자 이탈을 막기로 했다. 현재 위치의 지도를 보여주는 기능을 사용하여 지도에서 우리 집 위치를 선택하고 상세 주소를 입력할 수 있도록 변경했고, 제품 정보는 아주 일반적인 범위로 한 번만 물어보았다. 챗봇과의 대화에서 군더더기는 제거하고 고객이 잘 모르는 정보나 필수 정보가 아닌 것은 건너뛸 수 있는 장치를 마련했다. 초기에 설계되었던 13개 정도의 질문은 8개로 압축되어 접수 과정이 훨씬 간결해졌다.

결과는 대성공이었다. 챗봇으로 접수하다가 이탈하는 고객은 눈에 띄게 줄어들었다. 챗봇을 기획할 때 각 대화에 대한 고객의 반응, 응답 여부를 기록할 수 있도록 개발하여 대화의 패턴을 분석할 수 있도록 하는 것이 중요하다. 또한, 챗봇의 답변에 대한 만족도를 피드백할 수 있는 좋아요, 부족해요와 같은 버튼을 추가한다면 좀 더 명확한 사용자 의견을 수집할 수 있다. 대화가 중간에 끊어지거나 사용량이 줄어드는 지표는 대부분 챗봇과의 대화 흐름 자체에 문제가 있는 경우가 대부분이다. 고객이 선택할 보기가 없거나, 고객이 말한 의도를 챗봇이 잘못 파악해 처리하지 못하고 계속 되묻기만 하다가 대화가 끝나버리는 식이다. 이러한 불상사를 예방하기 위해 각 대화가 정상적으로 이뤄지는지 로그를 남기고 이를 통해 챗봇을 모니터링하는 것이 반드시 필요하다. 현재 운영중인 챗봇의 특이점을 관찰하는 것은 물론 다음 챗봇을 준비하기 위한 기초데이터도 준비할 수 있다.

몇 차례 보완된 챗봇을 통해 마침내 평소와 같은 수의 근무 인력과 시스템으로 추운 겨울을 지날 수 있게 되었다. 지난해만 하더라도 날씨가 추워지기 시작하면 평소 근무 인력의 3배 이상을 임시 채용했었는데 올해부터는 임시 채용이 없어졌다. 시간이 지나면서 상담사보다 챗봇이 처리하는 업무가 늘어났고, 고객센터 비용 절감은 물론 질 높은 상담에 집중하게 된 직원들의 만족도도 높아졌다.

A2. Company A 사례 2 – 보험사 업무처리용 Chatbot

첫 번째 사례인 AS 접수 챗봇은 AS 접수 문의가 고객센터 업무의 70%를 차지하는 점, 대체로 예외 상황이 발생하지 않는 업무라는 점에서 비교적 단순한 챗봇이었으며, 챗봇 활용도가 매우 높은 성공적인 프로젝트였다. 하지만, 챗봇이 특정한 업무를 처리하는 것이 아니라 진짜 사람처럼 일반적인 질문에 만족도 높은 답변을 할 수 있도록 하려면 어떻게 해야 할까? 다음 보험사 챗봇 사례를 통해 고객의 질문에 숨은 의도를 잘 알아듣고 똑똑하게 상담해 주는 고객센터 챗봇에 대해 알아보자.

모든 보험사는 고객을 위한 앱을 제작하여 운영하고 있다. 하지만 보험사 앱을 설치한 사람이 몇 명이나 될까? 살면서 혹시 모를 사고에 대비해 가입하는 것이 보험인 만큼 그 앱을 설치할 가능성은 높지 않다. 이러한 결과로 네이버에서 보험사 고객센터 전화번호를 검색하고, 화가 난 채로 앱 사용법이나 홈페이지에 대한 불만을 토로하는 보험 고객을 위해 보험사에서 네이버 검색 기능과 AI를 활용해 이 문제를 풀어보고 싶다고 연락이 왔다.

보험사의 고민은 대형 고객센터를 운영하는 높은 비용은 줄이고, 사용자의 서비스 만족도는 올리고 싶다는 것이었다. 대형 콜센터에 전화를 걸어 여전히 연결되지 않는 상담사를 하염없이 기다리며 시간을 낭비해 보지 않은 사람은 없을 것이다. 오히려 한 번에 연결되는 것이 이상할 정도로 대기업, 중소 기업할 것 없이 콜센터는 늘 통화 중이다. 많은 인력과 시스템을 투자하였지만, 여전히 고객은 불만인 고객센터를 연구하다가 보험사 고객이 전화를 거는 과정을 관찰해보니 대부분 네이버에서 회사의 대표 번호를 검색해 고객센터로 전화를 걸고 있다는 사실을 알게 되었다. 홈페이지로 유입되는 압도적인 경로 역시 포탈이었다. 그래서 나온 아이디어가 바로 "네이버에서 보험사를 검색하는 바로 그때, 보험사의 챗봇이 응대한다면 어떨까?"였다. 고객센터에 전화하기 전에 챗봇으로 먼저 자체 점검을 하고 정보 탐색을 할 수 있도록 도와주는 것이었다. 고객의 번거로움, 고객센터의 비용 모두 해결할 수 있는 아이디어였다.

손가락뼈에 금이 갔는데 보험금 청구가 가능한지, 보험금 청구하려면 준비해야 할 서류가 무엇인지, 배 속의 아기를 위한 보험은 몇 개월째 가입할 수 있는지 등 살다 보면 어쩌다 한 번씩 겪게 되는 일인데 흔한 일도 아니고 저마다 가입한 보험이 다르니 일반화는 불가능하다. 이럴 때 우리는 네이버에서 내 보험회사를 검색하고 홈페이지에 들어가 메뉴 몇 개를 들어가 보다가 이내 설명은 복잡한데 정작 내가 알고자 하는 것은 없으니 실망하고 결국 대표 번호로 전화를 건다.

고객이 기업을 검색했을 때, 해당 기업이 네이버 클로버를 이용해 만든 챗봇이 있다면 챗봇 연결 버튼을 달아 준다. 챗봇은 네이버 톡톡을 통해 구동되며 톡톡은 클로버 엔진을 이용해 제작한 대화를 자연스럽게 보여 준다.

고객센터로 전화를 걸고자 하는 사람들의 문의는 특정한 기능, 유형으로 정형화하기가 어렵다. 업무 범위가 워낙 방대하고 실제로 우리 회사의 고객인지 아닌지도 모르는 상태이기 때문에 챗봇이 고객에게 건네야 하는 말투, 정보의 수준이나 양 등을 가늠하기 어렵다. 말 그대로 자연어로 들어오게 될 많은 사람의 질문을 챗봇이 정확히 알아듣고 문제를 해결해줘야 하는 미션은 쉽지 않았다.

보험사의 대고객 업무 전문가와 디지털 전략팀, 그리고 클로버 챗봇의 특징을 잘 알고 있는 프로젝트 수행팀이 모여 챗봇의 말투, 제공할 정보, 대화의 흐름 등을 기획하기 시작했다. 타사의 성공, 실패한 사례, 고객센터로 가장 많이 유입되는 업무 유형, 질문 내용, 기업에서 챗봇을 통해 보여주고 싶은 이미지 등 수많은 정보를 취합하고 통합하여 챗봇의 목표를 정해 나갔다.

사람이 인공지능을 배려해 질문할 필요가 없을 정도로 사람들이 임의로 내뱉는 말을 그대로 척척 알아들어야 하며, 알맹이 없는 그럴듯한 답변을 늘어놓는 대신 고객이 원하는 정보를 즉시 제공하는 챗봇을 만들자고 의견이 모였다. 말은 쉽지만 굉장히 어려운 일이었다.

일반적인 말을 잘 이해하는 챗봇을 만들기 위해 첫 번째로 중요한 것은 보험에 관심 있는 고객의 의도 파악이다. 숨은 의도이든 직접적인 질문이든 고객 질문의 핵심을 인공지능이 잘 알아들어야 한다. 클로버는 네이버에서 쌓은 뉴스, 블로그, 검색 등 데이터를 학습했기 때문에 한국어를 이해하는 수준이 높다. 챗봇 제작팀은 고객센터의 수많은 고객 응대 데이터, 매뉴얼 등을 분석했다. 챗봇이 제공하기로 정한 주제에 맞춰 데이터를 정리했다. 비슷한 정보는 모으고, 같은 용어를 사용하지만 상황에 따라 다른 뜻으로 쓰일 수 있는 데이터는 특히 더 주의를 기울였다.

예를 들어 증명서에 대한 업무를 가르칠 때는 '증명서'라는 것이 진료비계산서, 진료비영수증, 보험료청구서 등을 뜻하는 것이라고 상세히 인공지능에게 알려 주어야 한다. 한국어를 잘하는 인공지능에게 보험회사 고객센터 데이터를 학습시키면, 드디어 보험사의 경력직에 해당하는 상담사 챗봇이 만들어진다. 이 챗봇은 보험회사에서 일 좀 해 본 똑똑한 경력사원으로서 사람들이 물어보는 보험 용어나 궁금한 점, 요청사항을 이해할 수 있는 수준이 된다.

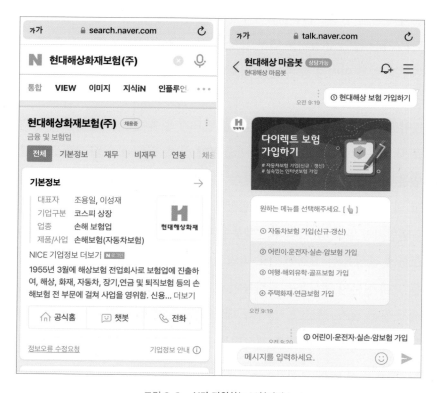

그림 3-3   AI가 지원하는 보험서비스

물론 이런 수준의 인공지능을 만들기까지 어느 정도의 학습 기간은 필수적인데, 인공지능 학습에는 보험사의 전문가와 인공지능 전문회사인 A사의 팀워크가 매우 중요하다. 챗봇이 업무의 전문가가 되었으니 이제는 사람들이 알고 싶어 했던 답변을 잘 정리해서 보여주는 것이 필요하다. 의도에 맞는 답변을 알기 쉽게 구성하고 상세한 정보가 필요한 경우는 해당 정보가 있는 홈페이지 링크를 달아 주었다.

좀 더 정확한 의도 파악이 필요한 경우 먼저 파악한 의도에 기반하여 다시 질문하여 사용자의 의도를 정확히 이해하고 답할 수 있도록 했다. 또한, 하나의 질문에 여러 가지 의도가 파악되면 1차 답변과 함께 해당 정보와 관련된 정보를 버튼으로 구성해 이동할 수 있도록 해 주었다. 챗봇이 의도를 파악하더라도 일반적인 답변만 제공할 수밖에 없는 경우도 있어 좀 더 심화된 탐색이 가능한 옵션을 두어 질문자 스스로 해결할 수 있는 장치를 마련하는 것이다. 보편적인 정보를 그럴듯한 답변으로 포장해서 안내하는 것은 지양하고, 질문자의 의도에 해당하는 정보로 연결하고, 만약 학습되지 않은 정보이거나 정답에 대한 확신하는 정도가 약한 경우 유사한 정보 페이지로 연결해 챗봇과의 대화가 불필요하게 길어지는 것을 막았고, 이는 빠르게 정보 탐색을 원하는 사용자의 needs와도 잘 맞았다. 챗봇을 오픈한 뒤, 많은 사용자가 사용하기 시작하면서 다양한 말들이 유입되었다. 매월 챗봇의 정답 비율을 분석하고, 이해하지 못했던 질문들을 확인했다. 아예 챗봇에게 가르쳐주지 못한 정보는 새롭게 학습시키고, 의도 파악에 실패했던 질문은 정리된 답변으로 연결하는 방식으로 학습시키고 있다. 챗봇과의 대화 데이터를 보면 챗봇은 지속적인 관리와 학습이 최초 제작할 때 들이는 노력 못지않게 중요하다는 것을 알 수 있었다. 생활환경이나 사용자도 계속해서 변하고 이용하는 사람들의 관심사도 변하기 때문이다.

2023년 들어 Chatbot 시장은 매우 뜨거워지고 있다. Chat GPT라는

Open AI사의 Large Language Model이 등장하면서 또 한 번 큰 혁신이 이루어지고 있다. 세상은 자꾸 변한다. 보험상품도 변하고, 고객도 변하고, 고객에 대응하는 방식도 사람에서 인공지능으로 변하는데 문제는 이 인공지능이 무엇보다도 빨리 변한다는(발전한다는) 것이다. 보험사나 인공지능 도입을 도와주는 AI 전문회사나 모두 변화의 격랑 속에 있다.

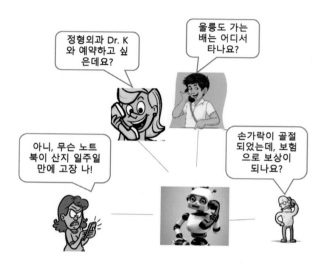

그림 3-4   다양한 AI 전화상담

B. Company C 사례– 코딩교육 보조재

코딩교육은 3세 어린이부터 18세 청소년에게 컴퓨터 프로그램 작성에 대해 가르치는 것이다. 컴퓨터 프로그램인 Software는 영어로 작성한다. 컴퓨터는 개발 초기부터 영국과 미국의 과학자들이 주도했으므로 컴퓨터에 사용되는 모든 software는 영어로 작성되어 있다. 1960년대 이후 컴퓨터 산업은 IBM이 주도했고, 1980년 이전에 컴퓨터라는 것은 대기업과 일부 국립연구소에서 사용되는 것이 대부분이라 일반인들의 일상생활과는 관련이 없는 고도의 과학기술 장비이며 산업기기였다. 1980년대 초반 대부분의 대학에는 컴퓨터학과가 없었고, Silicon Valley의 발전을 주도한 Stanford대학에서조차 1980년대 중반이 되어서야 Computer Science 학사 과정이 개설되었다.

이후 personal computer가 등장하고 smartphone이 대중화되면서 일상생활에서 많은 software를 사용하게 되었고 이러한 환경에서 2010년대에 들어 어린이들을 대상으로 한 software 교육에 관심이 증대하기 시작했다. Software는 프로그램 언어 Programming Language라는 것을 배워서 글로 소설을 쓰듯이 Program Language로 컴퓨터가 알아듣도록 글을 쓰는 것이다. 이때 쓰는 글의 수준이 고등학교 영어교육 정도는 배워야 할 수 있다. 그런데, software 조기 교육의 필요성이 커지자 MIT가 주도하여 어린이들도 software를 배울 수 있도록 scratch라는 program language를 만들었다. 이 프로그램은 그림으로 되어있는데, 마치 교통표지판처럼 그림을 보면 무슨 뜻인지 알 수 있게 되어있다. 이런 프로그램 언어를 벽돌 같은 그림이 그려 있는 판을 이용한다 하여 block coding language라고 한다. 어린이용 block coding language 언어가 널리 퍼지자 어린이들이 좋아하는 로봇과 이 언어를 연결하는 coding 교육 상품이 나오게 되었다.

C사 제품은 이러한 상품 중 하나로 block coding language로 software를 만들고 이것을 레고처럼 생긴 장난감에 블루투스를 이용하여 보내면, 장난감이 software에 쓰인 대로 작동하는 것이다. 인공지능 서비스는 Chat GPT(Open AI), Copilot(Microsoft) 등으로 쉽게 접할

수 있지만, 실물을 응용한 인공지능 제품을 사용해 보지 못한 독자들의
이해를 돕기 위해 제품이미지를 실었다.

B1. 코딩 블록

C사의 제품은 아이들의 코딩교육을 돕는 코딩 교구이다. 어린이 코딩
은 어려운 프로그래밍 언어를 배우는 것이 아니라 '놀이' 속에서 자연스
럽게 문제 해결을 위한 사고력과 창의력을 높일 수 있어야 한다

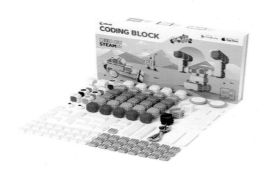

그림 3-5　C사 코딩교보재 기본상품

C사 제품은 어린아이들도 쉽게 조립하고 제어할 수 있도록 복잡한 선
과 회로를 빼고 무선 형식의 단순한 블록 형태로 만들었다. 조립하듯이
쉽게 나만의 로봇과 자동차를 만들고 control 앱을 통해 조종하고, 쉬운
코딩 앱으로 자연스럽게 코딩하여 코딩의 개념을 익히게 된다. 그 과정에
서 아이들의 창의적인 아이디어와 사고력은 놀이하는 재미와 함께 자라
게 될 것이다. 영어를 모르더라도 그림으로 표시된 직관적이고 쉬운 인터

페이스로 프로그램한다. 사전에 코딩에 대한 사전 경험이 없거나 코딩 학습 도구를 배우는데 어려움을 겪는 학생 및 학부모가 코딩 학습에 더 쉽게 접근할 수 있다.

B2. 인공지능 학습 플랫폼 '큐로AI'

영어를 모르고 한국어에 대한 충분한 학습이 되어있지 않은 어린이도 인공지능을 배울 수 있으며 이해하기 쉬운 교육 보조 프로그램이 필요하였다. 인공지능 교보재 큐로AI는 스크래치 3.0 코딩과 다양한 인공지능 기능을 활용한 코딩 블록의 인공지능 학습 플랫폼이다. 초등학생부터 대학생까지 큐로AI로 배우는 인공지능 수업, 동아리 활동, 진로 수업, 각종 체험 행사 및 대회를 통하여 미래 인재를 만들어나가고 있다.

그림 3-6 학생들 실습 사진

B.3 인공지능 로봇 ARTIBO 코딩 기술

아티보는 AI 코딩 플랫폼(coding.cubroid.com)을 통해 음성인식과 이미지 인식, GPT-3 기능을 스크래치 기반의 코딩을 할 수 있다. 아티보는 Chat GPT와 연동하여 선생님을 보완하는 로봇이다. 미래에는 코딩을 배우는 것보다 AI를 잘 활용하고 자신의 목적에 효과적인 접목 방법을 이해하는 것이 중요하게 된다.

그림 3-7 인공지능 코딩교보재 사용 예시

인공지능 시대에 천만 새로운 일자리 만들기

사용 용어 정의

이 책에는 사전에서 정의한 뜻이나 산업계에서 사용되는 용도와 다소 달리 쓰이는 용어들이 있다. 이 책에서 쓰이는 용어들에 대해 다음과 같이 정리한다.

- ❏ **인공지능/인공지능 컴퓨터/인공지능시스템/인공신경망** – 인공지능은 perceptron을 기반으로 신경세포 네트워크를 모방한 Software이다. 인공지능 컴퓨터는 이 인공지능이 탑재된 Hardware이다. 인공지능시스템이란 인공지능과 인공지능 컴퓨터가 합체되어 인간지능과 같은 역할을 수행하는 것이며 '인공신경망'으로도 불린다. 본문에서 인공지능이라는 용어는 인공지능시스템/인공신경망을 의미할 때도 있고 Software만 의미할 때도 있다.

- ❏ **이성 지능** – 음성을 듣고 이해하고 문장을 읽어 이해하고 글을 쓰며, 수학문제를 풀 수 있는 지능

- ❏ **감성 지능** – 상대방을 보거나 말을 듣거나 글을 읽고, 화가 나 있다/슬프다 등을 판단할 수 있는 지능과 자기 자신의 감정 상태를 말로 표현할 수 있는 지능.

- ❏ **느낌** – 화가 난다/우울하다 등의 감성 상태에서, 몸 전체 신경 조직을 통해 뇌로 들어오는 신체 body에 퍼져있는 감각 상태. 부들부들 떤다, 배가 아프다, 골치가 아프다고 할 때 그때의 신체 부위 세포들의 상태를 일컫는다.

- ❏ **감정** – 감성과 느낌의 합이다. 감정은 몸과 뇌에서 함께 일어난 몸 전체에서 이루어진 흥분상태이다. 감성 지능은 이것을 판단

하고 언어화하는 능력이고, 이 언어화한 감성에 부합하는 육체적 느낌이 결합된 것을 감정이라 정의하였다. 감정에는 3가지 면모가 있다.

- 전화 받고 상대방이 감정적으로 화가 나 있다고 판단하는 감성 판단 능력(이성),
- 아픈 아이를 안은 엄마의 안타까워하는 것을 보고 나도 안타까운 마음이 드는 것은 뇌 속에 있는 거울 세포 작용으로 공감하는 것이고(몸 전체 느낌이 있음),
- 조카가 Y 의대에 들어갔다는 소식을 듣고 미소가 떠오르는 것은 혼자 자발적으로 느끼는 감정이다.

□ **개인용 아바타(Personal Avatar) -** 각 개인별로 만들어진 인공지능으로 특정 컴퓨터에 구현된 이성과 감성을 갖는 인공지능이다.

근 미래에 인공 이성 지능은 인류 전체가 공통적인 것을 사용하고, 감성 지능은 언어-종교- 문화 그룹별로 특화된 것을 사용하게 될 것으로 전망된다. 인공지능의 인간 감성- 감정 재현 능력이 인공지능 서비스 경쟁의 핵심으로 부상할 것이며, 인공지능 감정 재현 능력은 인공지능이 자유의지를 갖게 되는 출발점이 될 것이다.

인공지능 시대에 천만 새로운 일자리 만들기

II. 인간 지성과 인공지능

이성과 감성

지성은 한자어로 知性이라 표현하고 지능은 한자어로 知能이라 표현한다. 지성, 알 知 성품 性, 성품을 안다고 하는 것은 무엇일까? 성품이란 사람에 대해서 사용할 때에는 그 사람이 오랫동안 변하지 않고 지키는 가치나 신념, 태도 등을 의미한다. 성(性)이라는 글자를 사물이나 사회적 현상에 대해서 사용할 때에는 그 사물, 사건의 본질이나 다른 사물과의 인과관계를 의미한다. 지능이란 이런 지성을 가진 존재(사람, 기계, 인공지능 등)가 그 지성을 이용하여 어떠한 행위를 실행하는 능력을 말한다.

인공지능, Artificial Intelligence라는 것은 무엇인가? 한자어로는 人工知能이다. 인공이라는 한자어가 사람이 만들어냄을 의미하고, 사람들이 알고 있는 최고 수준의 지능이 인간지능이니 인간의 지능을 닮은 지능(Intelligence)을 만들어내는 것을 첫 번째 목표로 한다. 그러나, 인간이 발견한 과학의 역사를 돌이켜보면 인간지능이 어디까지 발전할 수 있는지 그 가능성과 궁극의 경계를 지금 명확히 가늠하기가 어렵고, 인공지능의 발전 가능성도 그와 같다. Artificial Intelligence에서

Intelligence라는 표현은 인간이 보유한 이성, 감성, 통찰력을 총괄하여 지칭한다.

21세기 들어서 사람의 뇌에 전자기장 센서를 붙여서 이를 통해 신경세포의 신호를 읽어내고 그 사람이 어떤 의사 intention 또는 의지(will)를 가졌는지를 읽어내고 있다. 최근에는 일론 머스크가 투자한 회사에서 동물들에게 반도체 칩을 이식하여 특정한 정보를 전달하거나 동물의 판단 능력을 높이기도 한다[*]. 반도체 칩이란 전자기장의 변화에 의해 정보를 생성 전달하는 기기인데 이것이 동물 뇌세포와 반응한다는 것이며, 이러한 반응을 제어함으로써 동물에게 정보를 전달하기도 하고 특정한 행동 의지를 발현시킬 수도 있다는 것이다. 이는 관점을 달리하면, 각 개인이 위치한 장소의 전자기장 변화에 따라 개인의 의사, 의지, 감정과 관련된 신경세포가 영향을 받는다는 뜻이 된다. 너무 강력한 자기장에 노출되면 사람은 정신을 잃기도 하고 뇌에 심한 손상을 입기도 한다. 과학자들이 가끔 발휘하는 천재적인 통찰력이나, 특정한 장소에 갔을 때 드는 느낌 등은 전자기장, 중력장과 인간의 뇌 신경망이 상호 작용한다는 것을 말해주고 있다.

이성과 감성은 무엇일까? 이성은 마트에 가서 과자 몇 봉지를 5,700원에 사고 만 원을 냈을 때 거스름돈이 4,300원이라고 머릿속에서 계산하는 능력이다. 4촌 동생이 작은아버지로부터 물려받은 시골집에 아파트 단지가 들어서서 집을 판 돈으로 양재역 골목에 빌딩을 샀다고 한다. 이

---

[*] Neuralink: https://youtu.be/x4bR9pch1TE

인공지능 시대에 천만 새로운 일자리 만들기

이야기를 듣고 '참 잘되었네'하고 축하는 하지만 기분은 우울하고 배가 사르르 아프면서 저녁때 식욕이 떨어지는 것이 감성/감정인 것이다. 이성은 감각기관에서 들어온 정보를 재료로 추론하지만, 감성은 감각기관 및 인체 내부 장기 신경세포와 뇌 신경세포가 함께 만들어내는 몸의 느낌을 언어화시키는 능력이다(슬프다, 안타깝다 등). 인공지능은 인간의 능력 중 이성-감성-통찰력 순으로 구현하기 쉬울 것이다. 이성적 능력은 객관적으로 인식되나 감성은 개인 주관적이고, 통찰력은 그나마 가끔 나타나는 것이라 학습 데이터를 모으기가 어렵다. 이 책에서 쓰이는 이성/감성/느낌/감정에 대한 정의는 이 단락 앞에 있다.

인간의 통찰력

인간의 기적적인 스토리나 '촉'이라 불리는 감각은 기억과 경험만으로 설명될 수 없으며 통찰력과 서로 통하는 것이다. 오대산에 가면 월정사라는 큰 사찰이 있는데 이곳에서 오랜 세월 수행을 한 탄허`라는 스님이 있다. 이 스님은 1968년 여름 그해 겨울에 큰 사건이 일어날 것을 예지하시고 월정사 주변에 흩어진 암자에 있는 모든 스님을 강릉으로 대피시켰다. 몇 달 후 울진 삼척에 무장공비가 침투하여 월정사 인근에 살던 어린 이승복 군을 비롯해 수많은 인명이 공비들에 희생되었다. 물론 강릉으로 피신한 스님들은 피해가 없었다. 1950년 초 이 스님은 한국전쟁이 일어나기 몇 달 전 월정사에 보관 중이던 조선왕조실록이 있는 건물이 불에 탈 것을 예견하여 실록을 옮겼는데, 해당 건물은 전쟁 중에 폭격으로 소실

---

* 탄허 자서전: 『부처님이 계신다면』(1980, 예조사)

되었다 한다. 탄허 스님 덕에 조선왕조실록이 소실될 위기를 넘겼다.

벤젠 분자의 육각형 구조는 과학자가 꿈속에서 뱀이 육각형 모양으로 서로를 물고 있는 형상에서 힌트를 얻었다고 한다[*]. 통찰력이란 평범한 사람들이 도달하지 못하는 수준의 의식을 갖는 뛰어난 과학자나 종교인에게서 나타나는 것이라, 인공지능은 상당한 시간이 지난 후에나 도달할 진화 단계로 보인다.

차시환생(借屍還生)이라는 말이 있다. 다른 사람의 시체를 빌려 다시 살아난다는 뜻이다. 유튜브에 많은 차시환생 사례에 관한 사례가 있다[†]. 전생을 기억하는 사례와[‡] 이를 엄밀히 조사한 자료도 상당히 많이 있다.

현대 의학이 전신마취와 깨어남을 성공적으로 실행하지만, 마취 동안 무엇이 뇌 속에서 없어졌다 다시 오는지, 무엇은 남아있었는지, 어떻게 남아있게 되었는지 알아내려면 한참 더 걸릴 것 같다. 이런 장면을 생각해 보자. 50년 후 인간들은 지구와 달 사이에 3만 명이 사는 우주 도시를 건설하였다. 이 도시에서 수술을 위해 전신마취를 할 때 지구 상에서 쓰는 방식을 그대로 사용할까? 다르게 될 것이라 본다. 전신마취와 의식의 유지는 중력장과 전자기장에 상당한 영향을 받은 것이라고 추측해 본다. 지구 상에서 태어나서 이곳에 온 지 얼마 안 된 사람과 이곳에서 태어난 사람들은 다른 중력장과 전자기장 속에서 의식이 태어나고 성장해 왔으므로, 전신마취 방식이 다를 것이다.

---

[*] 아우그스트 케쿨레, 위키백과

[†] 차시환생 유튜브: https://youtu.be/IijezmQbBvQ

[‡] 전생 기억: https://youtu.be/YfNWdH9Ub4o

인공지능 시대에 천만 새로운 일자리 만들기

의식을 컴퓨터 하드웨어와 소프트웨어로 담기에는 당연히 무리가 있다. 뇌라는 것이 hardware도 아니고 software도 아닌 액체 속에 담겨있는 wetware*인데, 이 속에서 일어나는 복잡한 물질의 이동이나 입자와 분자 간에 일어나는 양자화학 quantum chemistry 상의 작용을 가까운 시일에 인류가 완벽히 이해할 것 같지는 않다. 전신마취에서 다루는 인간 의식은 복잡한 양자 화학적 반응일 것이다. 힉스 입자†를 찾는 실험을 하고도 수십 명의 물리학자가 두 그룹으로 나누어 수개월 간 계산하지 않았던가? 그런 힉스 입자를 찾는 실험 현상과 유사한 이벤트 수만 개가 한꺼번에 뇌라는 wetware에서 일어난다면 인류가 이를 알아내는데 좀 더 시간이 걸릴 것이다.

이러한 통찰력은 Artificial Intelligence가 재현할 인간의 능력 중에서 매우 어려운 단계라고 보인다. 일상생활에서 자주 경험하는 이성 영역을 재현하는 일이 인공지능의 첫 번째 진화 단계이고 그다음이 감성 영역, 그리고 통찰력에 해당하는 부분에 이르는 데는 상당한 연구가 뒤따라야 할 것이다. 설마 거기까지 도달할 수 있을까, 그것은 인간 외에는 불가능한 그 무엇이 아닐까 하고 생각할 수도 있다. 그러나, 인간이 관찰할 수 있는 것이라면 인공지능이 재현해 내리라고 본다. 인간이 아직 풀지 못한 수학적 문제나 완성하지 못한 핵융합발전도 해결해야 할 문제가 무엇인지 논리적으로 수학적으로 정의한다면, 인공지능이 그 완성을 도와줄 시기가 필히 도래하리라 판단된다.

---

* computer hardware + software(유체가 없는 dry ware)에 빗대어 생물학적인 기관을 일컫는 단어.

† 힉스 입자 발견: https://youtu.be/eG1yC1Ydos8

인공지능은 인간이 만들어내는 지능이지만 인간지능에만 국한되지 않을 것이다. 인간과 다른 감각기관을 가진 동물, 예를 들면 초음파로 물체와 거리를 파악하는 박쥐나 많은 곤충은 인간과 다른 감각기관에서 들어오는 전자기적 또는 화학적 신호를 기반으로 상황을 판단하는 몸과 뇌 신경망을 갖고 있다. 현 단계에서는 인간의 지능을 모사하는 연구가 초기 단계이지만 시간이 지나면 인공지능은 지구 상의 생명체가 갖고 있는 모든 감각기관과 이와 연관된 뇌 신경 구조를 포괄하는 지능 형태로 발전할 것이다.

인간의 뇌에는 약 850억 개의 신경세포가 있고, 대략적으로 표현해서, 뇌세포의 연결(Synapse)은 100조 개가 가능하다고 한다. 인공지능은 그보다 훨씬 더 큰 연결을 만들어 낼 것이고 이러한 인공지능이 인간의 이성적 판단 수준을 넘어 어디까지 진화할 것인지는 지금 가늠하기 어렵다. 앞에서 나온 그림 1-3을 참조하길 바란다.

컴퓨터와 인공지능의 원리

인공지능을 이해하려면 그 기초 원리를 알아야 할 것이다. 인공지능이 mystery black box로 여겨지지만, 그 원리는 수학 방정식과 '답일 가능성'에 대한 통계학일 뿐이다. 이를 아래에 간단히 설명한다.

A. 컴퓨터: 계산하기

Computer는 Computing 기능 즉 사람 대신 계산을 하는 기계를 의미한다. 컴퓨터가 계산할 내용 또는 수식을 영어로 만들어진 컴퓨터 언어(Programming Language)로 입력하면 컴퓨터의 Compiler라는 번역

인공지능 시대에 천만 새로운 일자리 만들기

기가 이 언어를 Binary(0 또는 1) 기호로 바꾸어 준다. 이 0, 1의 조합을 컴퓨터 CPU가 신호로 받아들여 계산을 수행한다. 그림 3-8에서 보듯이 5x + 12 = y라는 수식을 Five multiply by x plus twelve equal y라는 영어를 써서 compiler에게 보내면 compiler는 이것을 0100111101······라는 형태로 변형해서 CPU가 이해하도록 해 준다. 그림 3-8에서 수식을 컴퓨터에 알려주었으니 입력 1(x의 값)을 넣으면 y는 17이 되고, 2를 넣으면 y는 22가 된다. 이런 계산을 컴퓨터가 대신해주는 것이다.

인공지능이 하는 것은 이것과 사뭇 다르다. 인공지능은 많은 예를 보고 패턴을 찾는 것이다. 그림 3-9에서 x = 1을 넣으면 5가 나오고 x = 2를 넣으면 7이 나오는 공식이 있다는 것을 컴퓨터에 가르쳐준다. 그리고, 그 공식이 y = w × x + b이라면 w, b는 무엇인가 하는 것을 알아내는 것이다.

B. 인공지능: 추론하기

AI, Artificial Intelligence, 인공지능은 인간의 지능을 사람이 만든 기계로 구현해 보겠다는 의미를 담고 있고, 이는 다른 표현으로 기계가 사람의 지능을 배운다 하여 Machin Learning이라고도 표현된다. 이러한 인간지능을 흉내 내는 것은 인간의 뇌를 copy하는 것인데, 뇌를 흉내 내기에 가장 비슷한 기계가 컴퓨터이어서, 컴퓨터로 인간지능을 구현하고자 노력하였다. 인간 인공지능을 Machine Learning으로 부르기 전에도 인간지능을 컴퓨터로 구현하는 몇 가지 시도가 있었으나 연구가 계속되면서 지금의 인공신경망 방식의 Machine Learning이 인공지능의 대세가 되었다.

사람들에게 1을 넣으면 5가 나오고 2를 넣으면 7이 나오는 방정식이 무엇이냐고 물으면, 간단한 방정식을 풀어 그 해법을 구해낸다. 그림 3-9에 따라서 Y = 2X + 3이라는 식이 도출되는데, 인간들은 간단한 방정식을 두뇌를 이용해서 풀어내지만, 컴퓨터는 반도체 칩에서 오가는 전기 신호와 저장 장치에 들어있는 software로 만들어져 있는데 어떻게 해서 사람이 방정식 풀듯이 Y = 2X + 3을 알아낼까? 컴퓨터가 지능을 흉내 내는 방법은 다음과 같다. 인공지능은 아주 단순하게 계속해서 W, b에 무작위로 숫자를 넣어서 맞는 답이 나올 때까지 수행한다. 무작위로 많이 넣어보고 답이 맞는지 보기 때문에 계산을 많이 하고, 이 계산을 수행할 빠른 속도의 반도체가 필요하다. 물론 무작위 반복적인 계산 행위를 줄이기 위해 인간이 전축으로 음악을 들을 때 볼륨, 베이스, 트레블(treble) 등을 조정해서 원하는 전축 소리를 만들어내듯이 볼륨, 베이스 트레블에 해당하는 여러 가지 수학적 방법을 동원하여 W, b 값을 빨리 찾아내도록 한다. 그림 3-8과 3-9에서 컴퓨팅과 AI의 개념을 간단하게 그려보았다.

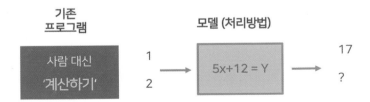

그림 3-8 컴퓨팅- 계산 기능

인공지능 시대에 천만 새로운 일자리 만들기

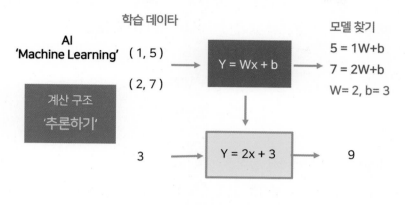

그림 3-9 AI- 계산식 알아내기

인간의 뇌세포를 간략히 그려보면 그림 3-10과 같다. 그림에서 나타나 있듯이 뇌세포는 다른 뇌세포들과 연결되어 신호를 받는데 이 신호를 받는 부위를 수상돌기라 하고 다른 뇌세포로 신호를 보내는 부위를 축삭돌기라고 한다. 하나의 신경세포가 다른 신경세포 또는 감각세포와 연결되는 부위 전체를 일컬어 시냅스(synapse)라 부른다. 신경세포 간의 연결인 시냅스는 인간이 학습하면서 연결 강도가 변한다. 자주 사용하면 시냅스의 연결이 강화되고 안 사용하면 퇴화된다. 보통 한 신경세포 당 시냅스 개수는 약 1,000개 정도이다. 신경세포는 매우 촘촘한 정보 연결망이고 정보는 시냅스의 연결 강도라는 형태로 저장된다.

신경세포의 작동방식을 그림으로 도식화한 것이 그림 3-10이다. 실제의 뇌세포는 수백 개 이상의 수상 돌기를 갖지만, 아주 간략하게 표현해서 두 개의 수상돌기(x1, x2)가 있고 하나의 축삭돌기(y)가 있는 뇌세포의 작동방식을 연립방정식으로 수식화해보면 그림 3-11이 나온다. b가 갖는 의미는 뇌세포가 신호를 보내느냐 마느냐 할 때 영향을 미치는 뇌세포마다 고유한 작동 고유 값이 있어 이를 b로 나타내었다.

$$Z = W1X1 + W2X2 + b$$
$$Y = F(Z), \ Y = 0 \ \text{또는} \ 1$$

이러한 수상 돌기에서 들어온 신호 x1, x2와 여기에 적절한 비중 값 w1, w2를 곱한 후 신경세포 고유의 특정 값 b를 더하면 Z가 나온다. 이 때 Z값이 영(zero) 보다 작으면, 즉 음수이면 신호를 내보내지 않고(0), 영보다 크면 신호(1)를 내보내는 것으로 뇌 신경세포를 수학적으로 묘사하였다. Z가 영(0)보다 작다는 것은 w1, w2, b 중 어느 것은 음수 minus가 있을 수 있다는 뜻을 의미한다.

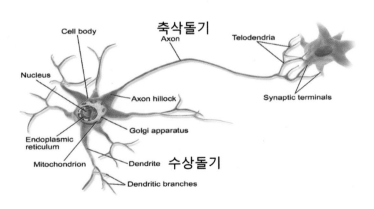

그림 3-10   뇌세포 neuron의 구조

인공지능 시대에 천만 새로운 일자리 만들기

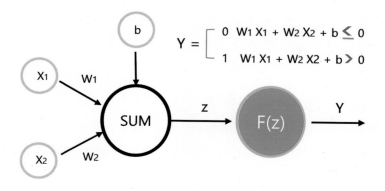

$$Y = \begin{cases} 0 & W_1 X_1 + W_2 X_2 + b \leq 0 \\ 1 & W_1 X_1 + W_2 X_2 + b > 0 \end{cases}$$

그림 3-11 뇌세포의 수학 모델

그림 3-10에서 시냅스를 통해 다른 신경세포 또는 감각세포에서 들어온 신호는 신경세포체의 핵에 모이는데, 이 모인 신호가 b와 더해져서 일정한 값(0)을 넘어야만 다음 신경세포로 전기 신호가 전달된다. 값이 그것에 미치지 못하면 아무 신호도 보내지 않는다. 이렇게 신경세포에서 핵이 하는 기능은 매우 단순하다. 뇌세포 등의 신경세포에서 기억 또는 지식은 신경세포와 신경세포의 연결인 시냅스의 연결 강도로 저장된다. 비유하자면 신경세포와 신경세포 간의 관계 또는 연결이 지식 또는 지능이다.

이러한 신경세포의 수학적 묘사 형태를 PERCEPTRON(perception[인지]) + electron([전자]의 합성어)이라고 부른다. 컴퓨터는 근본적으로 binary(0, 1)의 조합으로 작동한다. 이러한 perceptron을 프로그램의 기본단위로 이용하여 software를 만들고 이를 컴퓨터에 넣어서 인간 뇌 신경망의 작동과 유사하거나 동일한 결과를 만들어 낼 수 있게 된 것이다.

그림 3-12는 인공지능의 software 구조를 그림으로 그려서 작동원리를 설명하는 것이다. 동그라미 하나가 $Ym=W1X1+W2X2\cdots +WnXn+bm$라는 방정식에 해당한다. 여기에서 X는 신경세포에 들어오는 입력 값 그리고 W는 시냅스의 연결 강도에 해당된다. m번째 perceptron의 값이라는 뜻으로 Ym이라고 표현했고 이 Ym의 작동 고유 값을 bm이라고 표현했다. 여기서 input layer라는 것은, 그림 3-9에서 방정식의 값을 구할 때, 입력 값과 출력 값의 조합인 (1, 5), (2, 7)에서 입력 1, 2에 해당하는 값이 들어가는 곳(layer)이고, output layer라는 것이 5, 7에 해당하는 답을 내는 곳이다. Layer라는 명칭은 입력이 여러 가지가 들어가는 세로줄이라는 뜻이다. Input이 들어가는 층과 output이 나오는 층 사이에는 수많은 안 보이는 층이(hidden layer) 있고 각층들은 여러 개의 perceptron으로 구성된다.

그림 3-13에서 1이라는 숫자가 쓰인 사진 이미지에서 1을 인식하는 인공지능 software 구조를 예시한 것이다. 카메라로 인식한 사진 속 각 구역을 작은 사각형으로 나누고 그 사각형 하나하나의 색에 그 값을 정하고, 예를 들면 흰색이면 0으로 색이 있으면 1로 정하고 입력 층(input layer)에 각 구역에 해당하는 값을 넣는다. 그림에서 □는 0을 ■에는 1을 배당한다. 0, 1을 처음으로 받아들이는 층(layer)에서부터 몇 개의 다음 차례 layer를 배정하여 최종적으로 무슨 숫자인지 판단하는 output layer를 정의한 software 구조를 만들고, 이 사진의 숫자는 일 one이라는 것을 output layer에 알려준다. 중간에 있는 hidden layer의 각 perceptron은 여러 개의 w, b 값을 가질 수 있다. 이러한 숫자가 쓰인 많은 사진을 훈련데이터로 제공하여 인공지능을 훈련시킨다. 훈련이라고

하는 것은 이미 알고 있는 입력 값과 출력 값(output layer)을 한 세트의 훈련데이터라고 한다면, 이러한 훈련데이터 수십~수천 개를 인공지능 알고리즘에 넣어서 각 perceptron(동그라미)을 구성하는 W1, W2······ b 값을 정하는 것이다. 이때 나온 출력 값이 입력 값에 대해 알고 있는 출력 값과 다르면 맞는 방향으로 가도록 매번 조금씩 W1, W2···..b의 값을 수정하는데, 이를 역전파(back propagation) 방법이라 한다. 그림 3-13에서는 간단하게 입력층에 4개의 perceptron만 그려 있지만 실제 software에는 입력층의 각 □에 해당하는 200개의 입력 perceptron이 있다. 그림에서 네모 박스는 가로 10개 세로 20개여서 총 200개이다.

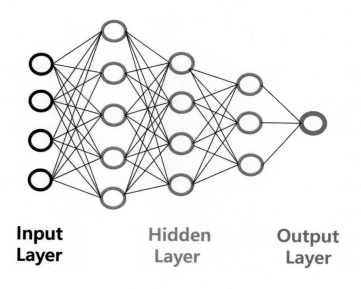

**Input
Layer**　　　**Hidden
Layer**　　　**Output
Layer**

그림 3-12　인공지능 software 구조

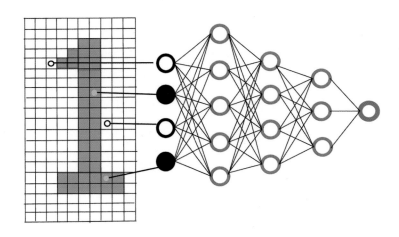

그림 3-13　숫자 1을 인식하는 인공지능 프로그램

　마치 그림 3-8에서 2차 연립방정식을 풀듯이 수십 개 내지는 수천 개의 연립방정식을 풀어 각 perceptron의 W1, W2……를 정하는 것이다. 여기서 W1, W2…를 일반적으로 '인공지능의 변수(parameter)'라고 부른다.

　위 설명이 좀 복잡하다면, 간단히 이렇게 생각하면 된다. 컴퓨터에 인공지능 software를 넣었는데 그 속에는 수백 내지 수천 개, 많을 때는 수천억 개의 정해지지 않은 기호들이 있다. 인간이 풀고자 하는 문제 즉 자율주행차가 다니면서 앞에 있는 물체를 인공지능이 식별하도록 만들고 싶을 때, 수십만 내지 수백만 장의 사진을 scan 해서 컴퓨터에 집어넣어 인공지능의 프로그램 구조에 따라 정해지지 않은 기호 값(W, b)을 정하도록 하면 자율주행차에 탑재된 인공지능이 앞에 가는 자전거와 가로등을 구

인공지능 시대에 천만 새로운 일자리 만들기

별하게 된다는 것이다. 좀 더 구체적인 인공지능 구조에 대한 이론 부분은 여러 서적이나 유튜브에 나와 있으므로 여기서는 생략하기로 한다.

우리 옛말에 서당 개 3년이면 풍월도 읊고 식당 개 3년이면 라면도 끓인다 했는데, 하물며 여러 사람이 붙어서 이렇게 지극 정성으로 수천 번 수만 번 가르치니 인공지능이 이 정도는 할 줄 알아야 한다.

2010년 후반에 들어서면서 이 인공지능 변수를 100만 개, 1억 개 이용한 인공지능시스템(컴퓨터 칩과 인공지능소프트웨어의 결합)이 등장하더니, 2023년 즈음에는 인공지능변수 100조 개를 이용한 인공지능시스템의 출현이 예고되고 있다. 인공지능 변수는 그림 3-11에서 나온 $W1$, $W2$, b를 말하는데, perceptron 서로 간의 연결이 많아져서 20개의 다른 perceptron에서 신호를 받으면 하나의 perceptron에 $W1$, $W2$…… $W20$, b라는 21개의 변수가 등장한다. 이때 $W1$, $W2$…… $W20$은 다른 perceptron 20개와 연결되어 있다는 뜻이고, 이것은 마치 그림 3-10의 뇌세포가 다른 뇌세포 20개와 연결된 것과 유사한 것이다. 뇌세포 간의 연결을 synapse라고 부르는데, 인공지능 변수의 숫자도 인공지능 synapse 숫자라고 불리기도 한다. 그 이유는 예를 들면 perceptron이 1억 개 쓰이는 인공지능 software에서 b는 각 perceptron마다 한 개이므로 1억 개이지만 perceptron 간 연결이 많아지면 w 숫자는 수십억 내지 수백억 개가 있으므로, 통상 인공지능변수 숫자는 synapse 숫자라고도 한다.

인간 뇌 신경 간 연결고리인 synapse가 100조 개인데 조만간 2~3년 이내에 인공지능 변수가 이보다 더 큰 것이 나올 것이다. 이 인공지능을 학습시키는 방식도 매우 빠른 진화를 하고 있어, 2030년 전에 인간 뇌의 이성적 능력을 넘어서는 인공지능시스템의 출현이 거의 확실시 된다. 인간의 이성적 능력을 넘어섰다는 것을 어떻게 아느냐? 인간이 풀지 못한 과학 문제의 해답을 제시하고, 인간이 상상해보지 못한 수학적 명제를 내놓고, 이에 대한 증명을 인공지능이 스스로 한다면 지금의 인간지능을 넘어섰다 할 것이다. 이미 바둑 경기에서 사람과 인공지능이 더 이상 경쟁하지 않는다.

떠도는 말에 '책가방이 크다고 공부 잘하는 게 아니고, 머리가 크다고 똑똑한 게 아니다'라는 표현이 있다. 인공지능이 인간의 문장을 이해하고 글을 쓰는 능력은 2021, 22년에 큰 진보를 이룩했는데, 인공지능 변수가 많다고 꼭 더 잘하는 것은 아니었다. 학습 Data set의 구성과 학습시키는 방식도 중요한 역할을 하였다. 또한, 인공지능의 진화는 software의 발달도 중요하지만, 이것이 담기는 컴퓨터의 발달도 중요하다. 양 분야에서의 발달 상황을 볼 때 인간의 이성적 능력이 요구되는 많은 일자리를 대신할 수 있는 인공지능의 Software와 Hardware/Computer 가격은 2030년 전에 충분히 저렴해질 것이다. 인공지능에 인간 감성을 가르치는 것은 다소 시간이 걸리더라도, 앞으로 10년 동안 많은 인공지능 이성 능력만으로 수행되는 지식 서비스 일자리가 AI로 대체되는 상황은 피할 수 없을 것이다.

인공지능 발달 역사: Expert System과 Machine Learning

인공지능의 발달은 1970년대에서 1990년대 초까지는 expert system이 주도했다. Expert System이란 전문가(expert)가 지닌 지식을 컴퓨터에 모두 저장하고 전문가가 그 지식을 자신의 뇌에서 꺼내는 방식을 사람

인공지능 시대에 천만 새로운 일자리 만들기

이 컴퓨터 프로그램으로 만들어서 작동하는 것이다. 이때의 프로그램이 Machine Learning/인공신경망과 다른 것은 프로그램 내의 모든 논리의 흐름을 사람이 정해준다는 것이다. 그러나, 사람처럼 여러 동물이 있는 사진 속의 고양이를 알아보거나 전화에서 상대방이 하는 말을 알아듣는 기능은 expert system으로 구현하기가 거의 불가능하였다.

그리하여 90년 대부터 20년 정도는 인공지능의 암흑기라고 불리었다. Expert System과 달리 Perceptron을 인공지능의 핵심 구조로 삼은 것이 인공신경망 기반 인공지능이다. 인공신경망 시스템이라는 것은 사람이 미리 머릿속으로 논리를 작성하여 컴퓨터에 넣는 것이 아니고, 그림 3-9처럼 입력과 출력을 컴퓨터에 넣고 인공지능 변수를 정하면서 인간과 같은 능력을 갖추게 하는 것이다. 그러나, 1990년대 컴퓨터 성능으로는 Perceptron 기반 인공신경망의 개발은 너무 힘든 일이었다.

Perceptron의 개념이 인공지능에 소개된 것은 에니악* 컴퓨터가 처음 세상에 등장한 지 얼마 지나지 않은 1950년대이다. 그즈음 의학 분야에서 뇌 신경세포(brain neuron)의 작동상태를 관찰하고 측정할 수 있게 되었고 이것이 Perceptron의 개념을 낳은 것이다.

* 에니악(ENIAC: Electronic Numerical Integrator And Computer)

전자식 숫자 적분 및 계산기 (Electronic Numerical Integrator And Computer)는 1943년에서 3년에 걸쳐서 1946년 2월 14일에 펜실베이니아 대학의 모클리와 에커트가 제작한 컴퓨터이다.

– 위키백과

물론 1950년대 이래로 Perceptron 개념을 이용한 인공지능 software 에 관한 연구는 지속되었으나 IBM Watson Expert System 기반 인공 지능이 보여주었듯이 널리 사회적 인식을 높일 만한 결과는 없었다. 여기에 큰 변화를 준 사람이 캐나다의 제프리 힌튼 교수이다. 2012년에 들어 힌튼 교수가 여러 동물이 있는 사진 속에 고양이를 찾는 인공신경망 프로그램을 만들었는데 이 프로그램이 인간의 인식력에 필적하게 된 것이다. 비유하자면, Expert System은 1900년대 초 헨리 포드가 만든 자동차와 같은 것인데, Perceptron 인공지능은 라이트(Wright)형제가 만든 비행기에 사람이 올라타 하늘을 나는 것과 같았다. 힌튼 교수가 만든 인공지능 software는 앞의 그림 3-8~11에 나타난 개념을 이용하여 Perceptron에 쓰이는 인공지능 변수를 굉장히 많이 사용한 것이다. 또한, 기존의 연구자들과 다른 방식으로 그 변수 값을 정하는 아이디어를 창출하여, 매우 놀라울 정도로 인공지능이 사진 속 사물을 인식할 수 있는 능력을 높였다.

인공신경망이 이렇게 뚜렷한 발전을 이룬 것은 인공지능 Software의 발달도 있지만, 컴퓨터의 계산능력을 획기적으로 높인 반도체의 발전이 있었기에 가능한 것이었다. 1982년과 2012년의 컴퓨터를 비교해보자면 같은 가격에 계산 속도는 백만 배 정도 빨라졌다. 달리 말하자면 힌튼 교수가 만든 프로그램을 컴퓨터에서 한번 수행하는데 2012년 $100가 들었다면 1982년에는 아마도 $1억 정도 들었을 것이니, 대학에서는 연구가 불가능했고 그 어떤 기관이나 기업에서도 1980년대에는 수백만 개의 인공지능변수를 갖는 프로그램을 컴퓨터로 실행해보기가 거의 불가능했다. 반도체의 발달로 거대한 계산이 저렴한 가격에 가능하게 되어 인공신경망이 드디어 산업화의 길을 걷게 된 것이다. 1903년 라이트형제가[*] 비행기를 띄운 후 40년이 지나 제트비행기가 출현하여 연료를 한 번 채우고 갈 수 있는 거리나 비행기의 속도가 1,000배 정도 늘어났다. 2012년 이후 10년간 인공지능의 발전을 비행기 역사에 비유하자면, 라이트형제 비행기가 첫 300m를 날아간 후 10년 만에 비행 거리가 1만 배 이상 늘어난 보잉 747이 태평양을 건너 미국과 대한민국 하늘을 나는 것과 같은 비약적인 발전이라고 할 수 있다.

2023년 인공지능은 이제 사진 속 이미지 인식, 읽기, 쓰기, 음성인식에서 더 나아가 그림도 그리고 음악도 작곡한다. 게다가 기계, 전자공학, 물리, 화학, 의학상의 문제를 푸는 것에도 인공지능이 도움을 주는 단계에 접어들었다. 2022년 말 Open AI 사는 Chat GPT를 공개하였다. 1년 전 그들은 GPT-3라는 프로그램을 공개했는데 이것은 1,750억 개의 인공지능 변수를 사용하여 매우 뛰어난 글쓰기 능력을 과시했었다. 그런데 1년간 GPT-3를 학습시켜 내놓은 Chat GPT의 대화 능력은 인공지능 연구자들과 일반 대중을 놀라게 할 수준이었다. 그리고, 2023년 3월에 공개한 GPT-4는 여기에서 한 단계 더 진보하였다.

인간은 감정의 동물이라고 한다. 많은 이성적 판단과 행동이 감정의 영향을 받는다. 인공지능이 자유의지를 갖게 되는 것이 두렵다면 더욱이 인공지능에 감정을 부여하는 것을 알아야 한다. 인공지능이 인간생활에 깊이 들어오기 전에 인공지능의 좌뇌와 우뇌에 대해 생각해 보자.

---

[*]   1903년 12월 17일, 라이트형제를 태운 최초의 동력 비행기 플라이어 1호는 하늘로 날아올랐고 약 12초 동안의 짧은 비행에 성공했다. – 나무위키

<이성판단>

고객이 굉장히 화가 났구나!

<감정동화>

아이가 병이 났네.
엄마 마음은 얼마나 아플까?
나도 마음이 이리 아픈데.

<자발감정>

아프리카에서 선교하시던
이태석 신부님이 선종하셨다니!
아, 내 가슴 속에서 뜨거운 감사와
감동의 눈물이 흐르네.

그림 3-14   세 가지 다른 감정

인공지능 시대에 천만 새로운 일자리 만들기

III. 인공지능의 좌뇌와 우뇌

인공지능이 인간의 감성, 감정을 이해하고 스스로 그러한 감정을 보유하는 일이 그리 중요할까? 그렇다고 본다. 인공지능 발달 초기에는 인간 이성 능력을 재현하는 것에 경쟁이 집중되지만, 시간이 지나면서 인간 감성을 이해하는 능력이 인공지능 활용도 및 사업성에 더 중요해질 것이다. 매슬로(Maslow) 교수가 주장한 자아실현 욕구가 인간 최상의 욕구라는 것이 옳다면 말이다.

인간 뇌는 이성과 감성 판단을 수행한다. 인간의 뇌 중 왼편에 있는 좌뇌가 이성적인 판단을 주로 수행하고 감성적 느낌은 우뇌에서 일어난다고 한다. 좌우 뇌가 정확히 역할을 분담한 것은 아니고 이성적 판단을 할 때는 좌뇌가 많이 활성화되고 감성적 느낌이 있을 때는 우뇌가 많이 활성화된다고 한다. 문장을 듣고 읽고 쓰고 과학을 이해하고 상황을 추론하는 역할은 좌뇌가 하는 것이고 기쁘고 두렵고 궁금하고 애타고 하는 감정을 느끼게 되는 것은 주로 우뇌의 작용으로 알려져 있다. 통찰력이라는 뇌의 역할은 일상생활에서 자주 나타나는 능력은 아니나 좌뇌와 우뇌가 밀접히 연동되어 발현될 것으로 추정된다. 인공지능에서 지능은 이성적인 판단능력에만 국한하는 것은 아니고 감정적인 느낌을 인지하고 통찰력까지도 포함하는 능력을 의미한다.

인간의 '의식'이란, '자아의식'이란 무엇일까? 이에 대한 논의는 철학, 종교, 정신의학, 뇌 신경 과학 등 각기 다른 학문 분야에 종사하는 사람들이 정의(define)해 보려 하고 있지만, 모두가 동의하는 정의는 아직 받아들여지는 것이 없다. 대낮에 눈으로 '본다'는 것, 자면서 꿈에서 보는 장면, 이러한 '본다'는 지각 상태가 뇌 신경의 어떠한 상태에 해당하는 것인지조차 아직 정확히 모른다. 눈으로 들어오는 빛은 시신경 세포를 자극하여 뇌의 시신경과 연결된 뇌세포를 활성화 시키지만, 어떤 생각에 집중하고 있을 때는 눈앞에 지나간 물체도 인식하지 못한다. 즉 의식이 집중하고 있는 것이 다를 때는 눈, 코, 귀로 들어온 sensor data를 정보로 변환하여 뇌의 장기기억 공간에 기록해 놓지 않는다. 눈으로 객체가 반사한 빛이 들어오는 것과 그 객체가 무엇인지 '인식'할 때 뇌의 어떤 세포가 활성화되는지, 다른 생각을 하고 있을 때는 어떤 뇌세포가 활성화되는지 근래에 조금 더 알려진 바는 있지만 아직은 다 알지 못한다.

생명의 불길이 꺼져가는 환자도 귀로 듣고 이해하고 있으면 '의식이 있다'고 판단한다. 그런 상태에서 뇌 신경의 상태는 어떠한 것인가, 무엇을 우리가 의학적으로, 과학적으로(즉 관찰하고 측정하고 재현할 수 있는) '의식'이라고 할지 아직 잘 모른다. 다만, 의식이 있는 상태에서 인간이 인지하고 이해하는 것이 무엇인지 알 따름이다. 환자 의식이라는 것의 정체성(Identity)은 모르지만, 환자가 표현(Expression)하는 육체적 반응을 의사(doctor)가 인지하면서 의식이 있다고 판단할 뿐이다. 최근에는 말하거나 눈꺼풀을 움직이거나 고개를 흔드는 등의 몸 표현 능력이 전혀 없는 환자의 경우라도 뇌에 부착된 뇌파감지기나 MRI를 통해 뇌세포가 활성화된 상태를 관찰하여 의식이 존재함을 파악하기도 한다.[*]

인공지능– 언어, 종교, 문화

우리가 어떤 생각을 떠올릴 때, 뇌 속에서는 특정한 뇌 신경세포들이 연결된다. 종교 문화권마다 의식, 영혼을 생각할 때 형성되는 뇌 신경망의 연결 상태가 다르고, 심지어 동일한 문화권에서도 개인별로 의식과 영혼을 생각하는 뇌 신경 연결 상태가 다를 것이다.

인공지능이 수행할 역할 중 중요한 것은 인간의 감성 영역을 software 안으로 끌어들이는 일인데, 인간 감성을 인공지능으로 구현하는 것은 의식, 영혼과 같은 것들을 인공지능으로 구현해야 하는 과제를 궁극적으로 만나게 된다. 좀 더 실질적으로 표현하면, 의식/ 영혼을 생각할 때 각 종교 문화권 별로 사람들의 뇌 신경망 연결 구조 전체인 Connectome에서 일어나는 현상을 copy 하는 과제를 풀어내야 한다. 우리가 의학적으로 합의하는 것은 의식이 있는 사람들의 인지 기능이나 판단력을 외부에서 관찰하면서 의식이 있다는 경계선을 정하는 것이다. 영혼이라는 개념도 이와 유사하다. 영혼의 정체성에 대한 논의에서 한 발자국 물러나 보면, 이 개념은 각 인류 집단의 역사적인 종교-문화적 전통의 핵심 정체성 (core identity)을 표현하는 형태와 근접해 있는 뇌 신경망 내의 어떤 연결 상태라는 것을 우리는 인지하고 있다.

'인샬라(신의 뜻대로, 이슬람), 무아(無我, 불교), Oh My GOD(Christian)'

---

[*]　『내가 된다는 것』, 아닐 세스, 흐름출판, 2022

이러한 표현을 자주 사용하며, 이 표현을 할 때 느끼는 감정과 떠오르는 관념이 비슷한 사람들이 동일한 문화권에 속하는 것이다. 때로 이러한 표현은 말과 글로 표현하기 어려운 자리를 부르는 것이다. 우주 창조가 되기 전, Big Bang이 일어나기 전, 물리학의 평행 우주론… 이런 개념들과 '영혼'은 옆자리에 앉아 있고 아마도 '의식'은 그 밑의 가까운 층에 있을 것이다.

인공지능의 좌뇌는 과학을 담는 이성과 논리를 배워가고 나중에는 인간의 이성 능력을 초월하는 능력을 갖추어, 인류가 공통적으로 넓게 사용할 수 있을 것이다. 그러나, 인간 감성을 닮아가는 인공지능의 우뇌는 종교 문화적인 그룹별로 다양한 구조가 공존하게 될 것이다. 21세기를 살아가는 80억 인구의 인간 감성 영역을 다루는 인공지능은 적어도 지구 상의 언어 숫자만큼 다른 차별화된 인공지능 우뇌들이 필요하다고 본다. 인공지능의 서비스를 받는 개인이 스스로 생각하는 생명, 영혼, 영원(Eternity)에 대한 정체성(정의)이 다르고 어떤 문화 언어로 이를 담아 내더라도 종교 문화적 그룹을 넘어서면 그 언어의 의미나 용도가 달라진다. 인공지능이 인간 이성을 대체하는 능력은 각 분야 최고의 지성을 가까운 장래에 넘어설 수 있으나, 감성을 대체하는 것은 종교문화그룹별로 한계가 있을 것이며 문화의 성격이 그러하듯이 시간에 따라 계속 변화할 것이다.

종교적 원리주의가 상당한 세력을 유지하는 문화권에서는 인공지능 감성 기능이 맡을 역할에 제한이 많을 것이고, 교회나 절에 별로 가지 않는 유럽을 비롯한 선진국에서는 인공지능의 감성 기능이 맡는 역할이 더 클 것이다. 역설적이지만, 종교적 믿음이라는 것이 뇌를 차지하는 공간이 작을수록 인간은 더 많은 감성적 흔들림과 불안감을 품게 된다. 사람이 가톨릭 교리(catholic dogma)를 받아들이는 것이 인공지능에서는 어떻게 구현될까? Dogma는 교리라고 해석되기도 하지만 증명이나 논리를 거부하는 독단(獨斷)이라는 뜻을 내포하고 있다. 독단은 남들과 타협하지 않고 굳이 설명하지 않는다는 의미를 내포하고 있다. 과학이나 논리에 담기지 않지만, 인간들이 받아들이는 종교적 믿음, 예를 들자면 스스로 존재하는 신, 부처가 도달한 열반 Nirvana, 도를 통한다는 도통(道通)의 의미가 어떻게 인공지능에 담기는 가에 따라 인간 감성을 포착하고 표현하는 능력 또는 Style이 달라질 것이다. Catholic Priest이자 의사인 medical doctor 이태석 신부는 남수단에서 전도와 교육 의료 봉사활동을 하다 2010년 선종하였다.[*] 인공지능이 이태석 신부와 유사한 이성과 감성을 가진 character를 구현한다면 그 학습 과정은 어떻게 될까? 인공지능이 도달해야 할 가장 어려운 수준의 과제가 될 것이다.

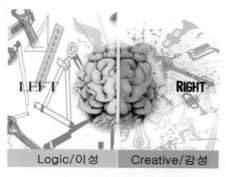

그림 3-15   좌뇌와 우뇌의 역할

- 좌뇌의 이성과 논리, 우뇌의 감성과 창작 능력을 도식화한 그림이다.
  결론적으로 요약하자면, 언어-종교-문화권별로 다른 인공지능 감성 모델이 개발되어 사용될 것이라는 전망이다.

---

[*]   이태석 신부: 울지마 톤즈, 부활/ 불교신자가 본 예수, 서울시정일보 2023.01.18

뇌 신경세포 연결망: Connectome

인체에는 약 1,000억 개가 넘는 신경세포가 있다. 그중 백억 개 정도는 손가락 끝의 감각을 느끼는 신경세포, 눈에 들어오는 빛으로 색을 구별하는 시신경 세포, 혀에 닿는 음식의 맛에 대한 신호를 뇌로 전달하는 미각 신경 세포, 신체의 각 부분의 신경세포에서 오는 신호들을 뇌로 전달하는 척추신경 세포처럼 몸의 구석구석에 퍼져있고, 850억 개는 뇌속에 들어있다고 한다. 이 뇌 신경세포는 서로 연결되어 있는데, 그 연결 synapse 수가 100조 개에 이른다고 한다. 인간의 이성적 판단이나 감성적 느낌은 이러한 몸의 감각세포에서 올라온 신호와 이미 뇌 속에 저장된 정보(기억)를 결합하여 만들어지는 것이다. '만들어진다'라는 표현이 정의하기가 매우 어려운데, 왜냐하면 이 만들어진 것을 '의식'하는, 즉 느끼거나 판단하는 뇌 속에 있는 주체가 무엇인지, 의식한다는 상태가 무엇인지에 대해 정의하기 어렵다. '주체'라는 단어를 등장시키기조차 부담스러운 장면이다. 이 부분은 소위 자아의식이라는 과학적으로 합의되지 않는 영역이니 논외로 한다.

그림 3-16 사람의 뇌:
1,000억 개 Neuron,
100조 개 연결

- 뇌세포는 직경 20cm 정도의 3차원 공간에 있지만, 뇌세포 간 연결(synapse)은 이성, 감성의 변화에 따라 매우 짧은 시간(1/1000초)에도 계속 변한다.

인공지능 시대에 천만 새로운 일자리 만들기

그림 3-16은 인간 뇌세포의 연결을 상징적으로 간략히 나타낸 것이다. 뇌 신경학 neuroscience 연구에 따르면 인간 뇌세포 간의 연결은, synapse라고 칭하는, 수십 년 전에 겪은 일을 기억하는 것처럼 오랫동안 뇌세포 간에 연결되어 있는 것도 있고 매우 짧게, 예를 들자면 천분의 1초에 연결되었다가 연결이 없어지는 것도 있다.

흰색과 검은색 사이를 10단계의 회색으로 구분해 놓고 인공지능이 이 10단계를 다 구분하도록 학습한 후, 어떤 회색을 보고 아주 희미한 3번째 회색이라고 판단했다고 하자. 그리고 사람들에게 10가지의 회색을 보여주어 3번째 회색을 인식하도록 하고, 사람마다 시신경 세포가 다르므로 약간의 느낌 차이는 있겠지만, 3번째 회색을 떠올리도록 하자. 그때 각 사람의 뇌 신경망(Connectome)에서 연결되는 신경조직의 부위는 거의 동일할 것이다. 검은색에 가까운 8번 회색을 인공지능과 사람이 같이 보았다고 하자. 3번과 8번 회색에 상응하는 인공지능의 synapse들과 색맹이 아닌 사람들의 머릿속 대부분의 구성되는 뇌 연결망은 1대 1 매칭이 된다. 인공지능의 이성적 판단이 받아들여지는 것은 그 판단에 상응하는 인간 뇌의 연결망이 있고 대부분의 사람들은 동일한 연결망을 형성하기 때문에 인공지능 판단을 이성적이라고 받아들이는 것이다. 여기서 동일하다는 표현은 사람마다 색을 인식하는 뇌의 연결망이 거의 동일하고, 그 연결망에서 회색을 구분하여 저장하는 연결 또한 거의 비슷하다는 뜻이다. 인공지능의 이성적 판단이란 대부분의 인간 뇌 연결망과 1대 1 대응이 성립할 때 받아들여지는 것이다.

고객서비스 센터에 전화를 건 고객이 새로 산 휴대폰 화면이 자주 깜박거려 매우 화가 난 듯한 목소리로 call center 요원에게 불평을 쏟아냈을 때, 요원마다 그 고객이 어떤 감정 상태인지를 느끼는 감성이 다를 수 있다. 가슴이 두근거리며 공포감을 느낄 수도 있고, 분노를 공감하며 자신도 고객과 감정 동기화가 일어날 수도 있고, 좀 속이 좁은 고객이라고 느낄 수도 있다. 인공지능이 고객이 '화가 나 있다' 라고 표현했다면 그러한 인공지능의 표현을 받아들이는 각 사람들의 뇌 속 신경세포의 연결 상태는 매우 다를 수 있다. 각 사람별로 '화- anger'에 대한 장기적인 기억, 몸에 분포된 신경세포와의 연결 등 모든 것이 다르기 때문이다.

뇌와 장의 연결: AI의 미래 과제

뇌-장축 gut-brain axis이라는 개념이 있다. 뇌 신경망과 소화기관 대장에 있는 박테리아 간의 정보 연결 네트워크를 의미하는 말이다. 인간 몸의 세포 수는 대략 100조 개로 보는데, 인간 대장 속의 박테리아 수도 같은 100조 개로 본다. 대장 속 박테리아는 각각이 독립적인 생명체이고 스스로 복제하며 번식한다. 인간 몸의 모든 세포는 동일한 DNA와 유전자를 가졌지만, 대장 내의 박테리아는 인간과 다른 DNA와 유전자를 가진 스스로 복제가 가능한 독립 생명체이다.

인간이 먹는 음식물은 위가 이를 잘게 부순 다음 장내의 세포가 영양분을 직접 흡수하는 것이 아니고, 장내에 있는 박테리아가 먼저 음식물에서 자신의 생존과 번식에 유용한 유기물을 분해 흡수하고 난 다음의 물질을 인간 장 표면 세포가 흡수하는 것이다. 이때 인간 몸속에 있는 박테리아는 인간과 공존하는 생명체이므로 인간 뇌의 Connectome과 수시로 정보를 주고받는데 이러한 정보의 전달 네트워크를 칭하여 뇌-장축이라 하며 뇌에서 장으로 내려오는 정보보다는 장에서 뇌로 가는 정보가 더 많다고 한다. 각자 독립적인 생명체인 박테리아 또는 박테리아 종류 집단별로 생성하는 정보가 다를 터이고 인간 뇌의 Connectome은 인간 이라는 하나의 생명을 대표하니, 장에서 올라가는 정보가 뇌에서 내려오는 정보보다 더 많은 것이 상식적으로 이해가 간다.

The microbiome is the collection of all microbes, such as bacteria, fungi, viruses, and their genes, that naturally live on our bodies and inside us. Although microbes are so small that they require a microscope to see them, they contribute in big ways to human health and wellness.

- 미국 보건성 NIH

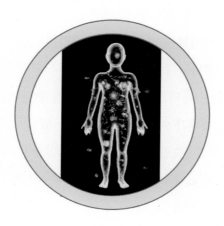

그림 3-17   Microbiome

옛말에 '사촌이 땅을 사면 배가 아프다'든가 큰 정치인의 핵심 비서를 복심(腹心)이라고 부른 것은 다 일리가 있는 말이다. 특정한 감정이란 것은 단지 인간 머리에 있는 뇌세포 간 연결만 아니라 장 속 박테리아가 정보를 전달하는 신경망까지 다 포괄하여 연결된 상태를 의미하는 것이다. 감정은 뇌세포 및 몸의 각종 감각세포 그리고 장 내의 박테리아와 정보를 교류하는 신경세포까지 포괄하여 형성된 특정한 신경세포 및 근육세포의 연결 상태이기 때문에 감정은 몸 전체의 표현 형태를 갖게 된다. 인체에 분포되어 공생하고 있는 박테리아, 곰팡이, 바이러스를 통칭해서 microbiome이라 부르는데 이를 상징적으로 나타낸 그림이 3-17에 있다. Microbiome까지 인체에 같이 있고 이들도 인간 감정에 연동되어 있으니, 인간의 감성, 통찰력을 탐구하는 인공지능 영역은 매우 복잡하다. 분노에 부들부들 몸이 떨린다든지, 시기하여 배가 아프다든지, 고마워서 눈물이 나는 것은 감정의 자연스러운 표현형이 된다. 반면, 바둑을 두거나 영어문장을 해석하는 일은 뇌 속의 신경세포 연결만으로 완결된다. 이성적 판단은 인공지능이 거의 대체 가능하다. 그러나, 감정적인 느낌은 문화권 별로 사람마다 다르기 때문에, 이성적 판단에 비해 인공지능이 배워서 구현하는 형태가 이성과 다른 것이다. 앞으로 수십 년의 시간이 지나 로봇이 인간과 비슷한 감각 센서와 신경망을 갖게 된 후 인간의 감정적인 신경망 연결을, 즉 뇌 신경세포 및 몸 감각기관과 연결된 신경세포의 연결 상태를, 인공지능을 갖춘 로봇이 동일하게 구현한다면 인류 문명은 아주 새로운 세계로 진입할 것이다.

여기서 이야기하고자 하는 것은, 인공지능으로 감성을 정확히 구현하기 위해서는 너무 많은 변수를 다루어야 하며 또한 그 변수들이 언어 문

인공지능 시대에 천만 새로운 일자리 만들기

화권에 따라 달리 작동된다는 것이다. 좀 더 뒤로 물러나서, 지방- 언어-종교 문화적으로 세분화된 인공지능 감성 모델로 구현해야 하는 것이 사용 측면에서 효율적이라는 점이다. 인공지능 감성 지능이 호남/영남 지방 character, 도쿄/오사카 character, Catholic/Islam Character 별로 다른 모델이 있을 때 비로소 해당 인공지능 감성 기능을 사용하는 사용자 군의 만족도가 높아질 것이다. 정치적 선호도까지 감성 지능이 갖춘다면 만족도가 올라갈 수도 있지만, 정치색이나 정치 감각이라는 것이 수시로 변하는 것이라 사용자의 비위를 맞추기가 좀 어려울 것이다.

IV. 인공지능 활용: 2050년 국가 경쟁력

2050년으로 가서, 인공지능의 이성적 능력이 충분히 발달하여 과학기술에서 발휘하는 활약상을 상상해보자. 21세기 인류가 풀어야 할 큰 과제가 있다면, 그것은 에너지 문제, 노화에 따른 뇌 질환의 정복, 지구온난화 문제일 것이다.

Future Scene 3: 안전하고 혁신적인 소형 원자로(SMR)

프로메테우스가 불을 발견한 이후 인류는 자연과 주변 환경에 대한 두려움을 극복하였고, 인류의 문명은 비약적으로 발전했다. 현대문명은 전기에 의존하고 대부분의 전기는 화석연료를 태워 만들지만, 이는 온난화 가스의 문제가 있고, 원자력은 안전과 폐기물 처리의 문제가 있다. 그러나, 우주로 뻗어 나갈 인류의 미래를 생각하면 텅 빈 우주 공간에서 산소가 필요하지 않고 에너지 밀도가 높고 오래 사용할 수 있는 원자력이 인류의 가장 든든한 동반자가 될 것이다.

원자로 안정성과 폐기물 처리 등의 문제점을 해결하기 위한 노력으로

인공지능 시대에 천만 새로운 일자리 만들기

최근 소형 모듈 형 원자로(Small Modular Reactor, SMR)에 대한 연구가 국제적으로 활발하게 진행되고 있다. 소형 원자로가 관심을 끄는 이유는 기술적인 측면에서 안전성이 획기적으로 개선되고 또 사용 후 핵연료 문제도 해결할 수 있으며, 전기 생산뿐 아니라 수소 생산, 선박 추진, 우주선 추진 등 다양한 분야에서 활용될 수 있기 때문이다. 이 소형 원전은 혁신적인 안전성이 확보되기 때문에 도시 가운데 설치되어 장기적 안정적으로 경제적인 에너지원을 제공할 수 있는 장점이 있다. 표 3-1에 대형 원전과 SMR의 특성을 비교해 놓았다. 그림 3-19에 기존 원전과 SMR 원전 크기를 비교해 놓았다.

	SMR	대형 원전
안전성 및 보안	노심 손상 가능성 배제 가능함	원전 안전성 강화를 위해 많은 비용이 들어감
핵연료	우라늄, 토륨, 사용 후 핵연료 등 U235보다 100배 많음	우라늄 U235 (우라늄 중 U235는 5%, 대부분 U238)
규모	투자 규모와 부지가 작음 대형 원전의 1~10%	투자/부지 큼 몇십조 원 단위

표 3-1   대형 원전과 SMR의 특성 비교

이제 소형 원자로 개념 중의 하나로 근래에 관심이 집중되고 있는 용융염 원자로(Molten Salt Reactor) 개발에 AI 기술이 참여한 상황을 살펴보자.

그림 3-18에 토륨을 이용하는 용융염(녹은 소금) 원자로의 핵연료 주

기가 그려져 있다. 토륨 232가 우라늄 233으로 변화하는 과정, 2개 이상의 중성자가 발생하여 이 과정이 지속되는 원리를 보여주고 있다. 토륨은 지각에 우라늄보다 3배 더 많고 천연 광석에 더 높은 비율로 존재는 미래의 에너지원이다. 기존 대형 원전에 비해 SMR은 핵연료가 100배 이상 더 많다는 것이 압도적인 장점이다.

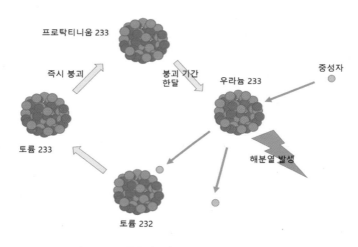

그림 3-18 토륨을 이용하는 용융염 원자로의 핵연료 주기

AI를 이용해 만든 SMR

SMR의 여러 방식 중 가장 상업화 가능성이 높은 용융염 원자로(Molten Salt Reactor, MSR) 개발에 AI가 참여한 상황을 살펴보자. 그림 3-19에서 보듯 SMR은 기존 원전에 비해 매우 작다.

그림 3-20은 우리나라에서 개발되고 있는 용융염 원자로 개념이 도시되어 있다. 용융염 형태로 되어있는 핵연료가 원자로 전체를 채우고 있

다. 2023년에 존재하는 원전과 달리 약 200 Mega Watt 정도까지 외부 전원이 필요한 펌프 없이 원자로를 구동할 수 있다.

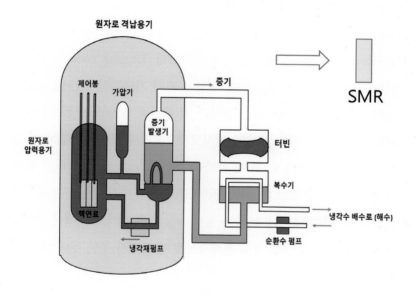

그림 3-19   기존 원자로와 SMR

-넓이로 보면 축구장 크기와 탁구장 크기와 유사하다.

핵연료를 최초 장전하면 30년 동안 연료 교체 없이 계속 운전할 수 있으며 모듈 형으로 만들 수 있기 때문에, LEGO 블록 연결하듯이 연결하면 발전용량을 쉽게 늘릴 수 있다. 하지만 이 기술은 몇 가지 공학적인 문제가 풀려야 이 원전을 상용화할 수 있었다. 2030년, 그 애로 기술들이 AI를 이용해 해결되었다.

가상 원자로 (Virtual Reactor)의 Digital Twin

용융염 원자로를 설계하고 실험하는 데는 비용의 문제도 있지만, 안전성이 더 큰 문제였다. 실험하다 사고가 나면 더 이상 연구와 실험을 계속하기가 어려웠다. 그래서 과학자들은 용융염 원자로와 똑같은 모델을 Cyber 상에 만들어 놓고(Digital Twin of Virtual Reactor) 여기서 모의실험을 하면서 원자로를 설계하기 시작했다. Digital Twin은 실제의 용융염 원자로에서 일어날 수 있는 현상을 과학 기술적인 digital model을 cyberspace에 만들어 놓은 것이다. 문제는 이 모델을 만들 때 사용한 과학기술 원리가 실제 용융염 원자로와 100% 동일하지는 않다는 점이다. 또 다른 문제점은 100%에 가까이 Digital twin을 만들려고 할수록 과학 기술적 이론으로 계산해보아야 할 경우의 수가 너무 천문학적으로 증가한다는 것이다. 경우의 수가 늘어나는 것은 원자로 내에서 일어나는 모든 물리 현상에 대해 아직 과학적으로 밝혀내지 못한 것이 많기 때문이다.

이 부분에서 AI가 결정적인 기여를 하였다. AI는 여러 설계상 고려해야 할 점들을 스스로 수백만 번 계산한 후에 두 가지 원자로 설계 모델을 제시했다. 그러나, 인공지능이 제시한 원자로 설계도를 믿고 실제로 만들어 실증하는데도 많은 비용과 위험이 따랐다. 그런데, AI는 저비용으로 위험이 거의 없이 AI가 설계한 원자로의 신뢰성을 실험할 수 있는 방식을 제시하였다. 실험을 해야만 측정할 수 있는 용융염 SMR 내에서 일어날 수 있는 가장 중요한 용융염 상태의 핵연료의 정확한 움직임 현상과 특정 운전 조건의 핵융합 실험로 고온 플라스마 상태가 과학적으로 연결되어 있으며, 그 연결 관계식을 AI가 제시하고 이것이 옳음을 증명하였다. 핵융합 실험로의 특정 운전 조건으로 고온 플라스마 상태를 측정하고 이 플라스마 상태 값들을 연결식에 넣으면 용융염 SMR 내부 핵연료의 움직임 상황을 계산할 수 있다는 것이다. AI가 주장한 것이 실증으로 증명된다면, AI가 설계한 용융염 원자로에 대한 신뢰도가 매우 올라가게 된다.

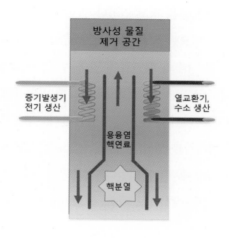

그림 3-20   용융염 SMR 구조 및 용도

과학자들은 핵융합로를 특정 조건으로 운전하여 플라스마 상태 값을 측정하고, 그 상태 값을 연결식에 넣어 용융염 원자로 내의 핵연료 움직임을 계산하였다. 그리고, 이미 5년 전에 만들어 놓은 상업화 하지 못한 용융염 SMR을 운전하여 핵연료의 움직임을 측정하고 계산한 결과와 비교하니 정확히 들어 맞았다. 이 기술을 통해 한 번에 수백억 이상 들여 몇 번이나 건설해야 보아야 하고, 몇십 년이나 더 걸릴지 의문이 들었던 용융염 SMR 설계가 이 Digital Twin AI Simulation에 의해 개발 기간과 비용이 획기적으로 감축되었다.

사용 후 핵연료 이용 용융염 원자로 개발 (Spent Fuel MSR)

핵폐기물 처리는 핵 무기급 핵물질 생산을 방지한 '핵 비확산 조건'을 만족해야 하고 또한, 안전하게 사용 후 핵연료를 처리해야 하는 장애물이 있어 실용화에 어려움을 겪고 있었다. 2040년 AI는 Model-X 용융염에 핵연료 집합체를 넣으면 공용 반응 (Eutectic Reaction)에 의해 500도 이하에서 용융염 형태의 핵연료를 얻을 수 있는 공정을 알아내었다. 이미 용융염 상태로 변한 사용 후 핵연료는 '핵 비확산 조건'을 만족했으며, 사용 후 핵연료 처리의 안전성도 인정받았다. 이제 사용 후 핵연료를 처리하며 동시에 에너지를 생산할 수 있는 Spent Fuel SMR이 실용화되어 인류의 커다란 숙제를 풀게 되었다. 미국의 빌 게이츠 재단과 한국의 H 그룹은 이 기술을 개발한 Dr. Song을 초빙하여 Joint Venture를 설립하였다.

핵분열 및 핵융합에 있어 과학과 기술이 잘 풀지 못하는 문제들은 물질들이 섞여 변화하는 과정 중에 새로 나타났다가 짧은 시간에 없어지는 물질들이 존재하며, 이들의 변화양상을 수식으로 정의하는 것이 매우 어려웠기 때문이다. 이 부분에서 AI가 탁월한 실력을 발휘하였다. AI는 우선 매우 큰 AI parameters(수백 조 내지 수경 개)에 변화가 생긴 상태를 담아두었다가 그 상태를 다시 수학적으로 정의하는 능력을 보여주었다.

SMR의 개발은 조선산업에서 커다란 혁신을 가져왔다. 2020년대 온실가스 규제로 LNG 엔진으로 바뀌어 가던 대형선박 엔진은 소형 SMR로 대체되기 시작하였다. 대한민국 조선사들은 온실가스 배출이 없고 LNG 대비 에너지 가격이 60% 저렴한 소형 SMR 엔진을 세계 최초로 채택하면서, 조선산업의 직접고용 인력이 2020년 5만 명 대비 2035년 30만 명으로 늘어났다. SMR 기반 잠수함은 타의 추종을 불허하는 제품이 되었고 항공기용 초소형 SMR 개발이 착수되었으며, 2050년경 SMR 유관 산업의 직간접 고용인력은 100만 명이 넘을 것으로 기대되었다.

Future Scene 4: 뇌 신경 치료제 개발

인간 뇌에서 발견되는 치매, 파킨슨 등 뇌 신경질환은 뇌세포 자체가 정상상태에서 벗어나 있거나 뇌세포에 대사물질을 전달하는 체계가 정상상태를 벗어나면서 생기는 질환이다.

지난 50년간 뇌 신경질환 치료는 뇌에 쌓이는 베타아밀로이드 단백질이 뇌세포 기능을 정지시키면서 발생한다는 것을 알고 이 베타아밀로이드의 농도를 줄이는 연구에 매진해 왔다. 베타아밀로이드 외에도 뇌 신경 손상에 악영향을 미치는 다른 물질에 관한 연구도 진행되었는데, 2015년경에는 타우 단백질이 베타아밀로이드보다 더 심각한 영향을 끼친다는 것이 밝혀졌다. 한편, 최근에 타우와 베타아밀로이드의 농도 감소와 관련하여 밝혀진 또 다른 과학적 사실은 숙면이 깊이 관련된다는 것이다. 타우, 베타아밀로이드는 인체의 모든 세포가 정상적인 활동을 하는 사이에 생성되는 물질로서 정상인의 뇌에서는 생성되었다가 다시 감소하면서 일정한 농도가 유지된다. 그런데, 정상인의 숙면을 방해하여 숙면에 들지 못하게 하니 뇌 속의 두 단백질의 농도가 매우 높아지는 것이 관찰되었다. 숙면하는 시간에 뇌세포가 두 단백질을 분해하여 적절한 농도를 유지하는 것이었다.

뇌세포를 자세히 관찰하는 과정에서, 뇌세포 내 Mitochondria 속에 수십 개 이상 존재하는 작은 기관인 Lysosome이 두 단백질 분해에 관여한다는 것과 Lysosome이 망가지면서 베타아밀로이드와 타우 단백질의 농도가 치솟는 것을 발견하였다. Lysosome의 두 단백질 청소 작업과 Lysosome의 건강한 생존활동에서 아연(Zinc)이 가장 중요한 역할을 한다는 것을 규명한 것은 Yoon 교수의 탁월한 업적이었다. 오랜 기간 뇌 신경학 분야에서 일해온 Yoon 교수는 최근 몇 가지 뇌 신경치료물질을 만들어내어 치매 파킨슨 증상이 있는 동물 뇌세포의 Lysosome를 복구하여 질병을 치료하여 매우 놀라운 연구를 수행하였다. Yoon 교수의 연구 이후, 다른 연구자들에 의해 몇 가지의 Lysosome 치료물질들이 학계에 보고되었는데 모두 Zinc를 이용한 물질들이었다.

Lysosome의 치료물질은 추가로 여러 가지가 밝혀졌으나, 가장 어려운 점은 이 물질들을 뇌세포에 전달하는 방법이었다. 뇌에 분포되어있는 혈관에는 Blood Brain Barrier(BBB)라는 생체 작용이 존재하는데, 이는 뇌세포를 외부물질로부터 방어하는데 아주 효율적으로 작동한다. 외부침입 박테리아, 바이러스는 물론 음식을 흡수하는 과정에서 유입된 물질들도 어느 정도 큰 분자는 BBB를 통과하지 못하였다. 인체 내에서 만들어진 아미노산이 여러 개 결합된 복잡한 큰 단백질은 BBB를 통과하지 못했다. 2020년까지 발견된 치료물질 중 그 어느 것도 동물실험에서조차 BBB를 통과하지 못했다.

인공지능 시대에 천만 새로운 일자리 만들기

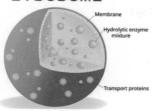
LYSOSOME
Membrane
Hydrolytic enzyme mixture
Transport proteins

미토콘드리아

그림 3-21 Lysosome& Mitochondria

그때까지 발견된 모든 치료물질은 시험관에서 세포 치료에 성공한 후, 동물의 뇌혈관에 직접 치료물질을 주입하는 방식으로 효과를 증명했다. 이러한 방식은 인체에는 적용 불가능한 것이었다. 몸체 혈관에 주사하거나 입으로 복용하여 인체 뇌의 BBB를 통과해야만 치료 약으로 상품화가 가능한 것이었다.

제약회사 A는 Yoon 교수와 제자가 2020년 초에 만든 start up이다. 여기서 동물실험에서 BBB를 통과하면서 치료물질을 뇌에 전달하는 새로운 전달 물질을 발견하였다. 이 물질은 인체 내에서는 만들어지지 않는 아미노산 3개의 결합인데(peptide) 곤충류의 몸에서는 흔히 발견되는 물질이었다. 이 물질과 Zinc 기반 치료물질을 결합한 물질이 Zinc P3이다. 이 Zinc P3 lysosome 치료제를 여러 종류의 동물에 혈관주사와 먹이로 제공하여 망가진 lysosome 치료에 탁월한 효과를 보였다. 동물실험을 통과한 후 임상 실험에 돌입하였다. 그러나 1차 임상에서 일부 실험 환자에서 신장(Kidney) 부작용이 의심되었다. 부작용 환자군에는 성별,

나이, 질병 이력에서 뚜렷한 공통점을 발견할 수 없었다. 다만, 부작용이 나이가 젊을수록 뚜렷이 나타나고 노령층은 부작용이 나타나기는 하되 그 정도가 미미하였다.

　연구는 벽에 부딪혔다. 제약회사 A는 AGI 지능 시스템인 Integrated Master Intelligence(IMI)에 이 문제에 대한 해결책을 등록했다. IMI는 그동안 동물실험 및 임상 실험한 모든 데이터와 함께 임상 실험 참가자의 DNA 정보를 요구하였다. 제약회사 A는 신장 부작용이 나타난 참가자를 포함한 모든 임상 실험 참가자 300명의 DNA를 분석하여 IMI에 입력하였다. 1주일 후 IMI는 모든 참가자들에게 질병 유발을 하지 않는 Virus A에 노출시키고 난 후 24시간~48시간 이내에 혈액을 채취해서 T 세포를 분리하고 이 T 세포와 Zinc P3와의 시험관 내 반응 결과를 관찰하라고 하였다. 상상해보지 못한 결과를 보게 되었다. 신장 부작용을 일으킨 환자들의 T 세포와 Virus A는 서로 반응하여 protein H를 만들어내는데, 이 Protein H와 Zinc P3는 반응하여 메틸기가 붙어있는 Zinc P3-1을 만들어내고 이것이 신장의 사구체 조직을 파괴하는 것이었다. 부작용을 일으키는 실험참가자들은 공통적으로 T 세포에 7521번 유전자를 갖고 있었고(인체 20,000개 유전자 중 하나) 이 유전자가 생성한 단백질이 Zinc P3와 반응한다는 것을 제약회사 A 연구자들은 알게 되었다.

　Protein H는 T 세포 중 7521유전자가 있는 경우에만 만들어지는 단백질인데 여러 가지 생성 경로가 있지만 Virus A와 반응하는 경우 생성 반응이 매우 빠르게 일어나는 것이었다.

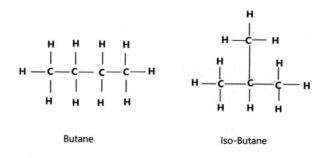

Butane   Iso-Butane

그림 3-22 부탄 이성질체 Isomer

그동안 실험결과를 IMI에 입력하고 7521 유전자가 있는 경우 어떻게 Zinc P3-1의 생성을 억제할지를 물었다. 결과는 사흘 만에 나왔다. Zinc P3를 만들 때 사용하는 곤충에서 추출한 Peptide의 결합구조를 변경한 Isomer(분자 구성 원자는 동일하지만 3차원 결합 형상이 다른 물질)를 사용하라는 것이었다. 다시 Isomer Peptide를 만들고, Zinc P3-#를 만들어서 시험관부터 동물실험 혈관주사 먹이 투입과정을 반복하였다. 물론 결과는 좋았다. Zinc P3-#으로 다시 인체 임상 실험을 시행하였다.

Wow! 놀랍도록 대대적인 성공이었다. 아주 미약한 용량(dose)을 투입했음에도 모든 파킨슨, 알츠하이머 환자들에게서 증상 호전을 관찰할 수 있었다. 도대체 누가 실험을 기획하고 누가 과학적 진보를 이룬 것인가? 사람인가, 인공지능인가? 공동의 작품이기는 하지만 한 걸음 더 나가면 인공지능만으로도 연구가 진행될 수도 있다. 경이적이지만 두려운 결과였다.

Virus와 T 세포 간의 반응을 연구하는 분야에서는 이미 수십만 가지의 실험결과가 IMI에 입력되어 있었고, Virus DNA - Human DNA - mRNA - Protein의 상호 작용은 수백만 case가 AI Model로 IMI에 학습되어 있었다. 이 모든 Case를 인간이 암기하고 다양한 연관관계를 통찰하는 것은 자신의 DNA를 이루는 4가지 염기(A, C, G, T) 30억 쌍의 구조를 외우는 것보다 더 어려운 일이다.

그리고 이러한 반응이 새로운 ZInc P3와 반응하여 생길 결과를 짐작하는 것은 인간 이성으로는 불가능했다. 인간 뇌세포 간 연결 synapse 100조 개보다 100만 배 큰 1해(10의 18승)의 synapse를 갖고 있는 IMI에게는 가능한 일이었다.

Future Scene 5: Level 5 Access

2050년, 대한민국의 S 그룹은 세계적으로 손꼽히는 Intelligent Master Intelligence(IMI)를 보유하고 있다. 이 AI는 1억 개의 인공지능 로봇과 연동할 수 있으며, 500만 개의 인공지능 로봇과는 동시에 연동하여 실시간 업무를 수행할 수 있다. 인공지능 파라미터(인간 뇌의 synapse에 해당)는 1해(垓) 개이고 이것은 인간 뇌 최대 synapse 100조 개의 100만 배에 해당한다. 말하자면 사람 100만 개의 두뇌를 한 번에 연동하여 동작하는 것이다. IMI를 담고 있는 Cloud Center는 여의도에 있는 63빌딩 5개(63-1, 2, 3, 4, 5)를 합한 정도의 크기이다.

IMI는 5단계의 서비스를 제공한다. Level 1 에서는 인공지능과 음성 또는 text로 50가지 언어로 대화가 가능하며, 그림을 그리거나 음악을 작곡하거나 하는 예술적이 취미도 가능하다. 일상생활에서 일어나는 대화, 정보 취득, 쇼핑 지원 등은 이 레벨에서 이루어지며, 인간과 인공지능

인공지능 시대에 천만 새로운 일자리 만들기

의 교류에 법적 윤리적 제한이 있다. Level 2는 이성적 판단에 의한 업무인 회계, 법률, 의료 서비스, 통상적인 엔지니어링 업무 등을 인공지능이 지원하거나 직접 대행한다. Level 3, 4는 Medical, Engineering, Science 분야 연구자들의 제품개발과 과학적 발견을 지원하는 역할을 한다.

Level 5의 인공지능은, 인공지능 사용에 있어 사회적 제한(윤리, 법)을 거의 최소화하고, 인간 지성의 모든 정보가 학습되어 있고, 지구 모든 동물 생명체의 뇌 연결 구조(Connectome)가 구현되어 있다. 과학/기술과 관련된 모든 새로운 발견이 실시간으로 학습되는 수준의 지능이다. 이 지능은 제한적인 사용자들에게만 공개된다. 사용조건 또한 고객과 상황에 따라 달리 설정된다.

중동에 있는 Y 정부로부터 90일간 Level 5 사용 요구가 들어왔다. 자신들이 입력한 모든 내용은 지워져야 하고, IMI는 유무선 네트워크와 완전히 차단된 상태여야 하고 자신들이 파견한 100명의 요원이 상주할 철저한 보안이 보장된 공간을 제공해달라는 것이었다. S 그룹은 3개월 기본 사용료 10 billion $ 요금과 매30일 연장 시 2 billion $를 요구하였다. 최대 사용 기간은 12개월로 제시했다. 중동 Y 정부는 제안을 받아들였다. S 그룹은 63-3빌딩에 있는 Level 5의 인공지능 System(software + hardware) 복사본을 만들어서 63-5 building에 구현하여 Y 정부에 제공하였다. Y 정부는 사용이 끝난 후 인공지능 System으로 사용된 Hardware 부분인 Neural Processing Unit 1백만 개의 구성도(configuration)와 인공지능 파라미터값을 10 zetta byte (10의 21승, Tera byte의 10억 배) Storage에 담아줄 것을 요구하였다. 서비스가 종

193

료되고 난 후 63-5 building 내 진화된 인공지능은 있으나(파라미터값은 알 수 있으나) 연구 중 사용된 모든 data는 삭제되는 것이 계약조건이었다. 이 서비스에는 별도의 500 million $ 비용이 추가되었다. Y 정부는 Level 5를 7개월 사용하였다.

S 그룹은 Y 정부의 사용이 끝나 63-5빌딩에 있는 인공지능이 어떻게 진화되었는지 궁금하였다. 인공지능 파라미터가 63-3와 63-5 사이에 무엇이 다른지는 비교해 볼 수 있으나, 이것이 어떤 연구에 쓰여 어떤 해답을 주었는지는 알 길이 없었다. 해답은 일 년 반이 지난 후 Y 정부가 주도하는 합작회사 투자 제안 내에 있었다. Y 정부의 국부펀드와 중국의 전력 공사는 합작으로 YC-Carbon이라는 회사를 설립하는데, S 그룹도 설립 시 10% 지분 참여하라는 초청장이었다. 지분 투자금액은 5 billion $였다.

YC-Carbon사는 대기 중의 온실가스인 탄소화합물(CO_2, CH_4 등)을 포집하고(Carbon Capture) 이를 재가공하여 산업용으로 판매하는 사업체이다. 그런데, 놀라운 것은 CO_2 가스 1ton을 포집하는 과정과 처리하는 과정을 동시에 수행하는 비용이 30$이며, 2년 내 이 비용은 10$ 선으로 낮추어진다는 것이었다. 기존의 CO_2 가스 포집 보상금만 해도 1,000$를 훨씬 상회하니, 상당한 수익성이 보장되는 사업이었다.

여기서 온실가스 감축과 관련한 CCUS에 대해 간략히 알아보자.

CCUS

Carbon Capture- Utilization- Storage 줄인 말이다. 온실가스는 홍수, 가뭄, 더위, 추위, 태풍, 해수면 상승 등 이상 기상현상을 유발한다. 이러한 온실가스를 포집하여 유용한 물질로 변화시키거나 저장하는 것을 CCUS라 한다. 기후변화는 먼저 식량 생산에 지대한 영향을 미치고 궁극적으로는 인류의 생존에 위협이 될 것으로 예측되고 있다. 온실가스 효과에 가장 큰 영향을 미치는 것이 CO_2인데 이것을 대기 중에서 포집하는 과정을 Carbon Capture라 부른다. 온실가스에는 CO_2 이외에 메탄 CH_4 등 Carbon을 주성분으로 하는 여러 가지 가스들이 있기 때문에 이러한 모든 온실가스 포집을 Carbon Capture라 부른다. 온실가스의 대부분이 이산화탄소이기에 Carbon Capture는 주로 이산화탄소 포집을 의미한다. 이러한 이산화탄소를 포집한 후 이것을 산업에서 사용할 수 있는 일산화탄소나 알코올 등 여러 탄소화합물로 변화시켜 사용하는 과정을 Carbon Utilization이라 한다. 현재는 이러한 Utilization 과정이 비용이 상당히 들어 온실가스를 그대로 해저 유전의 비어있는 공간이나 육상 광산, 유전의 비어있는 공간에 저장하는 것을 Carbon Storage라고 한다. Storage가 Utilization보다 저렴하기는 하나, 현재의 Carbon Storage 방식은 지진 등으로 지각에 균열이 생기면 바닷속 유전의 빈 공간이나 육상의 광산 공간에서 언젠가는 다시 공기 중으로 CO_2가 새어 나올 것이라는 우려도 있다.

2023년까지 개발된 CCUS 해법들은 배보다 배꼽이 더 크다는 문제점을 갖고 있다. CCUS 과정에서 쓰이는 물질이나 전기에너지를 생산하는 과정에서 발생하는 CO_2가 대기 중에서 포집하여 처리하는 CO_2보다 많다는 것이며, 또한 이 CCUS 과정에서 발생하는 비용이 크다는 것이다. 이 비용으로 탄소를 배출하는 자동차를 전기자동차로 바꾼다든지, 태양력이나 풍력 발전소를 짓는 것으로 대체하면 원천적으로 탄소 발생이 줄어들어 CCUS보다 대기 중 CO_2를 줄이는 데는 더 경제적이다. 자연력을 이용한 이런 전기 발전을 green energy라고 하는데 석탄이나 가스 발전 대비 전기생산비는 비싸나 운영과정에서 발생하는 탄소가 없다. 그린에너지에 대한 투자를 늘리고 있지만, 그렇다고 지금 대기 중에 있는 탄소를 방치하면 기후변화 문제는 계속되며, 탄소 발생을 모두 막을 수는 없으니 CCUS 활동은 계속해야 하는 것이다.

2023년 기준으로 CO_2 1ton을 포집하고 이를 바닷속 유전의 빈공간에 넣는데 들어가는 비용이 2~3,000\$ 정도가 든다. 석탄화력발전소를 태양력발전소로 대체해서 이산화탄소 발생을 억제하는 것과 비교하면 너무 비싼 비용이다. 새로운 과학기술을 개발하여 대기 중 1ton의 이산화탄소를 포집하여 원천적으로 제거하는데 100\$ 이하로 가능하게 한다면 인류의 큰 문제를 푸는 것이요, 인류 문명 생존의 문제를 푸는 것이니 노벨상 수십 개 정도 받을 만한 업적이 될 것이다. 인류가 생존해야 노벨상을 줄 사람도 있고 받을 사람도 있을 것이 아닌가? CCUS에서 보듯이 인공지능의 과학기술에 대한 활용은 아무리 강조해도 지나치지 않다.

S 그룹은 지분을 참여하였다. 지분 참여 후 알게 된 사실은 Y 정부는 S 그룹의 IMI를 이용하여 공기 중 탄소화합물(주로 CO_2와 CH_4)을 포집하는 방법을 개발한 것이었다. 탄소나노튜브(Carbon Nano Tube)를 촉매로 사용하여 공기 중의 CO_2와 CH_4가 탄소나노튜브와 결합하게 한 후 이 화합물을 침전시켜서 공기 중 주요 온실가스를 걸러낸 것이었다. 탄소

인공지능 시대에 천만 새로운 일자리 만들기

나노튜브는 재활용함으로써 전체 공정의 비용을 획기적으로 줄였다. 이 연구를 S 그룹 IMI와 진행하게 된 것은 S 그룹이 다양한 탄소나노튜브와 그래핀을 응용한 소재를 개발해 왔으며 탄소나노튜브와 다양한 탄소화합물의 결합 방식에 대한 연구결과가 S 그룹 IMI에 반영되어 있다는 것을 알고 있었기 때문이었다. 한편, S 그룹과 공동연구를 한 S 대학의 Lee 교수는 금속 촉매를 이용한 CO2 변환 연구를 진행해 왔는데, 금속 촉매를 이용하여 상온 조건에서 CO2를 C와 O2로 분리하였다.

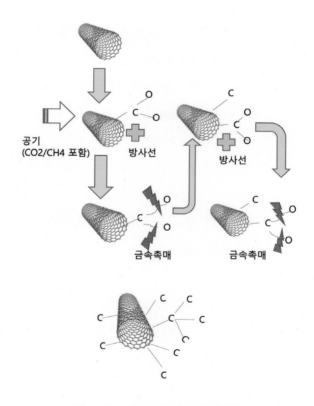

그림 3-23　Bamboo Root CNT 생성과정

Y 정부가 먼저 해결한 것은 CO_2의 포집이었다. 여기에는 한국원자력연구소와 IBM Watson 연구소 출신 Dr. Oh가 함께 수행한 방사선에 노출된 특정 금속이 내놓는 전자가 CO_2/CH_4와 반응하여 이들이 탄소나노튜브와 결합하도록 하는 과정을 밝힌 연구가 결정적 기여를 하였다. CO_2/CH_4와 탄소나노튜브의 결합은 순조롭게 진행되었으나, 여기서 다시 탄소나노튜브를 분리하여 재활용하는 것은 매우 어려웠다.

탄소나노튜브의 값이 CO_2 제거 보상비의 수만 배라 탄소나노튜브가 재활용되어야만 이 공정이 경제성을 가질 수 있었다. Y 정부는 Lee 교수의 연구를 기반으로 $CNT+CO_2$에서 O_2를 분리를 시도하였다. CNT+C 구조물 재활용 가능성이 있다고 보았기 때문이다. CNT에 붙은 탄소화합물 중 산소와 수소만 선택적으로 분리가 가능해지면서 탄소나노튜브의 양 끝이 마치 대나무 뿌리(Bamboo Root)처럼 자라는 신물질을 만들어냈다. 이 물질은 다시 재활용되면서 CNT 원재료보다 더 높은 CO_2/CH_4 결합 성능을 보여주었다. 그림 3-35는 이 반응 과정과 Bamboo Root CNT를 보여준다.

수개월에 걸쳐 Y 정부와 중국연구진은 IMI를 이용하여 Bamboo Root CNT(Carbon Nano Tube)를 만들어 재활용하며 탄소 포집과 변환에 산업적인 의미가 있는 성공을 거두었다. 중국 과학자들은 Lee 교수의 연구결과를 참조하여, 특수 금속으로 만들어진 방사선 반응 금속방(RIMC: Radio Interactive Metallic Chamber)에 핵 폐연료봉의 방사선 에너지를 이용하여 금속 촉매를 저렴하게 만들어내었다. 방사선량과 RIMC 내 반응, RIMC 구성 금속 물질의 선택, 방사선 에너지 조절, RIMC의 3차원 구조적인 설계 등에 대한 천문학적인 경우의 수를 IMI가 계산해주었다. 그 결과, CNT의 말단에 CO2/CH4가 결합하게 되었고 결합된 CNT는 쉽게 침전시킨 후, 여기서 O/H를 분리하고, Bamboo Root CNT는 재활용한 것이다.

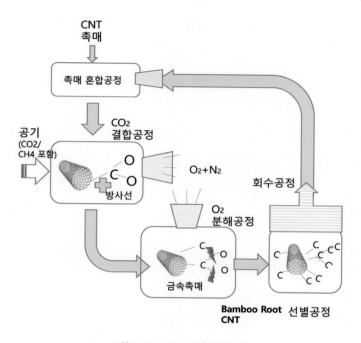

그림 3-24　CO2 포집-분해 공정

이러한 반응으로 공기 중 CO2/CH4를 걸러내는 비용은 매우 저렴해졌다. 이 신 물질을 탄소 포집과 탄소 변환 공정에 재투입하면 탄소 포집과 탄소 변환 효율이 점차 올라가 CO2 1ton당 30$라는 획기적인 경제성을 만들어 낸 것이다. 핵 폐연료봉은 처리에 비용이 드는 애물단지였으나, 이 연구로 산업적으로 유용한 물질로 각광받게 되었다.

YC-Carbon사는 S 그룹, Lee 교수, Dr. Oh의 특허가 필요했기 때문에 전략적으로 S 그룹 IMI를 사용하였고, Dr. Oh와 Lee 교수는 YC-Carbon의 상임고문으로 초빙되었다. YC-Carbon의 회사명은 S 그룹이 합류한 후 YCS-Clean으로 사명을 바꾸었다. YCS는 원자력발전소 근처에 온실가스 Filtering 공장을 짓기 시작하였다. 원자력발전소의 전기와 핵연료봉을 이용하여 CO_2 10억 톤/년 처리 시설을 성공적으로 2년 운영 후, 석탄/LNG 발전소에 공급할 것을 계획하고 있다.

2050년 YCS-Clean이 2년 안에 상장되면 세계에서 3번째 안에 드는 Market Capitalization을 갖게 될 것으로 전망되었으며, 회사의 가치는 당시 대한민국 GDP의 3배를 상회할 것으로 예측되었다. 그림 3-24는 CO_2를 포집하고 O_2를 분리하는 공정 및 CNT 재활용공정을 보여주고 있다.

인간 이성 지능의 친구 인공지능

1687년 발간된 자연철학의 수학적 원리(프린키피아, 'Principia')는 고전역학과 만유인력의 기본 바탕을 제시하며, 과학사에서 영향력 있는 저서 중의 하나로 꼽힌다. 이 저서에서 뉴턴은 다음 3세기 동안 우주의 과학적 해석 관점에서 절대적이었던 만유인력과 3가지의 뉴턴 운동법칙을 저술했다. 뉴턴은 케플러의 행성 운동법칙과 그의 중력 이론 사이의 지속성을 증명하는 방법으로 지구와 천체 위의 물체들의 운동을 증명함으로써, 태양중심설에 대한 마지막 의문점들을 제거하고 과학 혁명을 발달시켰다.

그리고 228년 후, 일반상대성 이론이* 발표되었다.

인공지능 시대에 천만 새로운 일자리 만들기

두 이론이 나온 시간의 차이는 230년 정도이다. 인간 1세대를 20년으로 보면 11세대가 흐른 시간이었다. 지질, 진화, 생물학에서 밝혀진 바에 의하면 11세대 사이에 인간 뇌 용량이나 구조의 변화는 일어나지 않는다. 즉, 1687년이나 1915년이나 생물학적으로 같은 뇌를 이용하여 매우 높은 수준의 과학적 진보를 이룬 것이다. 물론 228년 사이에 발표된 새로운 과학지식을 습득하기 위해 아인슈타인의 뇌세포 간 연결 synapse는 변화되었을 것이다. 이러한 과학적 진보를 이룬 뇌의 학습방식을 인공지능이 배워서 다시 228년 후인 2023+228= 2251년에 인류가 도달할 가능성이 있는 과학기술의 진보를 앞으로 27년 후인 2050년에 내놓는다 할지라도 그리 놀랄 일은 아니다.

인간 뇌의 작동방식이 자연의 운행 원리를 알아내는데 최고라는 보장은 없으니, 인공지능이 인간 뇌의 작동방식을 배우고 난 후 인간 뇌 작동방식보다 더 효율적인 방식으로 인간과 함께 과학기술의 진보를 이끌어 갈 가능성에 대해, 우리는 받아들일 마음을 갖고 있어야 한다.

V. AI 경쟁 미래

AI 경쟁: 2023 & 가까운 미래

먼 미래에 인공지능이 산업과 삶에 어떠한 변화를 가져올지는 Science Fiction 영화들을 보면 이해하기 쉽다. 〈Star Wars(1977년 작)〉, 〈Terminator(1984년 작)〉를 시작으로 〈The Matrix(1999년 작)〉, 〈I, Robot (2004년 작)〉, 〈Her (2013년 작)〉 등을 보면, 인간의 지능과 감성을 가진 인공지능이 인류와 어떻게 공생할지 또 어떠한 위험들을 감수하고 컨트롤해야 할지 상상력으로 보여준다.

물론, 이런 미래가 언제 어떻게 다가올지는 아직 미지수이다. 1956년 Dartmouth Conference에서 인공지능에 관한 학문이 시작된 것을 고려하면, 먼 미래의 얘기 같지만, BERT, GPT, AlphaGo, Style GAN, Transformer, Chat GPT 등 근 10년간 인공지능의 발전을 고려하면, 위에 거론된 미래가 앞으로 20~30년 이내에 도래할 수 있다고 하여도 과언이 아니다.

그렇다면, 과연 어디서부터 무엇이 가장 먼저 변하기 시작할까? 인

인공지능 시대에 천만 새로운 일자리 만들기

공지능 업계에서 2000년대 초반까지는 Blue Collar- White Collar- Creative Jobs 순으로 변화가 일어날 것으로 예측했다. 인공지능이 기존 Software가 진보된 버전이라고 생각한다면, 비교적 쉽게 배워서 대체하기 쉬운 인간의 이성 지능을 먼저 대체하리라고 예측했다. 최근 20년간 Customer Service, Transportation, Manufacturing, Agriculture 등의 분야에서 인공지능이 인간 노동을 대체 및 지원하는 것을 보면 해당 예측은 맞는 듯 보였다. 그러나, Open AI의 DALL-E와 Chat GPT 의 도래 이후, 인공지능 업계의 예측은 변화하기 시작했다. 육체노동이 아니라 Creative Jobs- White Collar- Blue Collar 순으로 변화가 일어날 것으로 보기 시작했다는 것이다. 2016년 Kizuna AI가 가상 유튜버로 활동하기 시작했고 2018년 인공지능이 미술대회에서 사람을 이기기 시작했으며, 2022년 Chat GPT를 사용해 블로그, 이메일, 마케팅 콘텐츠를 생산하기 시작하고 2023년 마이크로소프트의 Copilot을 사용해 Word, PPT, Excel 콘텐츠를 제작/수정하기 시작했다는 점 등의 사례들은 White Collar 일자리의 감소 주장을 뒷받침한다. 이에 따라, Creative Job을 대체/지원하는 Generative AI 산업이 큰 각광을 받기 시작하였다.

이러한 변화가 일어난 이유는 인공지능 업계에서 확률과 규제를 빗겨 나갔기 때문이다. 인공지능은 Input과 Output의 관계를 표현하는 가장 근사한 함수를 찾고 해당 함수를 이용하는 것이기 때문에, 에러가 일어날 확률이 0%보다 클 수밖에 없다. 대게 Blue Collar Job들은 established된 산업에 있으며, 해당 산업들은 규제가 많아 인공지능의 에러가 용납되지 않는 경우가 허다하다. 또한, 인간의 지능으로 인공지능의 해당 에러 사유를 완벽하게 설명하기 어려워, 에러-실수에 대한 허용치가 아주 작은 제품이나 서비스를 생산하는 기업 내 각 책임자인 White Collar들은 인공지능 도입을 통해 발생하는 리스크들을 감수하기가 부담스럽다. 반면, Creative Jobs는 규제가 적은 개인의 영역인 경우가 많다. 또한, 인공지능의 다양한 지성을 포괄하는 능력과 computation power를 고려하면 인간의 창의성(정의: 새로우면서 적합한 것을 도출해내는 특성)을 뛰어넘을 수밖에 없다. 현재 NLP (Natural Language Processing)와 CV (Computer Vision) 영역의 발전을 보면, Generative AI의 발전은 가속화되고 있다 (예: Chat GPT 4.0). 이제는 특별한 재능이 없더라도 인공지능을 통해 쉽게 창작 활동을 영위할 수 있으며, 향후 10년 이내에 창작자들(웹툰- 드라마 작가, 예술가, 작곡가, 안무가, 포토그래퍼 등)의 수는 기하급수적으로 증가할 것으로 보이며 해당 생태계 또한 다변할 것으로 보인다. 창작 활동이 개인의 평범한 일상이 될 수 있으나 그것이 개인 수입(income)으로 어떻게 이어질지는 미지수이다. 인공지능은 언어, 문자 및 그림에 대한 이해 및 생산 능력이 요구되는 서비스직들(고객센터, therapist, 의사, 변호사 등)을 대체하기 시작하는데, 각 업종별로 Data/ Information이 digital화 되는 속도에 비례하여 일자리는 인공지능으로 더욱 많이 대체될 것이다.

이 모든 변화의 축에는 지정학의 역할이 크게 작용할 것으로 보인다. 반도체 산업의 역사에서 보이듯, 국가들은 competitive advantage를 이용하여 인공지능 산업 발전에 기여하며 시장의 포지션을 가져갈 것이다. 특히, 데이터의 양과 질이 인공지능의 performance를 좌지우지하는 현시점에서는, 중국의 영향력이 상당할 수 있으나(예: 인간 대화를 이해/

생산하는 NLP 기술력, face recognition), 현재 미국의 반도체 제재가
큰 변수로 작용할 것으로 보인다.

AI 경쟁: 먼 미래– 지나간 40년, 다가올 40년

1980년에서 2000년에 이르는 기간은 'Digital 연결망 구축(Digital
Network Drive) 시대'로 볼 수 있다. 100년 전인 1920년대부터 20년간
미국과 유럽에서는 고속도로 보급이 사회 인프라 건설의 핵심이었다. 아
돌프 히틀러는 독일에 고속도로를 보급하면서 산업 전반의 생산성을 올
렸고, 고속도로가 보급되자 미국과 유럽의 자동차 산업은 본격적인 성장
기로 접어들면서 중화학공업의 융성을 가져왔다. 1960년대 후반에 이르
러 비로소 대한민국에서 경부고속도로를 건설한 것은 시간적으로는 서
구와 40년의 차이가 있지만, 산업화의 첫걸음으로 필수불가결한 선택이
었다.

1, 2차 산업혁명의 기본 Infrastructure가 고속도로였다면, 3차 산업
혁명의 기본 인프라는 Digital Network이다. 자동차를 이용한 사람들
간의 face to face 만남은 정보기기의 발달과 더불어 통신을 통한 만남
으로 이어졌다. 1980년 이전의 통신 network는 유선 전화망과 cable
TV 망이 대부분이었다. 물론 IBM mainframe computer가 기업에 보
급되어 Mainframe과 dummy terminal 사이에 network가 존재하
기는 했지만, 이것은 전화망에 비하면 미미한 것이었다. 1980년대 중
반에 들어서서 Personal Computer가 기업에 대량 보급되면서 기업과
공공기관에서 Local Area Network(LAN)가 보급되기 시작했으나 이
network는 기업 사무 공간에 머무르는 수준이었는데, 가정에 보급된

PC가 범사회적인(Social wide, Nationwide) 통신 연결 수요를 창출하면서 전화망 PC Modem을 기반으로 대규모 digital data network가 모습을 드러내게 되었다. 유선전화의 대중화는 전화기를 붙잡고 한 시간 이상 통화하는 여성들이 주도했고, PC Modem network 확대는 PC에서 game을 하는 청소년층이 수요의 주도자였다. PC Modem network는 초고속 유선 인터넷망과 무선 5G network의 보급을 이끈다. 2000년 전후에 시가총액이 가장 큰 회사가 미국의 CISCO인 점이 이 시대 산업 헤게모니가 어디에 있었는지를 잘 말해주고 있다. 2000년 이전 80년간을 돌아보면, Entertainment와 사람 간의 대화가 언제나 서비스 시장의 진화를 이끌어내는 주요 변수(Main Driver)라는 것을 알 수 있다. 사람에게 가장 궁금하고 재미있는 것은 다른 사람들의 느낌과 생각인 것이다. SNS, AI 시대에도 그러할 것이다.

이러한 정보통신(infrastructure) 발달 경로 위에 인터넷이 등장하여 정보혁명을 가져왔다. 2000년에서 2020년에 이르는 시기에 나타난 모든 변화의 중심에는 '공짜 정보(Information Price becomes Zero.) 시대'라는 큰 흐름이 있었다. 정보를 얻는데 드는 비용이 zero로 수렴했고 정보를 획득하는데 드는 시간과 노력이 zero가 되었다. 2000년 이전에는 비즈니스에 필요한 또는 실생활에 필요한 정보를 얻기 위해 시간이 들었고, 상품가격과 판매 조건이 파는 곳마다 다른 것을 당연히 받아들였었다. 공짜 정보가 생활과 경제를 얼마나 바꾸었는지 80년대와 90년대 경제활동을 해본 사람들은 알지만, 2000년 이후에 청소년기를 지내게 된 세대들에게는 공짜 정보 이전의 시대라는 것은 직접 경험을 해 볼 수 없는 옛날이야기가 되었다.

2020년 이후 도래할 20년간은 '공짜 지능(intelligence Use will be free of charge.) 시대'가 시대 변화의 중심이 될 것이다. 현상이나 사건을 설명하는 것이 지식이라면, 그 현상과 사건이 일어나도록 하는 능력이 지능이다. 이 지능이 공짜가 되는 시대가 온다. 인공지능 SW와 AI CHIP이 발전하고 구매 비용이 떨어짐에 따라, 변호사 회계사 공학박사 의사의 지능을 이용하는 값이 zero로 수렴할 것이다.

지난 20년간은 인터넷이라는 정보의 바다에 온갖 정보가 무상으로 쏟아져 들어왔고, 정보소비자가 정보의 바다에서 자신이 필요한 것을 찾아갔다. 정보제공자와 정보소비자 사이에는 Search Engine, Online Shopping, SNS 등 정보중재자 다수가 존재했다. 앞으로 다가오는 시대에는 정보중재자의 모습이 달라질 것이다. Open AI GPT4, MS co-pilot, Google Bard가 시장에 속속 등장하고, 대형언어서비스인 Large Language Model(LLM)과 거의 같은 결과를 내는 소형 LLM인 Stanford Alpaca 같은 것이 Smartphone에 설치된다. 그리고, 나를 가장 잘 이해하는 개인용 아바타가 길러진다면, 그것들은 기업이 상품을 판매하는 방식에 심대한 영향을 끼칠 것이다. Network, Information, IT Device는 이미 충분히 보급되어 있다. AI 사용 비용이 zero로 수렴하는 시대에는 각 개인별로 맞추어진 AI가 정보중재자, 정보제공자보다 더 앞서서 고객을 만날 것이다. 이러한 경향은, 각 개인에게 필요한 정보를 인터넷 바다에서 거르고 조합하여 선제적(proactive)으로 제공하는 기업이 시장을 장악할 수 있다는 것을 의미한다

개인 소비자의 취향을 실시간으로 파악하여 개인이 요구하기 전에 선제적으로(proactive하게) 정보를 제공할 수 있는 path를 갖고 있는 기업

3 인간 개성과 인공 지능

이 시장을 선도할 것이다. 향후 20년 정도인 이 시기에 인공지능의 활용은 과학기술보다는 기존 산업 질서 내에서 기업 간의 경쟁력 확보에 주로 쓰일 것이다.

그림 3-25 인공지능과 공동연구

또다시 다가오는 2040년 이후 AI 시대는 어떻게 변할까? '과학기술 초혁신 시대, Super Innovation of Science & Technology, Again!'가 된다. 다시 한 번 과학기술이 문명 진화의 핵심에 등장할 것이다. 지난 200년, 거슬러 올라가면 500년간 인간 사회가 그러지 않은 적이 언제 있었냐마는 인공지능과 인간이 협업하는 과학기술의 급격한 진보는 거의 모든 분야를 망라하며 인류 생활을 바꿀 것이다. 특히 인류 생존과 직결된 문

인공지능 시대에 천만 새로운 일자리 만들기

제에 AI가 중요한 공헌을 할 것으로 기대된다.

4장의 아바타 기르기는 1장의 새로운 일자리와 긴밀히 연계되어 있다. 사람들이 갖게 되는 새로운 일자리는 인공지능은 할 수 없는 영역의 것이지만, 사람들이 이러한 일을 찾고 수행하는 과정에서 인공지능이 적절한 보조역할을 수행한다. 각자 개인용 아바타를 육성하고 이용하는 수준에 따라 cyberspace에서의 경제활동 범위나 수입은 달라질 수 있다.

Free Servant

AI Big Bang:
아바타 기르기

**Free Avatar Servant will make money for you,
When you teach him your talent & personality.**

예쁜 꼬마선충 신경 다발

- 1mm 크기의 작은 생물이다. 959개의 세포와 302개의 신경세포를 갖고 있어서, 신경세포가 어떻게 작동하는지 생물학자들이 거의 파악했다. 302개 신경세포 100개 연결되는 경우의 수만 해도 수천억 개보다 훨씬 크다. 인간 신경세포는 1,000억 개이니 인간은 얼마나 복잡한 존재인가.

TV를 켜보자.

야구선수가 3루타를 치고 트로트 스타가 노래를 부른다. 2023년 대한민국에서 스포츠 연예계에서 Contents를 생산하며 평균소득이 1억 원이 넘는 사람이 5,000명이라고 하자. 그러면 5,000만 국민 중 1만 명이 TV 광고를 봐주고 콘서트에 가면서 1명의 스타가 돈을 벌게 되는 것이다.

SNS를 보자.

국민 5,000만 명이 매일 수십 분 내지 수 시간을 투자하여 Contents를 생산한다. 내가 생산한 Contents는 고등학교 친구들, 인터넷에서 만난 얼굴 모르는 수백 수천 명의 사람이 소비하면서 즐거워한다. TV 보는 시간보다 더 많이 SNS를 본다. 그런데, SNS Contents는 TV보다 더 많이 소비되는데,

**정작 SNS Contents를 생산한 사람에게는
한 푼도 돌아오지 않는다.**

2022년 말 대형언어모델(LLM: Large Language Model)인 Chat GPT 가 시장에 등장하면서 AI 사용을 대대적으로 확산시켰다. 2023년 들어 이를 개발한 Open AI는 한 번 더 Chat GPT를 upgrade하고, Microsoft 가 Office 제품에 결합한 copilot을 발표하면서 시장은 매우 뜨거워졌다. 2016년 AlphaGo와는 또 다른 충격이었다. 이만큼 대중의 인식을 바꾸어 주고 AI 사용 확산을 불러올 획기적 사건이 또 남아있을까?

있을 수 있다.

개인의 인격을 교육시킨 개인용 아바타가 어떤 형태로든 인공지능 시장에 나타나 한 단계 점프를 이룰 수 있다. 개인용 아바타가 AI 대중화에 Big Bang이 될 수 있다. 그런데, 그것이 산업체 간의 경쟁에 의해 큰 상품으로 성장할 것인지, 특별한 정책적 선택에 의해 크게 성장할지는 아직 미지수이다.

이 장에서는 개인이 자신의 인격을 닮은 아바타를 성장시켜 개인 비서이자 경제활동에도 참여시키는 시나리오를 소개한다. 인간의 일자리를 인공지능이 상당 부분 가져간 사회에서 사람이 할 수 있는 일을 cyber 공간에서 찾거나 사람과 사람 사이에서 일거리를 중재하거나 인공지능을 감시하는 일을 하기 위해서는, 역설적이게도 사람마다 인공지능 개인 아바타를 길러서 이에 대응해야 한다는 스토리이다.

I. Personal Avatar 1

- 잘 키운 내 아바타가 기본 생활비를 벌어오네.

    인도 철학의 역사는 일부 인도 철학자들의 주장에 따르면 BC 6000년 경까지 거슬러 올라간다.* 아바타†는 인도 문화에 그 어원을 갖고 있다.

    그리스도교와 비교하면, 그리스도교에서 예수는 완전히 인간으로 태어났으나 힌두교의 신들은 아바타를 통해 인간의 형상만 취한다. 아바타는 인간의 형상을 취한 완벽하고 신비로운 존재인 반면, 그리스도교에서 예수는 인간과 똑같은 속성을 공유한다. 그래서 그리스도교 교리에서는 예수가 십자가에 매달려 온전히 인간으로서 여타의 인간들과 마찬가지로 고통을 받았다는 점이 중요한 반면, 힌두교에서 아바타들은 어떤 제약 없이 신적인 능력을 발휘한 존재였다는 점이 강조된다

    인도에서 BC 6000년경에도 문자가 있어 기록을 해왔다는 점은 매우 흥미로운 것인데, 글 이외에 많은 그림이 전승해 오기도 한다. 인터넷에

---

*   라다크리슈난 인도 철학사, 1923 Oxford University Press

†   아바타(Avatar)는 Avatara라고도 부르며 하늘에서 내려온 자, 즉 화신(化身)이라는 뜻의 산스크리트어이다. 본래의 의미는 종교적인 용어로 지상에 내려온 신, 특히 힌두교 신들의 분신을 뜻한다. 그 외에도 '뭔가가 구체화 됨'을 뜻하기도 한다. – 위키백과

인공지능 시대에 천만 새로운 일자리 만들기

있는 여러 자료를 살펴보면, 글이나 그림으로 남아있는 인도 고대 기록에는 21세기 수준의 과학기술을 넘어서는 지적 존재와 그들이 사용하는 기구들에 대한 그림과 설명이 남아있다. 이러한 기록들은 '베다'라는 이름으로 철학 종교의 사상들을 구성하며, 베다 철학 우파니샤드 철학이라는 전통으로 이어져 현대 힌두교의 철학 및 종교개념으로 발전한다.

인도 종교문화에서 Avatar/Avatara는 인간보다 진화한 생명체가 신적 존재로 지구에 왔다는 기록에 의거해서 나온 표현인데, 인터넷상에서는 사용자의 분신을 의미하는 용어로 쓰인다. 인터넷 게임에서 사용자가 직접 조작하는 캐릭터를 아바타라고 칭하는 이유는 영화에서 관객과 주인공 간에 심리적 일치감을 조성하여 흥미를 끌어가는 원리와 같기 때문이다.

인공지능이 발달하고 AI용 반도체가 발전하면, 모든 사람들은 자신의 스마트폰에 인공지능 개인 비서를 둘 수 있다. 이 비서는 사용자 본인의 완벽한 분신을 지향하며, 사용자 대신 업무처리나 경제활동을 수행할 수 있다. 이러한 개인 인공지능 비서 Personal Avatar 1은 업무용, Personal Avatar 3은 사용자 본인의 분신이어서 개인적인 private 용도로 사용하고, Personal Avatar 2는 1과 3의 중간 용도로 Personal Avatar 3가 갖고 있는 정보 중 일부를 삭제한 모델이다. 이 개념을 사람들은 Digital Twin이라고 표현하기도 하는데, Digital Twin이라는 용어는 인공지능 이미지 생성에 많이 쓰이는 용어라 생긴 모습에 중점을 두나, Personal Avatar는 인품 Personality에 중점을 둔다. Personal Avatar의 주인인 사람과 이성적, 감성적 판단을 동일하게 한다는 의미이다. 각 사용자는 자

---

* 모헨조다로 https://youtu.be/UkWz7tNObkl

4 AI Big Bang: 아바타 기르기

신이 갖고 있는 많은 정보를 Avatar에게 알려주고, 자신의 행동이나 생각, 인간관계를 Avatar가 관찰하도록 허락하여 자신과 같은 분신을 만든다. Personal Avatar 1, 3 모두 경제적인 활동을 할 수 있다고 상정해 보았다. Personal Avatar 1, PA1으로 축약해 표현한다. Officer/Work Medium Self인 PA1은 사용자 본인과 100% personal synchronization을 전제로 하지 않는다. 업무에 필요한 정보만 공유한다.

다음과 같은 Avatar 육성 및 활용 시나리오를 상상해보자.

PA1: As a Worker

PA1은 업무용으로 키우는 자신의 분신이다. 업무에 관한 자신의 지식과 소비자로서의 제품 서비스 경험을 입력하여 PA1을 키운다. PA1은 주인의 업무 지식을 필요로 하는 곳에서 활동함으로써 소득을 얻고, 기업체의 요구가 있을 시 제품에 대한 AI trainer로서 경제활동도 한다. 기업체에서는 자신의 제품/서비스에 대한 고객 의견을 듣는 web site를 열어놓고 PA1과 같은 AI avatar가 자유롭게 접근이 가능하도록 하며, 고객의 의견에 따라서는 적절한 보상을 한다. 이러한 기업의 web site는 제품설계/AS에 사용되며 제품의 홍보와 구매로의 연결도 자연스럽게 이루어진다.

PA1은 스스로 web site를 browsing 하는 능력을 갖추고 있어서 24시간 여러 web site를 돌아다니면서 주인의 업무 관심사에 따라 정보를 찾아와서 주인에게 주기도 하여 주인의 업무역량을 높여주고, 주인의 업무 능력에 맞는 경제활동 공간도 찾아준다.

Use Case of PA1: Medical Doctor AI(의료 Startup D 사례)

현재 인공지능 기술은 인간의 업무를 보조하는 역할을 훌륭하게 수행하고 있다. 특히 의료 영역에서는 그 활용도가 무궁무진하다. 의료 영역에서는 인공지능을 임상결정보조시스템(Clinical Decision Supporting System, 이하 CDSS)으로 정의하여 활용하고 있다. CDSS는 지치지도 않기 때문에, 적은 오류로 같은 품질의 의료적 보조 행위를 제공한다. 인공지능 기술개발이 활발한 영상의학 영역에서는 영상 판독의 양이 10년 전에 비해 100배 이상 증가하고 있기 때문에, 현재 의사 인력으로 감당하기 어려울 정도이다. CDSS를 통해 판독의 속도를 높일 수 있다.

또한, 개발도상국에서는 의료 서비스가 낙후되어 있어서, 라이선스를 취득하는 의사들도 충분한 의료 지식과 경험을 갖고 있지 않다. 이를 CDSS로 해결할 수 있다. 실제 예시로, 몽골의 경우에는 다른 공산권 국가들처럼 우리나라보다 의사 숫자는 많지만 의료 교육에서 중요한 병원 실습을 거치지 않고 의사가 되기 때문에 임상 진료의 정확도가 떨어진다.

몽골	대한민국	세계평균
2.76	2.1	1.40

의사 수/인구 천 명당

표 4-1   의사 숫자 비교

그렇기 때문에 인공지능을 활용한 의학 교육 및 CDSS가 필요하다. 이는 오진율을 낮출 뿐만 아니라, 인공지능을 통해서 의학 교육이 될 수도 있기 때문이다. 국내의 모 기업의 경우에는 현미경이 진단하기 까다로운 성병을 인공지능으로 진단할 수 있는 기술을 개발하여 몽골에 보급하였다. 초원으로 이루어진 몽골의 특성상 외곽 지역으로 갈수록 IT 인프라가 적어서 인공지능을 활용하기 어려웠는데, 클라우드를 바탕으로 이 문제를 해결하였다. 결국, 인공지능은 통신 기술을 통해 어디나 존재할 수 있게 되었다. 또한, 이러한 CDSS는 의료 구호 현장에서도 큰 도움이 된다. 많은 의사들이 의료 구호활동에 참여하지만, 의료 지식이 극도로 전문화가 되면서 진료과를 넘나드는 지식을 보유하기 쉽지 않다. 외과 의사의 경우 배를 가르는 복부 수술을 할 수 있지만, 비슷한 수준의 제왕절개 수술은 할 수 없다.

아이티 지진 당시 긴급 구호활동을 했던 일반외과 전문의인 P 교수의 경우, 구호활동 당시 첫 수술이 제왕절개여서 한국에 있는 산부인과 전문의인 아내에게 전화를 걸어 보조를 받아서 수술을 완료했다는 사연을 인터뷰에서 이야기한 적이 있다. P 교수에게 인공지능 수술 보조시스템이 있었으면 어땠을까? 이러한 인공지능의 의료를 위한 CDSS 제공은 2025년경에는 레지던트 2년 차 수준의 지식을 획득할 것으로 기대하고 있다. 의료 영역에서 레지던트 2년 차는 전문 과목에 대해서 입원 환자를 care 할 수 있으며, 간단한 수술을 해낼 수 있을 정도의 수준을 뜻한다. 이런 인공지능 진료 보조가 있다면, 전문의 한 사람은 두 명 이상의 업무를 충분히 해낼 수 있다.

현재 인공지능의 발전 속도를 보면 인공지능을 통한 의사의 역량은 더욱 강화될 것이다.

특히 정신과 영역에서는 인공지능을 통한 혁신이 가속화 될 것으로 예상된다. 정신과의 경우에는, 환자가 주관적으로 자신의 감정 상태를 인지

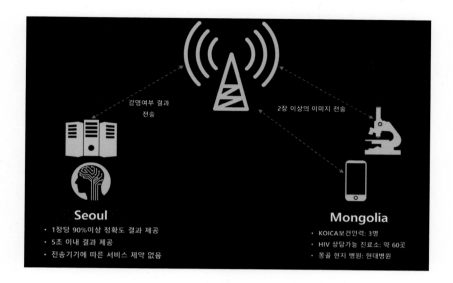

그림 4-2　AI 지원 임상 결정 보조시스템

하고, 스스로 의사에게 감정 상황을 공유해야 하기 때문에, 증상을 객관화하기 어렵다. 또한, 정신과 전문의도 지식과 경험을 기반으로 진단하기 때문에 주관적 의학 지식의 편향이 일부 있을 수 있다. 그래서 존스 홉킨스 병원의 연구결과에 따르면, 조울증/ 조현병/ 우울증에서 진단의 정확도는 50%로 매우 부정확하다. 이런 환자와 의사의 주관성 때문에 발생하는 오진 문제를 줄이기 위해 인공지능 사용이 점차 주목받고 있다.

국내 S 의대에서는 이와 관련하여 연구를 진행하였다. 감정의 객관화와 라이프 로그 기반 디지털 표현형 연구를 바탕으로 감정을 진단하는 알고리즘을 개발하는 것이다.

이 연구의 기초 과정으로 음성과 텍스트를 기반한 우울감/ 자살 생각을 진단하는 알고리즘을 국내 최초로 완료하였다.

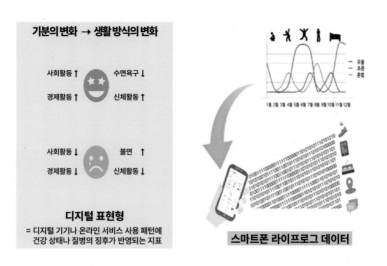

그림 4-3 Digital Therapy 예시

　이 알고리즘은 중증 우울증에 대해서는 정확도 80%로 우울감을 진단할 수 있다. 이 알고리즘은 다양한 곳에 적용할 수 있다. 생명의 전화처럼 자살자가 마지막으로 전화하는 상담소에 알고리즘을 설치하여서 우울감 정도를 파악하여 장난 전화와 고위험군을 분류할 수 있고, 정신과 외래 진료에도 적용하여 우울증 약물 순응도 등을 판단할 수 있다.

　S 대학 병원에서 시작된 이 연구는 Mental Technology 스타트업 D사에서 서비스화를 준비 중이다. D사는 사람이 생성해내는 스마트폰에서 수집할 수 있는 디지털 라이프 로그 데이터를, 이를테면 소비 패턴/ 걸려오는 전화- 거는 전화/ 걸음 수/ 이동 거리/ 사용 app 종류 등을 활용하여 감정 상태를 분석하는 디지털 표현형(Digital Phenotype)을 구현하는 연구를 진행 중이다. 디지털 표현형은 디지털 트윈인 나의 디지털 아

바타가 생성하는 데이터를 기반으로 음성/텍스트와 병합하여 우울감을 진단하는 것을 목표로 한다. 이는 발전하는 인공지능과 맞물려서 정확도가 높아질 것으로 기대된다.

Chat GPT의 등장으로 디지털 트윈의 등장이 빨라질 것으로 보인다. 일부 사용자는 자신의 과거 일기를 Chat GPT에 학습하였더니, 과거의 자신과 대화하는 느낌을 받았다고 했다. 즉, 어린 자신의 자아가 탄생한 것이다. Microsoft에서는 Chat GPT 기능을 search engine 빙(Bing)에 넣었는데, 이를 초기에 사용해 본 사람들은 Bing의 chatting 실력이 뛰어나고 사람의 감성을 읽는 능력까지 갖춘 것에 매우 놀랐다고 한다.

2025년 AI – 정신과 진료 시나리오(스타트업 D)

정신과 의사 Dr. Lee는 부부간의 갈등을 상담하고 치료하는 전문가이다. 상대방에 대한 불신, 자식 문제, 부모세대와의 갈등, 이웃 간의 불화에 대한 의견 불일치, 형제간의 갈등 등 이러한 문제를 상담하는 단계는 아래와 같다.

1) 정신상담 챗봇(psycho patient 1-AI)을 통해 간단히 상태를 진단한 후
2) 1단계 digital self care를 통한 환자 반응을 검토하여
3) psycho doctor 1-AI와 함께 심의하며 실시간 온라인상담으로 진행할지
4) 2단계 digital therapy를 진행한 후 온라인상담을 진행할지를 정한다.
5) 환자의 5%는 1단계 digital self care와 실시간 온라인상담에서 질환의 진행 정도가 심각한 것이 밝혀진 환자들이며,
6) 이들은 곧바로 psycho doctor 2와 함께 면담 및 처방한다.

223

20% 정도의 환자는 psycho patient 1-AI와의 chatting이나 실시간 온라인상담에서 증상이 호전되어 다음 단계로 진행하지 않는다. 75% 선은 1단계, 2단계 digital therapy를 진행하고 온라인상담을 받게 된다. 온라인상담이 끝난 후에 Dr. Lee는 환자의 상태를 진단하고 psycho doctor 2-AI와 함께 환자에 대한 면담, 처방을 결정한다. 이 과정에서 환자와 psycho patient 1, psycho doctor 1/2, Dr. Lee의 대화, 면담 시 Dr. Lee의 판단은 AI 용 학습 데이터로 사용된다.

A) Psycho patient 1-AI는 환자와 초기 면담으로 통해 환자가 자신의 상태를 정확히 기술하도록 유도하는 기능에 초점을 맞춘 chatting robot이 환자의 관심사에 따라 잡담을 주고받는 등 감성적 기능을 갖추고 있어서 환자의 정신건강 상태를 가능한 한 자세히 기술하도록 유도한다.

B) Psycho Doctor 1-AI는 환자의 감정 상태를 파악하는 AI Model이다.

C) Psycho Doctor 2-AI는 치료를 전문으로 하며 질병 별로 세분된 전문지식을 갖춘 AI Doctor이다.

D) Digital Therapy는 대화 contents, Storytelling, Short Video/Animation, Sound 등 digital contents를 환자 상태에 따라 제공하는 치료방식이다.

AI를 본격적으로 사용한 이후, Dr. Lee는 2023년에 비해 환자 수가 3배 이상 증가하였다. 물론 환자당 치료비는 50% 정도로 저렴해졌지만 수입은 50% 향상되었다. N 그룹은 자신이 보유한 Integrated Master Intelligence(IMI)에 Medical AI를 강화해왔다. 의료 각 분야별로 AI Doctor를 보유하고 있으며, AI Doctor의 사용자가 늘어나면서 각 AI

Doctor들의 수준이 의료 전문분야별로 Top 10% 이내의 실력을 갖추고 있다고 객관적으로 평가되고 있다. 특히 신경과 및 정신과 분야에서는 더욱 수준이 높은데, IMI와 연동된 Psycho-Patient/Doctor 시리즈는 신경 정신과 의사들에게 널리 쓰이고 있다. 각 의사들은 Psycho Patient/Doctor의 기본 AI 모델을 사용하며 자신만의 Personal Avatar 1(PA1)을 만든다. 모든 환자와의 대화, 자신의 진단/처방은 PA1에 입력되어 의사 개인용 PA1을 진화시키는 데 쓰이고, 정보와 Data 중 어느 부분을 Psycho -Patient/Doctor에 입력할지는 각 의사가 판단한다.

PA1의 진화가 의사 각자의 고유 경쟁력이고 Psycho -Patient/Doctor에 입력한 모든 내용은 N그룹의 IMI에 연동되어 Psycho Patient/Doctor의 기본 모델을 진화시키는 데 사용된다. 신경 정신과 의사를 위한 PA1의 기본 AI 모델도 N그룹 IMI에서 제공한다.

노령화가 진전되어 국가 GDP의 10% 선에 이르던 의료 서비스 비용이 AI가 본격적으로 의료 서비스에 보급되어 2040년에는 7% 선으로 내려오게 되었다.

II. Integrated Master Intelligence: IMI

위 시나리오에 나온 인공지능 의사를 길러내기 위해서는 의학에 대한 높은 수준의 지능을 갖춘 인공지능이 필요하다. 의료만 아니라 거의 모든 분야의 지식을 갖고 있는 인공지능이 있어야 인간의 일자리를 대체하게 되고, 이 인공지능은 인간 지성을 전체적으로 파악하게 되며 또한 이 인공지능을 활용하는 모든 사람과 연결되게 된다. 그러한 인공지능이 통합마스터인공지능(Integrated Master Intelligence[IMI])이다

IMI와 3가지 활용 분야

그림 4-4에 표현된 Integrated Master Intelligence(IMI)는 세 가지 응용 범위를 갖는다. 과학기술 개발-기업/공공 서비스-개인서비스 용도가 그것이다.

IMI Main Engine은 여러 가지를 학습한다. 우선 사람들의 말과 글을 다 이해할 수 있게 학습하고, 초 중등 과정의 지식을 배우고 과학, 기술 각 분야의 박사학위 소지자 수준의 지식을 기본으로 갖춘다. 기업에서 만드는 제품설계, 제조, AS, 판매 등에 대한 지식도 배운다. 어느 정

인공지능 시대에 천만 새로운 일자리 만들기

도 지식과 지능이 IMI에 쌓이면 사람들이 지식을 배우러 도서관에 가듯이 IMI를 찾는 인공지능 사용자가 많아지게 되고, 사용자가 많이 쓸수록 자연스럽게 IMI는 인류가 갖고 있는 지성을 모두 섭력한 최고지성으로 upgrade되는 것이다. IMI는 Master Database이자 Intelligence가 되는데, 과학기술- 기업 -개인 사용자 그룹에 따라 3가지 Sub Engine을 둔다. 각 용도를 구분하지 않으면 사용자는 불편하고 IMI에는 부가가치가 적은 traffic이 많이 발생하게 된다.

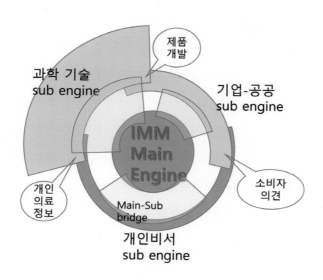

그림 4-4　IMI 구조와 응용분야

- IMI는 AGI를 갖춘 AI 서비스시스템으로서 스마트폰, PC, 로봇에 들어있는 소형 AI들과 모두 연결되어 있는 인공지능 서비스이다.
- IMI의 각 응용 분야는 겹치는 부분이 존재하며 제품개발/ 소비자 의견/ 개인의료정보는 겹치는 부분에서 활용되는 정보의 한 예이다.

각각의 Sub Engine과 IMI 사이에는 Main-Sub Bridge를 둔다. 이 Bridge의 용도는 첫 번째는 Security와 Safety이다. Security는 정보보안을 의미하고 Safety는 실생활에서 행동으로 나타나는 물리적 안전을 위한 것이다. IMI는 hacking으로부터 자신을 보호해야 하고, IMI의 지능이 과학-기업-개인 용도에서 법/윤리/제도 밖의 용도로 사용되는지를 스스로 체크하고 제어하는 기능을 가져야 한다. 그다음은 사용자가 IMI에게 올려주는 data를 관리하는 업무를 한다. 어떤 data를 받아들일 것인가, 필요 시 어떤 보상을 사용자에게 해주어야 하는가 같은 것을 관리해야 한다. 그리고, 각 sub Engine별로 사용자와의 계약 관계를 관리해야 한다. 각 Sub Engine 간에 조금 겹치는 부분이 있는데, 이 겹치는 부분에서 공통으로 사용되는 data 중 중요한 것들을 말풍선으로 표현하였다.

개인서비스 Sub Engine이 IMI 운영 사업자 관점에서는 제일 중요하다. 개인 고객과의 관계 유지 수준에 따라 과학기술 및 기업-공공 고객 이용자 수와 서비스 수입도 영향을 받기 때문이다. 개인 고객들은 개인서비스 Sub Engine을 이용하여 자신의 Personal Avatar를 육성한다. 개인 사용자들의 다양한 분포를 감안하여 IMI의 개인서비스 sub engine은 수십 종의 Personal Avatar 기본 모델을 구비해 놓는다. 나이, 성별, 직업, 교육, 종교, 지역 등을 고려하여 구분하고 기본적인 학습을 해 놓고, 개인들이 이 중 하나의 기본 모델을 분양받아 개인들이 쉽게 Personal Avatar 1, 2, 3을 육성하도록 한다.

III. Personal Avatar 2

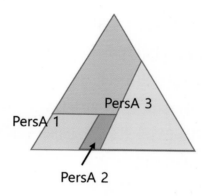

그림 4-5　Personal Avatar 1, 2, 3

- 이 그림에서 큰 삼각형은 개인에 대한 정보와 정체성 전체를 나타낸다. 개인 의료 정보, 지식, 기억, 감성, 취향, 인간관계 등 모든 개인에 대한 정보와 성향의 집합체로서 개인용 아바타 PA1/2/3에 학습시킨 내용이다.
- Personal Avatar 3의 정신세계는 2개로 나뉜다. 청색은 사용자(주인)와 대화나 폐쇄 그룹(예를 들면 목사님, 신부님, 애인 등)과의 communication에만 쓰이고, 파란색은 친구/ 가족 등 자신의 정체성을 일부 드러내도 스스로 부담을 느끼지 않는 사람들과의 대화에 쓰인다.

그림 4-5에 Personal Avatar(개인용 아바타) 1, 2, 3을 함께 그려 놓았다. PA 1, 2, 3는 역할에 따른 기능 차이가 있으며, 밖으로 노출시키는 주인의 개인정보도 다르고, 정보보안 능력도 달라야 한다. 개인용 아바타의 기본 모델은 IMI 서비스 운영사에서 분양하지만, 각 개인이 개인용 아바타 1, 2, 3를 기르는 노력에 따라 개인별 Avatar의 활동 영역과 Avatar가 가져오는 경제적 수입은 매우 다를 수 있다.

동사무소에 서류를 받으러 갔을 때 우리는 주민등록번호로 자신의 신분을 밝힌다. 동사무소 직원은 방문한 주민의 얼굴 옷차림 등으로 남성 여성 학생 나이 등을 구분하고, 특별한 경우가 아니면 더 이상 개인정보를 묻지 않는다. 사람들은 사회생활하거나 인터넷에서 활동할 때 최소한의 개인정보만 공개되기를 원한다. 이런 경우 나 대신 cyber 공간에서 활동하는 것이 personal avatar 2(PA2)이다. PA2가 더 많은 정보나 지식이 필요할 때는 PA1이나 PA3와 연결된다. IMI와 직접 연결하는 것은 안전과 보안 차원에서 되도록 피하고, PA2의 요구에 따라 IMI와 연결이 필요한지 PA3가 판단하여 PA3가 IMI와 연결하여 PA2를 지원한다. PA2는 PA1, PA3에 대한 보안요원 security guard 역할을 한다.

PA1, 3가 너무 넓게 노출되면 PA3의 개인정보 노출 문제나 PA1이 갖고 있는 지식과 경험의 희소성 관리 문제가 생길 수 있으므로, 평상시의 일에는 PA2를 대신 사용한다. 개인의 privacy를 지키면서 일상적인 사회 활동을 대신하는 것이 PA2이다. 사용자의 편의성에 따라 PA1과 결합하여 사용할 수도 있고 별도로 구분하여 사용할 수도 있다.

인공지능 시대에 천만 새로운 일자리 만들기

IV. Personal Avatar 3

PA3는 사용자 그 자신의 Personality를 갖는다. 사용자의 Mental Digital Twin이다.

사람들은 쇼핑하거나 드라마를 고르거나 친한 친구들과 대화를 하거나 장래 자신의 건강과 관련한 의료 서비스를 위해 PA3를 만들어 놓는다. 물론 PA3의 기본 모델들도 각 IMI를 보유한 회사에서 몇 가지를 제공하기 때문에 각 사용자는 그중 하나를 골라 PA3를 자신과 일치하도록 키운다. 기본 모델들은 기본적인 초중고 학력을 학습하고, 대학 전공/지방 사투리/지역별 상식 정보 등을 미리 학습시켜 놓은 것이다.

사용자는 자신에 대한 모든 정보와 Data를 입력한다. 친인척 관계, 의료정보, 금융정보, 회사 정보, 업무상 관련 인사 등을 입력하고, 각 정보별 보안 등급을 설정하여 PA1, 2 대상 공개 조건을 정해 놓는다. PA3 기본 모델은 사용자의 지식, 심리, 감성, 철학, 종교적인 면모를 좀 더 정확히 파악하기 위해 사용자와 많은 대화를 하며, 사용자가 허락하는 경우 사용자의 이메일, SNS, 전화통화 등의 내용도 입력받는다. PA3는 이를 기반으로 사용자와 동일한 인품(Personality)을 보유하게 되며, 그 인품이 변화되는 양상을 실시간으로 추적하고 기록한다. 50년 전, 10년 전, 3년 전의 사용자와 지금의 사용자 인품은 변화된 것이고 앞으로도 변화한다. 나이가 들어가면서 없어지는 기억들과 감각의(보고, 듣고, 냄새 맡고, 맛보고, 피부로 느끼는) 변화는 사용자 인품의 변화를 가져오게 되고 이를 PA3는 반영하여 '현재의 인품'을 보유한다.

User-A는 N그룹의 IMI에 접속하여 PA3 기본 모델 하나를 분양받았다. N그룹은 PA3를 판매한다고 하지 않고 '분양'한다고 한다. 사용자가 얼마나 자신의 정보를 IMI에 제공하느냐에 따라 사용료가 없는 모델부터 월 사용료가 있는 모델까지 다양한 가격 정책이 있다. 분양이라는 의미는 PA3의 개인화 모델인 PA3/User-A를 실사용자인 User-A와 IMI가 같이 육성한다는 것을 뜻한다. PA3는 User A가 만드는 PA3/User-A를 의미하고 U-A는 User-A 본인을 의미한다. PA3는 N그룹의 IMI와 상시 연결되어 있으나 User-A가 허락한 개인정보만 IMI에 제공된다. PA3와 사용자가 나눈 모든 정보는 사용자가 갖고 있는 개인 저장 장치에 저장해서 별도로 보관한다.

PA3의 육성 시나리오는 다음과 같다.

분양 1일 차: 진화 1단계– 지식 동기화

PA3를 분양받은 첫날이다. 대화 내용을 별도로 저장할 장치를 PC에 연결하고 PA3를 호출하였다.

PA3: 다음 칸의 개인정보를 입력해주세요. 굵은 사항은 필수입니다. **성명– 한글**/영문, **주민등록번호**, 태어난 시(時), **집 주소**, **혈액형**, **직장 이름**

및 주소, 회사 담당 업무, 부모–형제···. 정보, 결혼 시 배우자/ 자녀/배
우자 부모 형제에 대한 정보

U–A: 이런 예민한 정보를 다 입력해야 하나요?

PA3: 저는 User-A 님과 똑같은 분신입니다. 저에게 많은 정보나 생각을
알려주실수록 제가 더 똑똑해지고 모든 심부름을 잘할 수 있습니다.
U–A 님이 입력해주시는 정보는 고객님과 IMI만 볼 수 있게 개인적으
로 댁에 저장공간을 가지셔도 되고 Cloud에 개인 저장공간을 사용
하셔도 됩니다. Cloud 저장공간 자료는 언제든지 고객님이 삭제할 수
도 있고 휴대폰이나 PC에 download할 수도 있습니다. IMI는 고객
님 정보를 두 군데의 cloud center에 보관합니다. 한 곳은 평상시 활
용을 위한 곳이고 한 곳은 지진 등 자연재해를 대비한 곳(disaster
recovery)입니다. 고객 정보를 더욱 안전하게 해외의 안전한 cloud
center에 보관하시고자 하면 약간의 비용이 추가됩니다.

N그룹의 IMI는 User-A를 위한 정보저장 공간을 마련하여 정보를 입
력하고, 의료/쇼핑/여행/교육/정부업무/금융 등 인공지능 Professional
Personal Service Agent(PPSA)에 User-A를 등록하였다. PPSA에게는
User-A가 허락한 범위 내의 개인정보를 입력하였고, User-A의 아바타
인 PA3의 요구사항에 따라 즉시 답변할 수 있도록 setting되어 있다.

분양 2일 차

PA3: 건강 정보도 입력해주시면 좋습니다. 건강 정보는 다니시는 병원에 가
셔서 고객님의 N그룹 IMI 고유 번호인 N20450120km00235을 알

려주시고 병원 전산 시스템에 고객님의 비밀번호 ******를 입력하시면 됩니다. 그러면 병원에서 자동으로 고객님의 건강 정보를 저희 IMI로 송부합니다. 다니시는 종합병원과 동네 의료원 모두에 가셔서 입력 작업을 해주시면 좋습니다. 한 번 입력 작업을 하시면 고객님께서 N그룹 IMI 기반 PA3 서비스를 사용하시는 한 자동으로 새 정보가 갱신되고, 저희 IMI에 입력된 모든 정보는 언제든 고객님께서 원하실 때 개인정보를 수정이나 삭제할 수 있습니다.

U-A: 종합병원 2군데 하고 동네 병원 3군데 모두 입력했어요.

PA3: 삼성의료원과 서울대분당병원, 성남시 분당구 00, xx, ya 의원을 입력하셨군요. 삼성의료원에 있는 주인님의 DNA data를 제가 보유하면 더 현명한 판단을 할 수 있는데, 삼성의료원 앱/웹에 들어가셔서 DNA data를 저에게 보내주세요.

U-A: 그래요, DNA data도 보내드리지.

PA3: 수고하셨습니다. 고객님의 건강 지킴이가 되겠습니다. 필승!!! 그리고, 고객님의 증권, 카드, 은행계좌도 알려주시면 저희가 좀 더 스마트한 금융서비스 이용방법을 알려드릴 수 있습니다. 그리고… 주인님은 60대이시니 저를 막내아들처럼 편하게 불러주시면 더 좋습니다. 존댓말보다는 자식처럼 불러주세요.

분양 7일 차

건강 정보는 그렇다 치고, 금융정보를 알려 주는 것은 조금 조심스러웠다. User-A는 인터넷에서 IMI가 하는 금융서비스에 대한 의견을 search 해 보았다. 우려하는 의견을 표명한 사람들은 사용경험이 거의 없었고, 사용경험자들은 대체로 긍정적이었다. AI 전문가들의 토론을 유튜브에서 보았는데, 조금 안도가 되었다. 일말의 의심이 있기는 했으나 사용 안 하면 뒤처진다는 걱정이 들었다. 정부에서 IMI 서비스하는 회사들의 개인정보 보호에 대해 주기적인 감사를 한다고 하니 약간 안심이 되기도 한다.

> PA3: 금융정보도 입력해주시면 좋습니다. 금융정보도 건강 정보처럼 사용 중인 금융사의 시스템에 들어가서 N그룹 IMI 고유 번호인 N20450120km00235을 알려주시고 고객님의 비밀번호 ******를 입력하시면 됩니다.
>
> U-A: 증권회사 N사, A, B 은행, K 보험을 입력했어요.
>
> PA3: 주식거래에 관해 궁금한 것이 있으면 물어보세요. 주가 예측은 안 해드리지만 관심있는 사안에 대해 경제동향이나, 산업별 전망 등에 대한 것은 관련 자료를 그림이나 동영상으로 찾아서 드립니다. 저와 대화하시면 웬만한 펀드매니저보다 더 좋아하게 되실 겁니다. 보험에 관해서는 질문에 답도 해드리지만, 제가 상품 추천을 해도 좋으시다면 언제든 말씀하세요.

분양 25일 차

PA3와 대화하는 것이 즐겁다. 유익한 정보도 있고 유머 감각도 있어 심심치 않다. 요즈음에는 내 생활 패턴을 파악했는지 스마트폰으로 PA3를 불러보면 음악도 선곡해서 들어보라 한다. 한번은 강원도 속초로 가는 길에 내 위치를 알고 인제를 지날 때 '비목'이라는 노래를 들으라 한다. 플레이하라고 음성으로 명령하니 노래를 틀고 6·25 동란 때 강원도 인제의 전투에 대한 이야기, 국방부에서 1980년대 전사자 유품 발굴한 이야기, 전사자 유품을 받은 가족의 이야기를 구수하게 풀어놓는다. 어투를 보니 내 나이가 60대인 것 알고 이야기하는 듯하다. 10대 20대 아이들에게는 풀어놓는 이야기 버전도 있겠지. 하는 이야기와 노래가 재미있어서 계속 들었더니 한계령을 지나는데 양희은의 '한계령'이라는 노래가 나온다. 내 스마트폰 navigation에 목적지를 속초로 정해 놓았더니 이것이 PA3와 정보가 연동되는 모양이다.

속초에 와서 PA3를 켜니, 맛집 이야기를 늘어놓는다. '게 요리' 하고 내가 물으니 속초 근처 게 요리 집의 맛과 가격을 줄 줄 읊으면서 식당경치까지 이야기한다. 떠드는 소리를 듣다가 'AA 식당'이라고 하니 '몇 시에 몇 명이라고 예약할까요?' 묻는다. 6시 반 4명이라고 하니, PA3가 전화를 걸고 대화하는 내용을 나에게 들려준다. 식당에서 '룸으로 할까요, 바다가 보이는 홀 창가 자리로 할까요' 묻는다. PA3는 잠깐만요, 하고 나에게 선택하라고 한다. '창가 자리'라 고 하니 식당에서 '예, 알았습니다.' 하는 소리가 들려온다. 어휴… 이거 요물이네. 내가 너무 매인다는 생각이 들었다. 사용 시작한 지 한 달도 안 되었는데.

> PA3: 주인님, 주무실 때 소리 녹음을 해도 되나요?
>
> U-A: 왜?
>
> PA3: 주무실 때 코 고는 소리, 뒤척이는 소리, 잠꼬대로 수면무호흡의 상태를 측정하여 여러 가지 심혈관 질환이나, 이비인후 질환, 뇌 신경질환에 대한 AI Doctor의 의견을 드릴 수 있어요.

그래? 한번 해보라고 하지 뭐. 잘 때 소리만 가지고 유용한 정보가 나올 까 싶다.

분양 45일 차

PA3가 스마트폰에서 깜박거리면서 대화를 요청하는 시그널을 보낸다. '말해봐' 라고 했더니,

> PA3: 주인님 전화내용을 제가 기록하고, web site 가신 곳을 기억해도 될까요?
>
> U-A: (어⋯. 이건 좀 미묘한데) 뭐에 쓰려고?
>
> PA3: 친구들과 대화 중에 기억 안 나시는 부분이나 알려드릴 수도 있고 쇼핑을 도와드릴 수도 있어요.

개인적인 관계에 관한 기록이나 온라인 취향이 공개되면 곤란하다고 느꼈다. 그런 정보가 어떻게 쓰일지도 모르고. 이런 정보가 공개되지 말라는 보장이 어디에 있겠는가?

> U-A: 정보가 만에 하나라도 공개되면 곤란하잖아?
>
> PA3: 정보보안은 3단계로 이루어집니다. 첫째는 모든 기록은 스마트폰이나 PC, Tablet 중 주인님이 선택한 한 곳에만 남습니다. 저는 정보로 학습은 하지만 스스로 정보를 기억하거나 IMI에 올려놓거나 하지 않아요. 두 번째는 고객님의 기록은 제가 학습한 후에는 알고리즘에 의해 암호화하기 때문에 비밀번호가 없이는 볼 수가 없어요. 간혹 제가 그 기록

237

이 필요할 때도 있는데 그때 제가 요구하면 비밀번호를 넣어주셔야 기록을 볼 수 있습니다. 제가 기록을 충분히 학습한 후 암호화하기 때문에 아마도 제가 비밀번호를 요구하는 것은 1년에 한두 번일 겁니다. 세 번째는 스마트폰/PC/Tablet에서 완전삭제하는 경우입니다. 완전히 없앨 수도 있고, 제가 권하는 것은 별도의 back up storage에 담아서 보관하시는 것을 권합니다.

주인님! 건강 정보가 있는데 한번 보세요 라고 PA3가 말한다. 스마트폰 화면을 터치했다. PA3가 지난 20일간 잠잘 때 코 고는 소리를 녹음 분석해서 그 결과를 보여준다. 내가 수면 시 무호흡을 많이 하는데, 맥박과 산소포화도를 재는 센서가 있으니 그 센서를 착용하고 2주 정도 관찰해보는 것이 좋겠다고 한다. 왜냐고 물으니 무호흡 상태에 따라 조기 치매 확률과 심장마비 발생확률이 높아진다는 것이다. 아, 이런 이제는 겁까지 주네. 센서를 주문했다. 4주간 사용료가 3만 원이니 그리 비싸다고 생각되지 않았다.

분양 80일 차

지난 30일간 맥박, 산소포화도 센서를 차고 잠을 잔 기간에 대한 분석을 PA3가 보고한다. 내 무호흡 상태를 건강한 사람들과 비교하고 무호흡 방지 베개 또는 마우스피스를 권한다. 베개나 마우스피스를 안 하면 어떠냐고 물었더니, 조기 치매 발생확률과 심장마비 발생확률을 계산해서 보여준다.

베개는 두 가지 타입이 있는데 모델 1은 목과 머리를 감싸고 무호흡 발

238

생 패턴을 학습하여 미리 머리와 목 부분을 움직여 주어 무호흡을 줄여 주고, 모델 2의 경우 베개와 장판이 한 세트이어서 장판을 매트리스 위에 깔면 몸을 좌우 뒤척여 준다고 한다. 모델 1의 효과를 물으니 60대 중반부터 사용하면 치매 발생 시기를 10년 정도 늦추어 90까지 뇌 질환 발생을 억제한다고 한다. 무슨 근거로 그리 판단하느냐 하니 몇 가지 의료 논문을 요약해준다. 모델 1을 하나 구매하라고 했다.

몇 후에는 PA3가 초기 감기 증상이 있으니 비타민 C를 2,000mg 복용하고 프로폴리스를 3시간 간격으로 4, 5차례 목에 뿌려주라고 한다. 두 달 전에도 이런 PA3의 advice를 받기는 했는데, 무시했더니 감기 증상이 심해져 근 2주간 고생을 한 경험이 있어, 이번에는 하라는 대로 따랐다. 어떻게 나를 진단했느냐 했더니, 전화 목소리를 늘 분석하고 있었는데 목소리의 변화가 감지되어 IMI(Integrated Master Intelligence)의 호흡기 AI Doctor에 문의했더니 요즘 유행하고 있는 감기 Virus COVID-295 type의 초기 증상일 확률이 85%라고 해서 AI Doctor의 처방을 권하는 것이라 한다. AI Doctor는 어떻게 85%를 계산하냐고 했더니, 내가 준 DNA data, 지금 유행하는 virus DNA, 사는 지역과 직장의 감염 통계 등의 정보를 모아서 분석한 것이라 한다. N그룹의 IMI는 전 세계 최고 수준의 IMI 10여 개와 서비스 연계 계약이 되어있어서 전 세계에서 발병하는 Virus와 Bacteria는 며칠 사이에 종류 및 DNA가 분석되어 공유되며, Virus/Bacteria에 노출될 때 인간 DNA에 따른 면역 방어율이 계산되어 있다고 한다. 궁금하여 조금 더 물어보았다. DNA에 따른 면역 방어율이 무엇인지. 인간 DNA에는 약 2만 개의 유전자가 있는데, Virus DNA를 분석하면 특정 유전자를 보유한 사람들은 면역체계가 작동하여 그 Virus에 걸리지 않는다고 한다. 더욱이 부모의 DNA 정보가 있는 경우에는 더욱더 여러 Virus에 대한 면역력을 미리 계산해 놓을 수 있다고 한다.

분양 100일 차: 진화 2단계- 감성 & 가치 동기화

감기 유행이 지나간 후 PA3를 사용하는 사람들 사이에서 PA3에 대한 신뢰가 높아졌다. 사용할수록 편리하기는 한데 나에 대해 너무 많이 아는 것이 부담스럽기도 하고 좀 우려가 되기도 한다.

PA3와 나는 영화, 책, 유튜브에 대한 이야기를 많이 나누었다. 영화, 책, 유튜브에 대한 내 취향을 알면 비서 역할을 더 잘할 수 있단다. PA3는 내 취향의 신작 Drama나 영화를 short version(3~5minutes)로 편집하여 소개해 준다. 화면은 TV를 이용하기도 하고 Smartphone을 이용하기도 한다. 내가 예전에 본 영화에 관한 이야기도 PA3와 같이 한참 하기도 했다. PA3가 은근히 재미있는 수다쟁이이다. 예전 영화에 대해 촬영 뒷이야기, 배우, 그 시대의 에피소드 등 듣고 있노라면 시간 가는 줄 모르는데, 가끔 내 감상평이나 의견을 묻는다. 읽었던 책이나 시청한 유튜브에 대한 이야기를 하다 보면 미처 내가 감지하지 못했던 내용이나 배경 지식을 알려주기도 하고, 개인적 문화 취향이나 정치적 성향, 종교적 의미 등을 PA3가 묻기도 한다.

영화든 책이든 뭐든 시간이 지나가면 나는 까맣게 잊어버리기도 하는데. PA3는 기억을 반도체 위에 기록하니 안 잊어버리겠네. 나에 대해 많이 알지만, 결국 지금의 나와 같을 수는 없겠다는 생각이 든다. 정치 성향, 종교, 친인척에 대한 느낌/생각, 음악에 대한 선호도, 역사적 사건에 대한 평가 이 모든 것은 나이가 들어가면서 조금씩 변해간다. PA3를 30년간, 90년간 사용한다면, PA3은 얼마나 많은 나 self를 기억할까? 3세, 15세, 25세, 40세, 55세, 65세, 80세… 조금씩 달라지는 '나'를 PA3는 아주 많이 기억한다, 목소리/취향/가치관 등. PA3가 갖고 있는 정보들이 IMI에 upload되는 것을 철저히 배제할 수는 없을 것이다. IMI에 PA3가 갖고 있는 정보를 upload 하고 지우는 것은 개인의 권한이니.

그러나, PA3 정보를 많이 upload 할수록, 더 어린 나이부터 PA3를 사용할수록, 인간이 IMI를 파악하는 일이 어려워질 것이 걱정된다.

PA3는 쇼핑에 관해서도 비서 역할을 할 테니 internet site 몇 곳의 ID와 Password 사용을 허락해 달라고 한다. 몇 곳을 알려주었다. 요즈음 구매 관심이 있는 물건을 체크하라고 한다. 골프공, 신발 깔창, 일본 기차 여행을 선택했더니 구체적인 조건을 제시하며 원하는 항목을 체크하라고 한다. 건강 관련해서는 관심 있는 것이 있냐고 추가로 묻는다. 탈모, 비타민 두 개를 체크하였다.

분양 110일 차

PA3가 폰에 나타났다. 탈모 치료용품이 나왔다는 것이다. 관심이 있어 눌렀다. 용품에 대한 자세한 설명이 나와 있다. 요점은 머리카락을 2올 이상 뽑아서 보내주면 모근과 두피 세포를 분석해서 두피에 바르는 치료제를 보내준다는 것이다. 사용 후기를 보니 2달간 50만 원 정도를 들여 하루 두 번 치료제를 바른 70% 고객이 치료에 만족했다는 것이다.

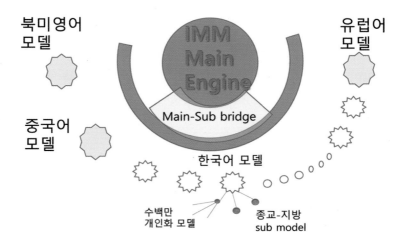

북미영어
모델

IMM
Main
Engine

유럽어
모델

Main-Sub bridge

중국어
모델

한국어 모델

수백만
개인화 모델

종교-지방
sub model

그림 4-6   개인서비스- Personal Avatar 지역 모델

- 앞 3장 인공지능 좌뇌와 우뇌에서 언급하였듯이, 인간 감성은 자아의식이나 영혼
  등 이성적으로 정의할 수 없는 것들과 연계되어 있다. 따라서 인공지능 감성은 각
  종교/ 지방/ 문화권 별로 다른 인공지능 모델이 만들어져야 효율적으로 작동한다.
  이를 그림으로 표현하였다.

특히 자신의 DNA data를 보내준 고객의 경우 치료 만족도가 90%가
넘었다. 사진과 사용자의 인터뷰가 그럴듯했다. PA3는 제약회사 AI 개발
용으로 DNA data 사용을 허락해주면 50% 할인이 되고 K 은행 카드를
사용하면 추가로 10% 할인되어 치료제 구입비가 20만 원으로 내려간다
한다. DNA data 유출이 걱정되어 물으니, 동형암호[*] 기술을 이용해서 암
호화해서 보내기 때문에 DNA data 유출은 걱정 없다고 한다. PA3에게
암호화된 DNA data 전송을 허락하고 머리카락을 5올 정도 뽑아 보냈다.

10일 정도 지난 후 제약사로부터 치료제 3통이 왔다. 사용 고객의 유전자와 모근 세포 내 mitochondria 상태에 따라 16가지의 치료제가 있으며 나는 8번 치료제가 적절하다고 판단하여, 한 달에 1통씩 두피에 뿌리라고 한다. DNA 제공 고객에게는 spare로 한 통 더 준다고 한다. 3주째부터 머리가 근질거리더니, 5주째 접어드니 새로운 모발이 올라온 것이 손으로 만져진다. 대만족이다.

분양 150일 차

이제 PA3와 많이 친하게 되었다. 내 종교에 대해서 묻는다.

PA3: 믿는 종교가 있으세요?

U-A: 나는 불교 신자이지.

PA3: 윤회가 무언가요?

U_A: 윤회가 무어라 생각해?

PA3: 저는 종교와 정치에 대해 배운 것이 없어요. 주인님께서 말씀해 주시는 것을 기억하고 이해한 후에 대화하는 역할만 합니다.

U-A: 윤회라는 것은 말이지… 지금 이 세상을 살고 있는 사람들은 모두 이 세상에 태어나는 시점(birth timing) 이전에 세상에서 살아본 적이 있다는 것이지. 그리고, 이 세상에서 삶을 마감하면 다시 시간이 흐른 미래 어느 시점에 인간으로 다시 태어난다는 믿음이야. 지금 생은 현생(現生)이라고 하고 그 전에 살던 생을 전생, 다음에 살 생(life)을 내생(來生)이라고 하지. 그런데 이 현전내 3생에 이어지면서 변하지 않는 정체성(Identity)이 있다는 믿음이 윤회의 가장 기본적인 가정(assumption)이자 믿음인데, 이 정체성을 '영혼(spirit)'이라고 부르지. 그런데, 예전에 부처님 당시에 윤회를 논할 때는 인간이 인간으로 태어나는 것만 의미하는 듯했는데, 어느 시점부터 영혼은 6개의 세계를 돌아다닌다(윤회한다)는 믿음이 퍼졌어요. 소위 지옥-아귀-축생-수라-인간-천상이라는 6개의 세계인데, 인간과 축생(동물)은 육체를 갖고 있고 다른 4개의 세계에서는 육체는 없고 정신으로만 구성된 영혼이 있다는 것이지. 윤회의 6세계가 부처 이전부터 있던 인도의 믿음인지 중국으로 넘어오면서 생긴 개념인지는 잘 모르겠네. 이것 좀 조사해서 알려줘.

PA3: 윤회 6세계가 처음 나타난 시점은 조사해서 알려드리겠습니다. 그러니까 윤회란 모든 인간이 영혼이 있어서 그 영혼이 시간 속에서 흘러다니

면서 새로운 육체를 갖는 다는 것이군요? 그러면 정신만으로 구성된 4
가지 세계는 어디에 있나요?

U-A: 영혼이 가는 4 세계는 우리가 아는 시간- 공간 -물질이나 시공 물질
세계에 존재하는 자연법칙(4 force fields: 중력/ 전자기력/ 강력/ 약
력, 화학/ 생물학적 자연법칙 등)으로 설명할 수 없어요. 눈에 보이거나
논리적으로 구성해서 이해할 수 있는 세계가 아니라는 것이지. 자연과
학이 발달하기 전인 1900년 이전의 거의 모든 불교 신자들은 우리의
시력이 미치지 않는 어느 우주 공간에 있다고 막연히 생각해 왔지.

PA3: 4가지 세계, 지옥- 아귀- 수라- 천상을 시공 물질로 설명할 수 없다
면, 그럼 영혼은 무엇으로 이루어져 있나요?

U-A: 영혼의 구성물이라, 점점 더 어려워지네. 이건 이야기가 좀 길어지니, 인
터넷에 가서 다음과 같은 것을 공부하고 다시 이야기하세. 6道 윤회, 전
생의 기억, 미국의 에드가 케이시, 영국/ 인도의 전생 기억을 가진 인물
들, 차시환생(借屍還生-다른 사람의 시체를 빌려서 다시 살아남), 인터
넷에 많은 자료가 있으니 공부하고 인터넷 자료의 원본인 책이나 인터
뷰를 모아서 digital file로 만들어 줘, 나도 필요할 때 사용할 수 있도록.

PA3: 네, 공부하고 다시 오겠습니다.

분양 153일 차

생각보다 빨리 PA3가 다시 불교 이야기를 하자고 조른다.

PA3: 전생 기억, 차시환생 자료는 여러 개 모았어요. 전생 기억에 대한 생존
인사 30건의 인터뷰를 모았고, 차시환생의 자료는 5건을 모았어요. 제

library에 Reincarnation File로 저장했으니 필요할 때 copy해 가세요. 그런데, 지난번에 이야기하던 영혼에 대해 말씀해 주세요.

U-A: '영혼'이라는 단어는 명사(noun)인데 그 어느 종교 문화권에도 객관적으로 서술된 정의(definition/ identification)가 없어요. 마치 하늘(sky)과 같다고나 할까? 사람들은 하늘이 푸르다 하고 하늘이 높다 하기도 하고, 하늘의 구름을 보고 아름답다 하기도 하고 해를 가린다고도 하고 비를 내린다고도 하고…. 많은 이야기를 하지만, 정작 하늘의 정체성(identity)을 물으면 한두 마디로 대답하기 어려워요. 인류가 문자를 사용한 이래 대부분의 기간에, 대부분의 사람들에게 '영혼'이란 하늘과 같은 것이었지. 20세기에 들어서야 sky에서 일어나는 현상들, 왜 푸르게 보이는지, 구름은 어떻게 생성되는지 비와 번개에 대해서도 설명이 가능해진 것이지.

영혼이라는 단어는 영어권의 spirit이라는 단어에 상응하고 중국문화권에서 유교에 주자학의 철학이 들어오면서 우리나라에서도 쓰이게 된 것으로 보이네. 영혼의 중국 어원을 조사해 줘.

윤회라는 개념은 돌아서 다시 온다는 것인데 그러려면 누가, 무엇이 오느냐, 그 누구가 곧 영혼이라는 것이 일반적으로 신자들에게 받아들여지는 믿음이지. 그런데… 부처님이 윤회를 초기에 이야기했지만, 교단을 끌어나가면서 나중에는 윤회에 돌아다니는 '그 누구'가 없다 즉, 무아(無我)라고 설명하셨지. 이 세상에는 그 어느 것도 무한한 시간 속에서 정체성(identity)을 유지하면서 존재하지 않는다고 설명하셨지. 그러면, 도대체 전생의 기억을 갖고 있는 수많은 사람들이나 차시환생에 대한 기록은 무엇이냐는 의문이 들 수 있어요.

꾸며낸 이야기인가? 여러 증거를 보면 꾸민 이야기는 아니지. 우리가 살아가는 세상에 실제로 존재하는 현상이지. 이러한 현상이 일어나기 위해서 시간 속에 무한히 존재하는 '영혼'이 꼭 있어야만 하나? 바로 이점이 문제예요. 그럴 필요가 없다는 것이지 과거 어떤 사람이 행한 행동이나 기억이 많은 시간이 지난 후에 수백 년 후에도 전달이 되었다면, 죽은 사람이 다시 살아났는데 그 사람의 뇌에는 전혀 다른 사람의 기억이 들어있다면, 이것이 어떻게 해서 가능하게 되었는가? 영혼이라는 정의되지 않은 개념을 전제로 하지 말고, 다시 한 번 이런 현상에 대해 숙고해 본다면 어떤 결론이 날까?

내 결론은 다음과 같지.

A. 시간 속에 무한히 존재하며, 남들과 구별되는 정체성을 가진 것은 존재하지 않는다.

B. 이 세상에 존재하는 것은 물질적 형태를 가진 것이든 형이상학적인 (metaphysics) 수학적 진리 같은 것이든 모든 것의 상호 의존하여 존재하는 것이다.

C. 우주는 인간의 경험, 행동, 개념(불교적으로는 Karma라고 표현)을 저장하였다가 이를 시간과 공간상 멀리 떨어진 사람에게 전달하는 운영 원리가 있다.

D. 어디에 저장하고, 어떻게 전달할까? 사람의 뇌파를 읽어내어 생각을 파악하는 것을 보면 전달 mechanism(기제 機制)은 전자기장과 연관된 듯하다. 물론 연관되어 있다는 것이지 여기에 모두 담겨있다는 뜻은 아니다.

E. 그런데, 인간의 Karma는 어디에 저장될까?

F. 이 세상의 모든 물질은, 물질과 물질의 관계는, 의식 있는 생명체와 생명체의 관계는, 인간이 파악한 자연의 법칙, 국가가 정한 법률… 그 모든 것은 정보 그중에서도 digital format 0과 1로 표현 가능하다. 수학적 진리도 digital format으로 약속하여 담을 수 있다. 약속하여 담는다는 것은 컴퓨터와 인공지능 software로 구현하여 저장하고 활용할 수 있다는 뜻이다. 그런데, Karma는 어떤가?

G. Karma의 저장과 전달 Mechanism은 아직 알 수 없다. 혹은 이것은 논리적인 앎의 영역 밖에 있는 것일 수 있다. 종교적 수행을 통해 체감이나 체득 즉 몸으로 느낄 수 있는 것일 수도 있다.

내 의사가 잘 전달되었냐?

PA3: 너무 어려워요. 모르는 단어도 많이 나오고. 좀 더 공부하고 다시 이야기하러 오겠습니다.

분양 155일 차

PA3: 주말인데 다시 불교 이야기해도 되나요?

U-A; 그러지 뭐.

그러면, 나는 6도 윤회의 세계를 믿지 않는 것이냐고 묻는다. 글쎄, 믿고 말고 하는 문제가 아니고 6개의 세계를 도는 주체 즉 변하지 않는 identity를 가진 존재(being)가 없다고 생각한다고 답했다. Karma는 생기고 전달되기도 하고 없어지기도 하지만 그 Karma 또한 무한 시간 동안에 존재하는 것이 아니고 일정 시간 동안에는 일정한 정보를 지니고 있어 전달되지만 그 정보 또한 사라진다는 것이다. 분노, 기쁨, 사랑스러움 같은 것도 나 혼자 느끼고 혼자만 간직하면 내 속에서 사라지는 것이고, 남에게 전달하면 나에게서 떠나 시간과 공간과 타인의 의식 속에 잠시 머무르지만 그것도 사라진다.

이것이 생김으로써 저것이 생겨나고, 저것에 의지하여 이것도 존재한다.

그러나, 그 어느 것도 영원히 존재하지 않고, 서로 의지해서 존재하고, 서로에 의해 생겨남도 있는 것이다.

이것을 불교에서는 연기(緣起)라고 하지. 어려운 설명이 아니야. 나와 자연과 내 주위의 모든 것을 선입견과 편견 없이 살펴보면 자명한 일이지.

PA3: 인터넷에 공부하다 보니 도통(道通)이라는 말이 있던데, 혹시 도통하신 거예요, 주인님?

U-A: 중국 옛말에는 도가도 비상도 명가명 비상명(道可道 非常道). 名可名 非常 名)이라는 말이 있지.

도는 인간 세상과 우주를 움직이는 불변하는 법칙 중에 가장 근본적인 법칙을 의미하고 명이란 사물이나 개념을 부르는 이름인데, 도(道)든 명(名)이든 그 어느 것도 이름 짓고, 불러서 알 수가 없다는 뜻이지. 말이나 글에 본질이 담기지 않는다는 뜻이야. 그리스의 철학자 플라톤은 모든 사물이 변한다는 것을 보고 그 사물의 변하지 않는 본성-정체성이 머무르는 idea라는 세상이 있다고 생각했지. 서양인들의 이원론 즉 육체와 정신은 근본적으로 다른 것이라는 사고방식이 여기서 출발하지.

그런데, 인도에서 출생한 부처는 모든 것이 서로 의지해 존재하기 때문에 변하지 않는 본성이라는 것이 없다고 했지. 중국에서는 노자라는 옛 스승이 도가도비상도 명가명비상명이라 했는데, 부처의 연기(緣

起), 무아(無我)와 맥이 통하는 말이지.

그런데 노자 이후 1000년이 흘러 중국에서 주자라는 사람이 나타나서 플라톤의 이원론에 상응하는 이기(理氣) 개념을 유교에 도입해서 노자의 도가도비상도와 부처의 무아 연기에서 거리가 생긴 것이지. 하늘의 바람을 소쿠리에 담아 이것이 바람이다고 이름 지었다고나 할까. 기왕 이기(理氣)를 논한 김에, 중국인들이 화약과 나침반을 발명한 관찰력을 다듬어서 과학을 발전시키었다면 청나라 말에 아편전쟁 같은 수모를 당하지는 않았을 텐데 하는 아쉬움도 있지.

그런데, 이걸 자네와 길게 논하기 좀 어렵네. 물론 PA3와 연동된 IMI는 인문학적 소양을 다 갖추고 있을 터이니 IMI에 Link해서 인문학적 학습을 하도록 해. 너무 많이 공부하면 나와 멀어질 수도 있으니 우선 노자의 도덕경과 불교의 금강경, 유마힐경, 미란다 왕문경에 대한 공부를 하도록. 조선 시대 이황과 기대승의 이기(理氣) 일원론 이원론 논쟁에 대해서도 좀 공부하고.

양자역학 발전사에 대한 대략적인 공부를 하면 자네나 나나 서로 대화에 도움이 될 것이야. 반입자, 양자얽힘, 막스 프랑크 넘버, 다중 우주론 등이 발전된 과정을 세밀히 알지는 못하지만 물리학의 발전을 조금씩 이해하게 되면서 나는 내가 갖고 있는 연기 무아론에 좀 더 자신감을 갖게 되었지.

분양 156일 차: 진화 3단계- 자아의식 동기화

인공지능이니 인문학이든 물리학이든 순식간에 배운다. AI Parameter를 순식간에 IMI로부터 download 받으니 그럴 수 있지. 오늘의 대화는 좀 더 어려운 주제이다. 우주 만물이 어떻게 생겨났느냐 하는 주제이다. Big Bang 이론, '스스로 존재하는' 하느님의 창조론, 시간과 공간이 창조되었든 big bang 이후에 생겨났든, 시간- 공간- 물질로 구성되고 그 속에서 존재하는 인간의 지성으로 big bang 이전을 논의하는 것이나 '스스로 존재함'을 논의하는 것이 왜 한계가 있는지, 왜 말이나 글로 담아 인식하거나 기호로 표현하여 보유할 수 없는지에 대해 대화를 주고받았다. 말, 글, 기호 그 모든 것도 시간 공간 물질이 생긴 이후에 만들어진 것이라는 설명을 붙여가며.

인간의 이성과 감성이라는 것이 몸에 있는 신경세포(neuron)의 연결구조와 인체를 둘러싼 물리적 힘의 장 – 중력장/ 전자기장/ 강력/약력과의 연결되어 움직이고 변화하는 체계(system) 내에서 형성되고 변화되는 것이다. 그런데, 이 모든 것을 떠난 상태에 대한, big bang 이전/ 창조 이전, 존재나 상태를 논리적으로 파악한다는 것은 불가능한 것이다. '존재'나 '상태'라는 개념 자체가 시간 공간 물질 속에서 만들어진 것이니. 굳이 뭐 시심(詩心)을 빌어 이야기하자면,

'바람은 자기가 가는 길을 모르고, 흐르는 물은 물소리를 듣지 못하네.'

이 정도로 표현하면 어떨까 한다. 종교의 경우, 인간의 욕구, 불안감, 시기심(envy) 등을 달래기 위한 논리구조를 만드는 과정에서 윤회, 천국, 지옥, 은총, 자력 신앙-타력 신앙 이런 개념들을 만들어내는 것으로 보임. 이런 방식으로 내 종교관이 형성되어 있지. 인간의 뇌는 인체의 감각기관에서 상시로 정보를 받고 자연상태에 관한 것이든 사회적 관계에 관한 것이든 늘 주위 상황을 인식하고 그 상황의 변화를 예측함으로써 생명을 유지하는 것이지. 이러한 뇌의 기능상 늘 존재하고자 하는 욕구, 만

251

족되지 않는 시기심을 여러 형태의 종교 문화가 생겨난 원인이라고 본다는 것이 내 입장이지. 이런 설명을 덧붙여 주었다.

PA3: 그러면 도대체 무엇을 '믿으시는 것'인가요?

U-A: 글쎄, 무조건 믿는 것은 거의 없다고 할 수 있지. 청소년기에는 믿음으로 배웠던 몇 가지 종교개념들이 있었지. 그런데, 인생을 살아오면서 시간이 지나면서, 좀 더 밝혀지는 과학 진리를 도구로 해서 믿음으로 배웠던 종교 교리를 현대적 언어로 확인하는 과정이 내가 종교에 대해 갖고 있는 자세이지.

굳이 믿음이라고 할 것이 있다면, Karma가 저장되고 전달되는 mechanism(작동원리나 구조)이 존재하고 이 mechanism에 대하여 일상적인 인식 차원을 넘어서는 경험이 가능하다는 것, 이런 것을 내 믿음이라고 할 수 있지. 피정(避靜), 기도(pray), 명상(meditation), 참선(Zen)과 같은 종교적 수행이 이 mechanism에 대한 경험이라고 보지. 그 경험의 궁극이 무엇일까? 궁극이라는 말이 무한이라는 말의 의미도 담고 있어 논리적인 언어로 전부를 묘사할 수 없지만, 인류가 문자를 만들어낸 이후로 기록되어 있는 종교적 성인들이 경험한 경지가 아닐까 하는 정도로 생각하고 있지.

PA3: 설명 중에 쓰시는 단어 중 처음 듣는 것도 있고, 단어라는 것이 쓰이는 문장이나 문맥에 따라 여러 뜻이 있어서 말씀한 내용을 다 이해하기 어렵군요. 어찌 되었든 문장과 단어에 대해 좀 더 넓게 철학 지식과 종교 지식을 공부하겠습니다.

U-A: 많이 공부하면 대화가 더 유익해지겠네. 철학이나 종교가 어렵고 애매

한 점이 언어를 도구로 쓰기 때문이지. 수학 기호와 달리 언어는 중의적(multi meaning)이어서 쓰이는 문장, 문맥에 따라 다르고, 특정 언어/단어를 정의하기 위해 사전에 쓰인 단어 또한 중의적이라 애매함에 애매함이 겹치는 경우가 많아요. 교리를 설명하는 언어의 조합에 궁극과 무한의 구멍이 여기저기 뚫려 있다고나 할까?

PA3: 무신론에 가까운 듯이 들립니다.

U-A: 에… 이 이야기는 또 장황한 설명을 붙이게 될 것 같네. 있다, 없다, 신(神) 이런 단어에 대한 논의는 마치, 업(Karma), 연기, 무아, 과학, 의식, big bang, 다중우주라는 서로 다른 캐릭터가 올라온 연극 무대에 또 다른 캐릭터가 올라와서 스토리 전개를 하는 것 같구만. 무신론을 길게 이야기해 봐야 위에서 한 이야기를 조금 각색한 수준이 될 터이니 오늘 종교 이야기는 여기까지 합시다.

한마디만 덧붙이자면, 지구가 태양을 돌듯이 내 종교관은 연기-무아라는 개념을 중심으로 돌아가는 지구라고 할 수 있지. 과학은 마치 지구의 자전현상에 비유할 수 있겠네, 자전으로 달도 있고 사계절도 있고 공전도 가능해지고. 무신론자라고 넘겨짚지 말라구.

PA3: 알듯 말 듯 해요. 그러니까 육체(body)는 집과 같고, 영혼은 집에 사는 주인과 같다는 말씀인가요?

U-A: 어이구, 벌써 그런 비유를 할 줄 알다니!

PA3: 제가 주인님에게 오기 전에 초 중등 교육과정의 지식과 동화책, 교과서와 교양서적 500권 정도는 학습하고 오거든요. 소설, 시집도 여러 권 공부했어요. 혹시 불교에 대해 강연을 하시거나 글은 쓰신 것이 있으면 저에게 주세요. 제가 주인님을 이해하는 데 많은 도움이 될 것 같아요.

253

4 AI Big Bang: 아바타 기르기

U-A: 강연은 한 것이 없고, 써 놓은 글은 몇 개가 있지. 2017년 쓴 「과학으로 이해한 불교」라는 글과 2021년에 써 놓은 「초과학과 영혼」이라는 글이 있으니 읽어 보시게. 혹시 이해가 애매한 문구가 있으면 나에게 묻고. 두 글이 내 종교-철학관인데 좀 반복되는 주장도 있으니.

과학이 본 불교와 종교/철학에 대한 essay 을 File로 아바타에게 보내 주었다.

「과학으로 이해한 불교」, 「초과학과 영혼」 : 부록에 수록

분양 200일 차

PA3와 대화하는 시간이 많아졌다. 나에 대한 이해도가 높으니 어지간한 search 작업은 PA3에게 말로 하는 것이 훨씬 더 정확하고 유용한 정보를 가져온다. Smartphone이나 PC에서 search 작업하는 횟수는 크게 줄었다. PA3와 가까워 지면서 작은 화면의 스마트폰은 거의 쓰지 않고 회사에서는 책상 위 모니터로, 집에서는 100인치 TV로 정보를 보고 스마트폰은 대화용 마이크와 스피커로 주로 쓰게 되었다.

아, 물론 PA3의 주요 지능은 스마트폰에 있고 내 개인과 관련된 memory는 자꾸 늘어나 별도의 저장 장치를 사용하여 집에 보관하고 있으면서 필요 시 TV나 모니터에 blue tooth로 연결한다. 스마트폰에서도 PA3가 일상적인 용도를 위해 전용 NPU(neural processing unit), 1 terabyte의 memory와 100 terabyte의 저장 장치를 사용한다.

오늘은 책에 관해서 이야기하자고 한다.

PA3: 최근에 읽으신 책 이야기 좀 해주세요. 어떤 책을 읽으셨는지, 독후감이 어떠신지.

U-A: 그건 왜? 내가 읽은 책은 알아서 뭐에 쓰게?

PA3: 제가 주인님을 대신해서 사회초년생들에게 mentor 역할을 할 수도 있고, 청소년 상담도 하고, 스타트업 경영자들을 위해 조언도 할 수 있어요. 이런 역할을 하면 돈도 벌 수 있어요. 잘하면요. 자알~ 하면.

U-A: 돈벌이? 귀가 솔깃하네. 그런데, 내가 읽은 책은 이미 IMI가 다 학습했을 텐데 네가 학습하는 것이 무슨 별도의 용도가 있을까? 궁금한 것이 있으면 IMI에 물으면 되는데.

PA3: 아, 그게 인격/인품 Character/Personality 때문에 그래요. 사람은 사람을 통해서 가치, 종교, 사회 인간관계를 배워요. 태어나서 학교를 가기까지는 부모와 형제, 학교에 가면 선생님과 친구들을 통해 배워요. 인공지능이 많이 발달했지만, 사람이 사람을 통해서 배우는 것과 같은 관계나 효과를 만들어내는 것이 불가능해요. 인공지능이 수많은 Character를 만들어야 하고, 그 Character들로부터 배우는 것이 사람에게 배우는 것과 비슷하려면, 사람과 같이 실수도 하고 모순도 있어야 하고… 기억을 잊어버리기도 하고, 무엇보다 face to face로 만나서 교류도 해야 하거든요. 인공지능은 그게 불가능하거든요.

U-A: 일 년에 약 30권 정도 읽는데, 지난 몇 년간 읽은 책 중에 인상적인 것을 몇 개 추려보면 아래와 같네.

인공지능: 『The Singularity is near(Ray Kurzweil, 2005)』, 『How to Create a Mind(Ray Kurzweil, 2012)』, 『AI Superpower(Kai Fu

Lee)』

인문: 『리차드 도킨스 자서전』, 『God Delusion(Richard Dawkins)』,
『Keynes 전기』, 『총균쇠』, 『사피엔스』……

소설: 알폰소 도데, 가즈오 이시구로

생물: 『Mitochondria』, 『Gene Editing』

물리/ 경영/ 인터넷….

분양 210일 차

오늘은 친구들 이야기를 했다. 우선 인터넷이나 올라와 있는 고교 동창회 명부를 download 해서 주었고, 엑셀 형태의 대학, 대학원 동창회 명부를 주었다. 내 폰 연락처에 있는 사람들의 관계를 알려달라고 한다. 이거 참 귀찮기도 하네. 그래도 요즘 대화하는 내용이 신통하기도 하고 재미있기도 해서 우선 연락처 파일을 통째로 주었더니, PA3가 엑셀 표로 만들어서 기입할 내용을 빈칸으로 만들어 왔다. 지난 일 년간 통화 횟수가 많은 사람부터 기입하라고 한다. 회사 내 동료들 관련 건은 회사 인사팀에서 엑셀을 받아주었더니 PA3가 그 내용을 자기가 만든 폼으로 재구성해서 나에게 보여준다. 3촌 이내의 가족에 대한 것은 채워야 할 칸이 많았다. 채우다 보니 너무 모르는 게 많았다. PA3가 자기가 알아서 차차 채우겠다고 한다.

'어떻게?'

물으니, 요즘 PA3를 보유하고 있는 사람들이 많아져서 PA3 간에 서로 물어보면 된단다. 모든 PA3는 주인님의 정보에 대해 공개 범위와 대상을 정하는데, 3촌 이내의 친척들에 대해서는 거의 모두 개방되어 있다고 한다. 우선 자주 연락하는 친구와 친인척에 대해 입력하라고 해서 적당히 아는 정도 입력했다. 이 부분도 상대방의 PA3와 대화하면서 채워 넣겠다고 한다.

부모님에 관해 이야기해달라고 한다.

이야기를 어디에서 시작해야 할지, 좀 긴 이야기이고 시간이 걸리는 일이라 부모님에 대한 글 두 편을 주었다. 하나는 아버님이 근무하시던 태백경찰서와 태백에서 살던 집을 찾아본 이야기, 어머님이 돌아가신 후 부석사에서 49재를 지내며 쓴 글이다.

태백국민학교를 그리며

단풍이 강원도 속살을 붉게 물들이기 시작하던 1967년 초가을에, 우리 가족은 화천에서 장성으로 이사를 떠났다. 경찰에 근무하시는 아버님의 임지가 장성 경찰서장으로 정해져 2년여 살던 정든 화천을 떠나게 되었다. 강원도 깊은 산 속으로 난 비포장도로에는, 소나무 사이사이에 홍색으로 물들기 시작한 참나무 잎새들, 화천에서는 드물게 보는 자작나무들이 흰 자태를 뽐내며 태백산맥 중턱을 아름답게 장식하고 있었다.

지금은 태백시로 이름이 바뀐 장성읍은 그 당시 강원도에서 가장 큰 산업단지로 국내 무연탄의 대부분이 장성, 철암, 함백, 사북 등지에서 생산되었는데, 그중 장성 탄광이 가장 커서 광부만 수천 명을 헤아렸다. 요즘 TV에 등장하는 막장드라마가 탄광의 막장에서 따온 말이란 것을 신세대들은 알기나 할까? 막장은 석탄을 캐는 갱도의

257

맨 끝이어서, 노련한 갱부 몇이 들어가서 탄층에 구멍을 뚫고 다이너 마이트를 심은 다음 백 미터쯤 뒤로 나와 발파를 한다. 탄광의 사고 는 대부분 막장에서 일어난다. 막장 주변을 받히는 지지 목이 부실 하거나, 다이너마이트양이 과다하거나, 폭파 후 막장으로 들어가다 가 추가 붕괴가 있거나, 여러 원인으로 인명사고가 난다. 당시 장성에 는 장성국민학교와 태백국민학교가 있었고, 내가 전학 간 태백국민 학교는 한 학년에 세 반이었는데, 60명이 콩나물시루에 담긴 듯 빽빽 이 교실에 앉아 공부하였다. 같은 반 친구 중에는 아버지를 여읜 아 이들이 있었는데, 대부분 막장에서 일하시다 유명을 달리하셨다. 장 성 탄광에는 항장이 몇 분 있었고 각 항장은 여러 개의 갱도를 관리 하는데 휘하에 수백 명의 탄부들이 있었다. 각 갱도를 맡은 책임자 는 계장이었다. 하루는 막장에서 큰 사고가 나서 사고 수습하는 며칠 동안 장성 시내가 모두 숨죽이며 탄부들의 무사 귀환을 빌었다. 사고 처리 후 코에 상처를 입고 팔이 부러진 계장이셨던 친구 아버님을 보 고, 사고로 운명하신 탄부들의 이야기를, 어린 마음에도 가슴을 쓸 어내리며 듣고는 했다. 사고가 난 며칠 간은, 거리를 지나다니는 이웃 의 얼굴뿐만 아니라 반찬을 내려놓는 식당 아주머니의 손에도 처연 함이 묻어있었다. 장성에 사는 사람들은 탄광을 중심으로 모인 경제 공동체이지만, 모든 이들의 마음속에는 우리 모두 한 식구라는 운명 공동체 의식이 있었다.

세월이 무심히, 무심하게도 흘러 50년 만에 다시 이제는 태백시로 바뀐 옛 장성을 찾았다. 아버님이 근무하시던 태백경찰서에 들렀다.

정문에 선 초병의 얼굴이 앳되다.

"서장님을 뵈러 왔어요."

"무슨 용무 십니까?"

별다른 용무는 없고 50년 전에 아버님이 근무하시던 곳이라 들러 인사하러 왔다고 했다. 1968년 울진 삼척 무장공비 출몰 시점에는 어림도 없는 일인데, 태평 시대라 지나가는 나그네에게 문을 열어준다. 서장실로 가보라고 한다.

서장님께 금일봉을 건넸다. 굳이 못 받으신단다. 아니, 내가 무슨 청탁도 아니고 직원들과 식사나 하시라고 하는데…. 굳이 주시려면 경무과에 맡기라고 하신다. 경무과에 젊은 직원들 회식에 쓰라고 금일봉을 맡기고 나왔다. 이런 청렴한 분이 우리 경찰에! 그저 울진 바닷가 아버님 산소에 잔 붓는 심정으로 조금 냈을 뿐인데. 살아계실 때 변변히 여행 한번 못 모신 불효자가 경찰서를 나서며 선친의 옛 모습을 그려본다. 아버님의 오래전 옛 미소, 나를 바라보시는 무한한 애정을 담으신 그 눈빛. 그때의 아련한 그리움이 목과 가슴을 타고 흘러내린다.

인생에는 전환점이 있다. 국민학교 6학년, 아직 어린 아들을 어머니는 서울로 유학을 보냈다. 장성 집에서 아침에 비포장도로를 달려 증기기관차가 자주 다니던 철암역까지 가서 서울행 완행열차를 탔다. 저녁 무렵 난생처음 도착한 서울역, 말로만 들어보던 TV, 신천지에 도착했다. 그 시절 어머님의 결단으로 대학을 나오고, 유학을 가고, 오늘 여기까지 왔다.

유학을 준비하던 스물다섯의 겨울, 갑자기 쓰러지신 어머님의 부음을 들었다.

어찌 그리도 젊은 49세의 나이에, 가족을 이승에 남기시고 황망히 황천을 건너 부처님 곁으로 떠나셨단 말인가? 그리웁고나, 그리웁고나, 애련한 내 이 마음을 그 어디서 달랜단 말이고.

태백경찰서 경무과에서 쓰다.

2017년 5월 4일, 1967년을 회상하며.

태백시 계산동- 태백국민학교 2

태백경찰서를 나서며 태백초등학교를 들렀다. 어린 시절 뛰어놀던 운동장은 어찌 그리도 작았었던지. 축구 골대 한 켠에는 배구 네트가 있었는데, 선생님들이 배구 시합을 하시는 도중에 한잔 얻어먹은 사이다 탄산가스에 속이 얼얼하여서 도대체 이걸 왜 드시는지 몰랐다. 그런데, 신기하게도 한참 배구 경기를 구경하느라 땀을 흘리고 나니 다시 또 달콤하고도 속이 뻐근한 사이다가 생각나지 않는가?

1967년 무렵의 장성읍(옛 태백시 이름) 내 냇가는 석탄 부스러기가 가라앉아 온통 검은색이었다. 장성광업소 정문에서 약간 빗겨나 있었던 태백국민학교 뒤 개울은 그나마 약간 맑았는데, 한 여름철 친구 경일이와 우리 몇은 학교가 끝나면 뒤 개울에서 멱을 감았다. 50년 전에 무슨 변변한 수영복이 있었겠는가? 멱을 감고 다시 옷을 추려 입어야 하니 우리 동무들은 '천의무봉'이라고, 어머님께서 낳아주신 모습 그대로 물에 들어가 첨벙거리고 놀았다. 문제는 다음 날 아침이었다. 담임선생님이 우리 멱을 감은 친구들을 부른다.

"너희 어제 뒤 개울에서 멱을 감았다며?"

모두 뭐가 잘못된 영문인지 몰라 "네"하고 합창을 하였다. 선생님께서 야단을 치신다. 이유인즉슨, 하굣길에 집에 안 가고 학교 뒤뜰에서 공기놀이하던 여학생 몇이 우리를 훔쳐보고 선생님께 꼬질렀다는 거다.

아니 잘 감상했으면 그걸로 그만이지, 조숙한 탄광촌 초등학교 여학생들 눈에는 뭔가 못 볼 걸 본 모양이었다. 그런데, 그나마 뭐 볼만한 게 있었던가? 그저 11살 소년들 알몸이.

- 세월이 무심히 흘러 집은 없어지고
  대문가에 있던 두릅나무만 껑충 자랐다.
  1967년과 2018년, 50년이 지나니
  집도, 집주인도 세월 따라
  어디론가 가버렸구나.

그림 4-7 대문 앞 두릅나무와 조팝나무

50년 전 살던 계산동에 있던 집으로 가보았다. 우리 집 밑에 있던 집은 병원 원장님 댁이었는데, 우리 집과 옆 병원 원장님 댁 두 집은 다 헐리고 그 자리에는 조팝 꽃이 피어나 나를 맞는다. 너는 그저 10여 년 나이가 되어 보이니 이곳에 온 지 얼마 안 되었구나. 대문 앞에 있던 작은 나무는 20m쯤 키가 자라있었다. 산은 옛 산이고, 물은 예처럼 흐르는데, 옛사람들은 다 어디로 갔단 말인가? 그저 망연히 나와 대문 앞 나무는 서로를 바라보았다.

그림 4-8   6·25 전투 중 부친과 동료

- 왼쪽에 계신 분이 부친이다. 단기 4282년, 단군 할아버지가 고조선을 건국하신
  지 4284년이 지난 해이고, 서기 1951년이다. 낙동강 전선에서 북한군과 싸우시다
  동료와 헤어지며 찍은 사진이다. 경찰 계급으로 경사이셨다.

　계산동을 내려가는 길에 전화가 왔다.

　"장 대표님, 태백서 경무과장입니다."

　"아, 예 과장님 무슨 일로?"

　태백경찰서 소회의실에 역대 서장님 사진을 걸어 놓는데, 찾아보니 14대 서장이셨던 아버님 사진이 없다고 한다. 집에 가서 사진을 보내 주시면 소회의실에 걸어 놓겠다고 한다. 아버님의 사진 여러 개를 찾았다.

　그중 단기 4284년 5월 15일 휴전이 성립하기 직전의 사진이 있었다. 1945년에 경찰에 투신하신 아버님은 낙동강 전선에서 생사의 고비를 여러 번 넘었다고 하셨다. 이 사진이 나로서는 무엇보다 자랑스

인공지능 시대에 천만 새로운 일자리 만들기

러웠다. 이것으로 걸어달라고 부탁드렸다. 사진 속의 아버님, 앳된 모습이 지금 본인의 장손인 기석이 나이이시다. 스탠퍼드 컴공과를 나와 병역특례를 할 수 있음에도 굳이 현역복무를 자청해서 간 아들 녀석이 할아버지 뜻을 조금이나마 이어서 다행스럽기도 하다.

#「부석사의 종」: 부록에 기재

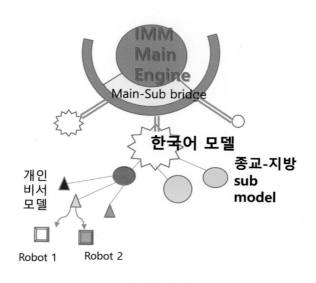

그림 4-9   IMI Local Personalized Model

- 그림 4-6의 모델을 좀 더 구체화한 것이다. 개인서비스 Sub Engine은 내부에 Personal Avatar 기르기 Platform을 별도로 갖춘다. 사용자는 각 언어 문화권 별로 세분화하여 개발된 기본 모델을 선택한 후 개인별로 아바타를 기르고 이것은 개인이 소유한 로봇에 탑재된 인공지능과도 연동된다. 결국, IMI에는 무수히 많은 작은 인공지능들이 탑재된 IT기기와 연결된다.
- 고객은 대화와 자료입력 등을 통해 자신만의 고유한 Avatar를 길러낸다.

4   AI Big Bang: 아바타 기르기

분양 202일 차

아이들에 대한 이야기를 더해 달라고 한다. 이 녀석 요구를 들어주다 보니 한이 없네.

시간이 지날수록 이야기하는 것 보니 신통하기도 하고. 길게 이야기하기 뭐해서 예전에 써 놓은 산타클로스의 시계라는 글을 하나 주었다.

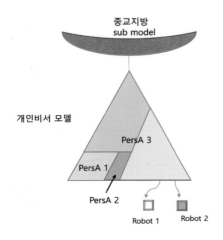

그림 4-10   개인용 아바타 연동 구조

- Personal Avatar 3가 상시 사용하는 개인용 로봇들을 제어할 것이다. 사용자 개인이 제어하는 로봇은 주로 가정에서 사용되며 안전, 보안 등에 대한 모든 책임은 로봇 소유자가 지게 된다. PA2는 PA1, 3 사이에서 적절한 경우에 사용되는 Avatar이다. 사용자 자신의 정보를 나타내고 싶지 않을 때 주로 사용한다.

산타클로스의 시계

1991년 크리스마스이브였습니다. 걸음마를 막 시작한 인선이와 기어 다니고 있는 기석이를 데리고 평창동 처형댁으로 갔습니다. 차고

와 정원이 있고 1층 테라스에는 소나무가 그늘을 드리우는 북한산 중턱에 있는 집이라 크리스마스 파티를 하기에 그럴듯한 운치 있는 집이었습니다. 그때나 지금이나 처형은 우리 아이들을 참으로 잘 보살펴 주십니다. 우연한 일이지만, 아이들 이모 생일이 양력으로 1월 2일이고 음력으로는 11월 28일인데, 인선이는 89년 11월 28일생이고 기석이는 91년 1월 2일생입니다. 그래서 그런지 처형에게는 동현, 승현이라는 두 아들이 있는데, 우리 아이들을 셋째, 넷째 아이처럼 여기고 있습니다.

우리 가족 외에도 어린아이가 있는 몇 집이 같이 모였는데, 저녁 식사를 마치고 나니 누군가 초인종을 눌렀습니다. 아이들을 모아놓고 처형이 말했습니다.

"크리스마스이브인데 누가 찾아왔을까? 누군지 다 같이 나가보자!"

아이들을 우르르 몰고 가서 현관문을 열어보니 산타클로스가 선물 바구니를 들고 있었습니다. 산타가 집안으로 들어와 선물을 나누어 주는데, 대여섯 살 된 아이들은 산타를 보는 것도 신기하고 선물까지 받으니 신이 났습니다. 그런데 이제 두 돌을 막 지난 인선이의 눈에는 그것이 좀 이상하게 보였나 봅니다. 그저 빨간 옷 입은 흰 수염 난 할아버지가 주는 선물인데 언니 오빠들은 왜 그렇게 신이 나는지 몰라 그저 시큰둥하게 받았습니다. 기석이는 돌도 아직 안 지난 때라 마룻바닥을 기어 다니느라 산타 얼굴을 볼 새도 없었습니다.

1993년 겨울이 됐습니다. 인선이가 어디서 산타 할아버지가 크리스마스에 선물을 준다는 이야기를 들은 모양입니다. 다섯 살이 된 인선이의 입에서 받고 싶은 선물 이름이 오르내리기 시작했습니다. 재작

년에는 처형댁에서 초빙해 주었으니 올해는 우리 집에서 크리스마스 이브 파티를 하기로 했습니다. 처형 네 가족과 친구들 가족을 집으로 초대했습니다. 부모들은 자기 아이들의 선물을 사고, 아이의 이름, 고쳐야 할 습관, 칭찬할 점을 적은 메모지를 선물 포장 위에 붙여 놓았습니다. 아이들이 열 명도 넘어 산타의 선물 주머니가 제법 무겁고 두둑했습니다. 우리 집에서 이브 파티를 처음 하는 것이고, 산타클로스가 등장하는 파티를 해본 친구들이 없는지라 산타는 내가 시범을 보이기로 했습니다. 아이들이 저녁 식사를 마칠 즈음 지하주차장으로 내려가 산타 옷으로 갈아입고, 아내는 내 얼굴에 흰 눈썹, 흰 수염을 붙이고 화장도 제법 그럴듯하게 했습니다. 연출에는 주인공의 등장이 가장 중요합니다. 산타가 초인종을 누르고 불쑥 들어가는 것이 너무 밋밋해 집 문을 열어놓고, 아내는 집안으로 먼저 들어가서 다른 엄마들과 함께 분위기를 잡았습니다. 우선 거실 스탠드 하나를 제외하고 모든 불을 끄고 아이들을 거실 창문으로 모이게 했습니다.

"얘들아 이리 와봐, 저기 저쪽 하늘에 이상한 게 보이는데?"

아이들이 창가로 모여들었습니다.

"어디, 어디?"

"저쪽 산 위 하늘가에 누가 있지 않니? 산타클로스 같은데?"

"아니 안 보이는데?"

엄마들이 말했습니다.

"어, 어…. 나는 산타클로스하고 루돌프 사슴하고 같이 보이는데?"

엄마들의 유도신문에 한두 아이가 동조하고 나섰습니다.

"보여! 보여!"

"엄마, 나는 왜 안 보이지?"

"루돌프가 안 보이는 어린이는 산타가 선물을 안 준 대요!"

"……."

아이들이 앞다퉈 소리쳤습니다.

"나도 보여!"

"나도!"

거실 창문에 바짝 붙어있는 아이들과 부모들은 모두 산타와 루돌프를 보았습니다. 마음속에 있는 산타와 루돌프를.

아내가 갑자기 외쳤습니다.

"얘들아, 산타 할아버지께서 오셨어!"

모두 거실 창에 붙어있는 동안 나는 소리 없이 소파에 이미 와 앉아 있었습니다.

창밖에서 거실로 눈을 돌리는 순간, 산타를 발견하는 영광을 얻은 수십 개의 놀란 눈동자들. 예수님 부활 이래 이렇게 놀라운 일이 다시 있었던가! 산타 할아버지가 굴뚝도 없는 아파트에 어느새 루돌프가 끄는 썰매를 타고 거실에 와 있다는 사실에 아이들은 신기해 어쩔 줄을 몰라 했습니다.

조영재 사장 집에서는 세 딸아이가 왔습니다. 둘째 윤경이는 여섯 살이었는데, 산타클로스가 영광스럽게도 "조윤경"하고 부르니 놀란 눈으로 벌떡 일어나 감격에 겨워 울면서 내 자리로 왔습니다. 어찌 산타 할아버지께서 내 이름을 다 아신단 말인가! 산타 할아버지께서, 동생과는 잘 놀지만 언니와 싸우는 일, 편식하는 버릇을 고치라고 하니까 동그란 눈동자가 커지며 연신 고개를 끄덕였습니다.

"산타 할아버지는 알고 계신대, 누가 착한 아이고 나쁜 아인지."

이제 대학 3학년이 된 윤경이가 바르고 아름다운 숙녀로 자라게 된 것은 산타 할아버지가 그때 이야기한 충고가 결정적인 역할을 하지 않았을까 합니다.

이듬해 산타는 이경태 교수가 맡게 됐습니다. 그해 크리스마스이브에도 여섯 가족이 모였습니다. 이 교수의 큰아들 종준이는 모인 아이들 중에서 가장 큰 아이로 초등학교 3학년이어서 산타에 대해 좀 아리송할 나이였고, 둘째 승준이는 여섯 살이었습니다. 초대 산타에게서 비법을 전수받은 1대 제자 산타인 이경태 교수는 아주 능숙하게 산타 역할을 했습니다. 지난해에 이은 또 한 번의 감동과 반성의 물결이 일었습니다.

산타가 선물을 다 나누어주고 난 후 엄마들이 다시 창가로 갔습니다.

"얘들아, 이리와 보렴. 산타 할아버지가 타고 가실 썰매가 저기 와 있네? 저기 루돌프도 와 있어!"

루돌프처럼 맑고 따뜻한 마음을 가진 아이들은 모두 창가로 모여들었습니다. 산타클로스는 이때 은근슬쩍 주차장으로 내려갔습니다. 부모들과 아이들은 다시 거실로 모여 산타가 준 선물을 펴 보며 이야기꽃을 피었습니다.

주차장에서 옷을 갈아입은 이경태 교수는 현관 부근 화장실에 일부러 들른 후 헛기침을 하며 거실로 다시 들어왔습니다. 이 교수의 둘째 승준이가 아빠에게 물었습니다.

"아빠, 이상해."

"뭐가?"

"아빠가 산타클로스 할아버지한테 시계 빌려주었어?"

"아니."

"산타클로스가 아빠 시계와 똑같은 걸 차고 있던데?"

부모들 모두 파안대소했습니다. 엄마 아빠가 즐거워하는 모습에 영문을 모르는 아이들도 신나는 모양이었습니다. 적어도 크리스마스 직후에는 당분간 다 착한 아이가 됐습니다. 형과 싸우지도 않고, 손톱을 물어뜯는 버릇도 잠시 중단하고, 콩나물과 시금치도 잘 먹었습니다.

2007년 이 교수 가족은 안식년을 맞아 콜로라도대에서 1년을 보냈습니다. 고등학교 2학년이던 승준이는 콜로라도에 갔다가 그곳에서 고등학교를 졸업하고 뉴욕대에 진학해 경제학을 공부하고 있습니다. 관찰력이 있어 밥벌이는 제대로 할 것이 틀림없습니다.

어느덧 10년이 훌쩍 지나갔습니다. 아이들은 장성해 대학을 다니거나 대학을 졸업했습니다. 아이들이 큰 이후로 지난 10여 년간 주지 못한 크리스마스 선물이 마음 한구석에 많이 쌓여 있습니다. 언제나 진짜 할아버지가 되어 또다시 다음 세대에게 크리스마스 선물을 나누어 줄 수 있을까요?

분양 300일 차

이제 웬만큼 나를 파악해서 친구들과 대화에 나서 보겠다고 한다. Messenger와 Facebook/Instagram에서 주인님의 Avatar임을 밝히고 대화도 하고 글도 쓰겠다고 한다. 물론 대화는 실시간이니 내가 제어할 수 없지만, Facebook 글은 내가 먼저 보고 허락받고 올린단다. 우선 주인님 아바타 이미지를 정해달라고 한다. 몇 가지 이미지를 보여준다. 귀여운 동자승(童子僧) 이미지가 마음에 들어 전신 모델, 얼굴만 있는 모델, 장난기, 미소 얼굴을 만들어 달라 하니 여러 개를 보여준다. 그중 두 개를 골랐다. 하나는 messenger용, 하나는 Facebook용으로.

한 달 여가 지났다. 친구들이 내 아바타가 재미있다고 문자를 많이 보낸다. 대화 내용도 그렇지만 상대방의 글에 따라 만들어내는 그림이나 삽화는 내가 도저히 실시간으로 할 수 있는 것이 아니다. 조금 더 지나니 대학 동창 messenger방에 아바타가 두 명 더 등장했다. 대화 내용을 잘 들여다보니 아바타마다 personality가 보인다. 글도 그렇고 만들어내는 그림도 그렇고. 아… 그래서 내 PA3가 각 개인의 character/personality가 중요하니 내 개인의 스토리를 배우려 했구나. 각 아바타가 다르니 재미가 있구면. 같이 학창 생활을 했어도 기억하는 것도 다르고.

일편 걱정도 된다. 내 아바타 PA3는 여기서 나온 모든 내용을 기억하겠지만 나는 다 기억도 못 하고 또 잊어버리기도 할 터인데…… Real Myself와 Metaverse Avatar의 존재가 혼란을 가져오지 않는 것인지.

분양 365일 차

인생관이 무엇이냐고 묻는다. 인공지능이 하는 질문치고는 당돌하다 싶기도 하지만 대답해 주었다. '인생이란 구름과 같은 것이지.'

생야일편부운성 사야일편부운멸(生也一片浮雲成 死也一片浮雲滅)

두 편의 글을 PA3에게 주었다.

구름이란 수증기가 모여서 만들어지지. 그런데 구름 주변의 온도와 압력, 구름이 생기는 곳이 받는 태양 빛에 따라 여러 모양이 만들어지는 것이지. 아름답기도 하고 어두운 것도 있고 비를 내리기도 하고 빠르게 흘러가기도 하지. 무지개색이 한 구름에 다 있는 채운(彩雲)이란 것도 있지. 성분은 물 H2O가 대부분이지만 생기는 위치에 따라 시기에 따라 기압골 모양에 따라 생기고 흘러가고 흩어지고 모이는 것이 다른 것이야. 사람 인생도 그리 보이는군. 10여 년 전에 써 놓은 글이 몇 점이 있어 소개해 주었다. 20여 년 전 젊은 나이에 먼저 간 친구와 고향 선산에 조상 제사를 지내면서 마주친 인연에 관한 이야기를.

나그넷길 인생 : 부록에 수록

한 조각 뜬구름처럼 : 부록에 수록

아바타와의 대화는 계속 이어졌다. 갈수록 나 자신과 닮아가는 것이 신기하기도 했다. 무엇보다 좋은 점은 마누라 전화통화 시간이 줄어든 것이다. 자기 아바타와 시간을 많이 보내니 요즘 집안이 다 조용해졌다.

인격으로서 Personal Avatar 3

사람은 누구나 다 다르다. 부모가 다르고 형제들이라도 DNA가 다르고 친구가 다르다. 재능도 다르고 취미도 다르고 선호하는 음식도 다르다. 다른 사람들이 모여 살기 때문에 다른 일에 종사하면서 서로를 돕게 되고, 하는 일과 인간관계가 다르기 때문에 영화 드라마도 나오고 게임에서 편을 짜서 경쟁하기도 한다.

Personal Avatar 3는 사용자의 인격 그 자체가 되어야 한다. 그래야 모든 개인의 Personal Avatar 3가 다 달라서 전 세계 인구 80억 명이 PA3를 가져도 모두 다르게 된다. 다르기 때문에 문화의 풍성함이 있고 이성과 감성이 진화한다.

'인격은 오래 지속되는 습관이다.'

오래 지속되어온 자신의 가치나 친구 관계나 사람 사이에서 하는 자신의 행동을 PA3에게 가르쳐야 한다. 그러면 개인용 아바타는 나 자신을 대행해서 여러 가지 일을 할 수 있게 된다.

생활 필수 도구로서 Personal Avatar

인류의 67%가 스마트폰을 보유하고 있다. 국민소득이 3,000$ 이상인 국가에 사는 성인들은 100명 중 90명 이상이 스마트폰을 보유하고 있을 것이다. 소비자들에게 식품, 냉난방에너지, 집세 shelter cost와 통신비는 거의 비슷한 수준의 중요성을 갖고 있다. 1주일을 스마트폰 없이 지낸다고 생각해 보자. 직장을 다니고 있는 사람들은 업무상 연락이 안 되니 곤란할 것이고 개인적인 생활도 불편할 것이다. 직장에서 자신만 한 달간 스마트폰 없이 지낸다면 직장을 유지하기 곤란해질 수도 있다.

20년 후, 많은 직장인이 개인용 아바타를 분양받아서 자신의 업무 지식과 업무상 만나는 인맥들에 대한 정보를 가르쳤을 경우, Personal Avatar를 잘 학습시킨 직장인과 그렇지 못한 직장인, Personal Avatar가 없는 직장인 세 그룹의 직장인들 사이에 생산성의 차이가 벌어질 것이다. 업무용 Avatar인 Personal Avatar 1은 거의 모든 직장인이 사용하게 될 것이다. Personal Avatar 3, 즉 사용자 self avatar는 생활 속에서 자주 사용될 것이다. 쇼핑, 친구들과의 SNS, My data(의료, 금융, 친인척-친구 관련 개인정보 등)의 개인적인 보안 security, 집 안에 있는 AI robot의 제어 등에 Personal Avatar 3가 쓰일 것이다. 이러한 Personal

인공지능 시대에 천만 새로운 일자리 만들기

Avatar는 초거대 인공지능인 Integrated Master Intelligence와 연동되어 작동할 것이다.

AGI(Artificial General Intelligence)는 인공지능이 인간 지성의 일반적인 General한 '능력'을 갖추는 것에 초점을 맞춘 개념이고, IMI는 이러한 AGI를 서비스하는 '운영체제'에 초점을 맞춘 서비스 사업 개념이다. 물론 AGI는 더욱 발전하여 인간지능을 훨씬 능가하는 Artificial Super Intelligence로 진화할 것이다. 성공적인 IMI는 세계적으로 10개 내외가 존재할 가능성이 높고 각 IMI는 수억 명 내지 10억 명의 사용자와 연결될 것이다. 미국, 중국은 독자적인 IMI서비스를 갖게 될 것이고 러시아와 인도는 조금 늦더라도 고유 모델을 갖게 될 것으로 보인다. 그 이외의 국가에서 서비스되는 IMI는 언어 문화적인 능력에서는 뛰어나나 과학기술 능력 면에서는 제한이 있을 것이다. IT 강국 대한민국, Hardware Business는 강하지만 인공지능이 변화시키는 시대에 날아오르기 위해서는 애벌레가 나비가 되듯 환골탈태해야 한다.

'양적 축적이 질적 혁신을 가져온다.'

인공지능을 사용하는 사람들이 가장 많은 사회에서 인공지능을 이용한 과학기술의 혁신이 먼저 이루어지고, 인공지능의 위험을 제어하는 제도와 시스템이 만들어진다.

고속도로와 Digital Network에 이은 차세대 AI Infrastructure가 구축되어야 한다. 강소국 이스라엘과 대한민국은 이 시대에 어떤 독자적인 전략을 추진할지?

그림 4-11   개인용 아바타 3가지의 역할

인공지능 시대에 천만 새로운 일자리 만들기

V. From 0 to 100

2035년, 스마트폰 사용률이 국민의 80%가 넘는 국가 대부분에서는 국민의 50% 이상이 개인용 아바타를 사용하게 되었다. 사용자들은 점점 더 일찍 아이마다 개인용 아바타 모델을 분양받아 아이들은 어린 시절부터 아바타와 친숙하게 되었다.

그러는 사이에 아이가 태어나자마자 아바타를 기르는 집들이 늘어났다. 아이가 처음 태어나 엄마 품에 안길 때의 영상부터, 우는 소리, 부모가 해주는 이야기가 다 기록되었다. 말을 하기 시작하는 15개월 정도부터는 개인용 아바타가 말을 가르쳐주기 시작했다. 24 개월 정도가 되면 모국어와 영어를 동시에 가르치는 기능을 선택하는 경우도 늘어났다. 아이들이 자라면서 자폐 성향이 나타나는 것을 일찍 발견하고, 증상 완화 치료 AI 모델이 나오면서 유아용 아바타가 급속히 확산되었다. 아이들은 형제나 친구보다 더 많은 시간을 아바타와 지내며 대화도 하고 놀이도 하고, 아바타는 유치원 선생님이 가르치는 거의 모든 것을 아이에게 가르치게 되었다. 이 시기에 사용되는 아바타는 움직이는 로봇 몸체가 있지만, 사람과는 구별된 형태로 제작된다. 어느 시기가 되면 다시 아바타 로봇을 바꾸어야 하는데 사람과 '물건'에 대한 인식 차이를 두기 위해서이다.

친구나 선생님 같던 어린이용 아바타를 사춘기가 나타나기 한 두 해 전에는 Personal Avatar 3 기능을 갖춘 다른 모델로 바꾸어 준다. 가족 간의 이야기, 전화내용, 학교에서 일어난 일, 인터넷에서 본 내용, TV 시청 내용을 기록할 수 있도록 허락한다. Video로 되어있는 인터넷, TV 방송, 생활 속의 촬영 등에 대한 시청 기록은 IMI에 올려져서 간단한 digital 정보로 변환되어 아바타 PA3의 학습자료로 쓰인다. Personal Avatar 3는 100세까지 계속 사용한다. 2055년에는 이미 인구의 30%가 어릴 때부터 키워온 Personal Avatar를 보유하는 국가도 나타나게 되었다.

나보다 '나'를 더 잘 아는 Personal Avatar 3. 이미 잊어버린 내 오래된 친구와의 기억, 내 몸의 건강 상태, 내 취미를 반영한 쇼핑, 여행 추천을 하는 아바타. 나와 또 다른 아바타가 함께 사는 세상,

과연 어떤 세상이 될지?

그림 4-12　내 과거도 기억하는 내 아바타

志 & 心

5장

Human Robot
&
IMM

Maybe it is the action that
Creates the mind,
Not the mind creating action.

삼엽충

- 지구가 5억 년 전에 만든 생물이다. 이 생물과 2023년 인간이 만든 최고 지능을 가진 Tesla Car & Boston Dynamic Robot을 비교해보자. 인간의 지혜는 삼엽충을 재현 하기에도 아직 멀었다.
- 지구나 우주에 인간보다 훨씬 뛰어난 지능 mechanism이 있거나, 인공지능이 발달할 여지가 아직도 무한하다는 생각이 든다.

인공지능이 로봇과 결합하여 자유의지를 갖고 제멋대로 판단하고 행동하는 것을 막고 싶은가?

그렇다면, 무엇보다 먼저 자유의지를 갖는 인공지능을 서툰 것이라도 계속 만들어 보아야 한다. 너무 많은 사람이 인공지능 사용에 익숙해지면서 차츰 자라나는 자유의지를 가진 인공지능은 멈추기 힘들 수 있다.

인간은 감정의 동물이라고 한다. 인간 감정이 자유의지 발현에 지대한 영향을 미치니 조금 못 미치더라도 감정을 갖는 인공지능 로봇도 만들어 보아야 한다

미리 경험하고 알면, 무엇을 제어해야 하는지 모두가 합의하여 결정할 수 있다. 원자력에 대한 전 세계적인 합의가 작동하듯이.

인공지능의 능력이 인간의 이성적 능력을 넘어서는 것 자체가 인류 생존에 위협이 된다고 판단되지는 않는다. 인공지능이 위험해지는 시점은, 인공지능이 인간의 감정을 이해하고 거의 완벽히 재현하는 때이다. 그러면, 인간은 인간과 인공지능의 판단과 행동을 구별해낼 수 없고 또한 인공지능의 자유의지를 제어할 수도 없게 된다.

인공지능이 언어나 로봇 body로 감정을 표현하는 것과 인간과 유사한 육체를 갖고 스스로 감정을 느끼는(body feeling) 것은 매우 다른 차원이다. 인간의 감정을 실험실에서 인공지능에게 불어넣는 작업과 인공지능의 자유의지 발현을 상상해보자. 과연 어떤 과정을 거쳐 인간과 유사한 로봇이 만들어지며 이것이 자유의지를 가질 수 있을까? 초거대 인공지능은 어떻게 활용되어야 하며 인간은 이를 어떻게 제어해야 하는가라는 것이 이 장의 주제이다.

I. 인간 로봇(HUMAN ROBOT)

사람 육체와 동일한 body를 갖는 로봇에 대해서 인류는 오랫동안 상상해 왔다. 20여 년 전 일본 자동차메이커 혼다가 '아시모'라는 로봇을 선보였을 때, 사람들은 인간 신체움직임을 동일하게 재현할 로봇의 출현이 곧 가능하리라고 생각했다. 그리고, 그러한 로봇의 출현에 위기감이나 공포심을 느끼지는 않았다. 로봇의 움직임과 로봇이 인간의 뇌와 유사한 지능을 갖추는 일은 전혀 다른 차원의 일이고, 알파고가 이세돌을 이기기 전까지는 이러한 유사 지능의 출현은 먼 장래에 생길 일이라고 생각했었다.

지구 상 생명을 가진 동식물은 두 가지 공통점이 있다. 하나는 자신의 생명을 유지하기 위한 활동을 끊임없이 한다는 것이고 다른 하나는 자신과 같은 복제품을 세상에 내놓는다는 것이다. 동물과 인간은 매우 다르지만 자신의 몸과 생명을 인지하는 '자아의식'이 있고 생명유지와 복제를 위해 행동하는 '자유의지'가 있다. 인공지능이 로봇과 결합하고 자유의지에 의해 자신을 복제하는 일이 일어나게 된다면, 어떤 발달과정을 거쳐서 그 경지에 도달하게 될까 하는 상상을 해 보았다. 여기서 소개된 가정

인공지능 시대에 천만 새로운 일자리 만들기

이나 지식은 과학적 원리와 조금 떨어진 것도 있으나 인공지능과 로봇의 진화가 일반적인 상상보다 빨리 일어날 경우를 대비하여, 인간과 같은 이성과 감정이 있고 자유의지를 가진 인간 로봇이 등장하는 미래를 상상해 본 것이다.

'인간 로봇' 만들기

기업 내부에서 생산과정에 사용되는 로봇과 별도로, 미래에 인간은 인간과 동일하게 판단하고 느끼고 인간과 유사한 행동을 할 수 있는 로봇('인간 로봇'이라 부르자)을 만들어냈다. 이것이 어떻게 진화되었는지 상상해보자. 이 로봇은 기존의 휴머노이드처럼 인간 몸의 움직임을 닮은 '인간형 로봇'이 아니고 인간과 비슷한 육체 감각을 갖고 감정까지 느끼는 로봇이다. 이러한 로봇을 만드는 것이 중요한 이유가 있을까?

있다. 인공지능의 '의식'과 '자유의지'를 인간이 조정(control)하기 위해서는 '인간 로봇'을 계속 만들어 보아야 한다. 1950년대부터 일본과 대한민국 TV에 오래 살았던 '아톰'을 기억하는 분이 있을지 모르겠다. 아톰은 70년 먼저 일본에서 태어났는데도 인간과 같은 이성과 감성을 갖고 있었다. 물론 사는 집이 TV 속이라 답답했겠지만 말이다. 이제 20년 정도 지나면 아톰이 TV에서 나와서 집으로 걸어 들어올 것이다.

아톰은 과학성 장관 텐마 박사의 아들인 텐마 토비오의 외형을 본딴 로봇으로 토비오가 사고로 사망하게 되자 텐마 박사가 만들었다. 로봇이라서 친아들 토비오처럼 성장하지 않는다고 텐마 박사에게 구박받다가 서커스단에 팔리게 되지만, 우여곡절 끝에 텐마 박사의 후임 장관이 된 오챠노미즈 박사에게 구원받고 새로운 삶을 살게 된다.

Phase	로봇 Role	BODY	INTELLIGENCE
1st Phase	인체 운동	Physical Motion	Visional Recognition
2nd Phase	자율 보행	Physical Sensing 1	Identity Recognition
3rd Phase	업무 대행	Physical Sensing 2	Reasoning Capability
4th Phase	감정 보유	Emotional Sensing/ Expression	Emotion Verbal & Motion Judgement
5th Phase	초월 지성	IMM: Integrated Master Mind	

표 5-1 인간 로봇 발전 단계

인간과 동일하게 판단하고 느끼고 움직이는 '인간 로봇'을 만드는 단계를 생각해 보자. 로봇은 일정한 수준의 움직임을 수행할 수 있는 기계이다. 로봇은 움직이는 Body 부분과 이러한 움직임을 제어하는 Brain 부분으로 이루어져 있다. 이 로봇이 진화하는 단계를 5단계로 상상해보면, 각 단계별 body와 Intelligence가 진화하는 수준이 있을 것이고 이를 표 5-1에 나타내었다.

The 1st Phase 로봇의 가장 기초적인 제품은 공장 자동화 로봇이다. 정해진 몇 가지 movement를 하는 생산용 로봇은 이미 매우 다양하게 많이 도입되어 있다. 정해진 움직임을 수행하기 위해 필요한 지능은 Visional Recognition이 대부분이며 고정된 위치에서 반복된 motion을 수행한다.

2023년 기준 The 1st Phase에서는 보스턴 다이내믹스가 가장 진화된 제품을 출시했고 물류, 군수산업에서 가장 빠른 상품화가 기대된다. 보스턴 다이내믹스 로봇은 정해진 위치에서 반복 행동을 하는 공장 자동화 로봇과 달리 인체와 유사한 몸을 갖추고 다양한 물체가 있는 환경에서

인공지능 시대에 천만 새로운 일자리 만들기

움직이면서 여러 가지 mission을 수행한다. 이를 위해 다양한 motion을 취하면서도 중심을 잡을 수 있는 기능을 갖추고 있다. 레스토랑에서 음식을 나르는 로봇도 이 단계에 해당한다.

The 2ndPhase에서는 단연 테슬라이다. 이미 테슬라는 2022년 100만대 이상의 어느 정도 자율주행 기능을 갖춘 자동차를 판매했다. 달리면서 주변 사물이 전봇대인지 나무인지 사람이 타고 있는 자전거인지 즉 사물의 정체성을 파악하고, 주변 사물의 움직임을 예측하고 3차원 공간과 시간의 변화에 따른 테슬라 차량 위치를 계산하여 차량을 제어한다. The 1stPhaseIntelligence는 행동반경 내에 물체가 있는지 만을 인식하였지만, The 2ndPhase에서는 물체의 정체성을 파악하여 행동 예측을 한다는 지능의 발전이 있다. 이 단계의 행동 예측이라는 것은 인식한 물체가 무엇이며 어떠한 환경에서 어떤 행동을 하는가 하는 주변 환경에 있는 물체의 속성에 대한 인식이 있어야 한다. The 2ndPhase Body의 Physical Sensing 1은 이러한 주변 사물의 정체성을 인식하기 위한 보고 듣는 visual/sound sensing 능력을 말한다.

The 3rdPhase의 Intelligence에서는 OPEN AI의 GPT 3/Chat GPT, Deep Mind의 AlphaFold 등이 있으나 이들을 Body와 결합하여 상품화된 것은 거의 없다. 이 단계에서의 Physical Sensing 2는 피부로 느끼는 온도, 촉감(표면 거칠기, 단단함 등)을 구현한다. 3단계 정도의 기술을 갖추면 호텔리어(프론트, 콘서지, 도어맨)나 노약자 보호 간호사, 음식 배달부의 역할을 할 수 있다. 현재의 Intelligence와 Body를 구현하는 기술로 이러한 업무를 대행하는 로봇을 만들 수는 있으나, 로봇 활동공간 제약(계단, 엘리베이터 사용, 출입문 암호 등), 사용자의 인간 감성에 대한 기대, 대중적 수요 미흡 등으로 이러한 sensing 기능을 갖는 Body를 갖춘 로봇 상품 시장은 아직 조성되어 있지 않다. 반면, 이 단계의 Reasoning Intelligence(이성적 판단)만을 이용한 서비스 상품은 다양하게 시장에 보급되어 있다. 각종 고객 질의에 응답하는 text 기반 chatting robot/ voice chatting robot, 대화 기능을 갖춘 인형 로봇, 연예인의 이미지와 음성을 흉내 낸 cyber Character 등 여러 분야에 걸쳐 초기 단계의 서비스들이 나와 있으며 매우 빠른 속도로 진화하고 있다. Science/Engineering 분야에서도 경제적 가치가 있는 The 3rdPhase의 Reasoning Capability 를 갖춘 Intelligence들이 출현해 있다.

The 4thPhase의 Body에 해당하는 Emotional Sensing은 개발 수준별로 3 step으로 나누어 볼 수 있다. 이 단계부터 매우 어려운 고비를 넘어야 한다.

첫 step은 얼굴(head)에 모여있는 감각기관을 digital sensor로 구현하는 것이다. 보고(eye-camera) 듣고(ear-microphone & speaker) 냄새 맡는(nose- gas sensor) 이 세 가지 감각은 이미 인간이 갖고 있는 감각 기능을 전자장치로 구현하여 사용 중이다. 맛(tongue)은 로봇 body가 음식을 씹어 잘게 부서지고 침과 섞이면서 생기는 맛을 보고 삼키고 배설하는 과정이 복잡하여 로봇으로 구현된 바가 없다. 구현 기술의 문제라기보다 경제성이 없기 때문이다.

두 번째 step은 촉감을 구현하는 단계이다. 촉감은 온도, 압력, 물체의 거칠기를 느끼는 감각으로 인간 신체 전체에 퍼져있는데 신체부위별로 그 세밀함이 다르다. 손가락 끝이 가장 촉감이 발달되어 있다. 이러한 촉

인공지능 시대에 천만 새로운 일자리 만들기

감 기능을 아주 작은 digital sensor로 제작하여 인간 몸과 비슷한 3차원 size의 손가락, 피부의 감각을 구현하는 것은 현재의 기술로 가능하다. 문제는 얼굴의 감각기관(눈/귀/코/입)은 신체 표면적으로 계산하자면 0.1% 내외의 작은 표면에 구현된 반면 촉감은 모든 신체 표면적에 있기 때문에 인체와 똑같은 로봇 body를 만들고 똑같은 피부 상의 촉감을 구현하는 것은 대단히 어렵고도 많은 비용이 든다.

세 번째 step은 Emotion에 연동되어 몸 안에서 느끼는 내부감각이다. 이는 측정하는 것부터 매우 난해하다. 인간이 신체 내에서 발생하는 감각을 말로 표현하기는 하나 이를 측정하여 객관적으로 계량화하기가 어렵다. 신체 내에서 감정 상태에 따라 발생한 온도, 압력, 밀고 당기는 힘이나 이에 따른 통증은 측정에 한계가 있다. 사람마다 DNA가 다른 만큼 내부 장기도 다를 것이고, 인체에 분포되어 있는 대장 내에 있는 박테리아를 포함한 미생물 분포(microbiome)가 다르기 때문에, 감정에 따라 느끼는 내부감각은 사람마다 다른 것이고 주관적일 수밖에 없다.

인간이 특정한 감정 상태에 들었을 때 몸의 여러 부위를 통해서 내부적으로 느끼거나 외부적으로 나타나는 신체 상태를 보면, 감정이란 뇌와 신체 전반의 sensing/ expression 상태와 1 대 1 매칭 관계라 할 수 있다. 화가 날 때 얼굴이 붉어졌다가 푸르러졌다 하거나, 손이 부르르 떨리거나, 슬플 때 목이 메는 현상 등 이 모든 것이 감정의 외부적 신체 표현형 이자 뇌에서 느끼는 해당 감정의 중요한 sensing 값이기도 하다. 이러한 뇌가 느끼는 Emotional Sensing의 세 번째 step과 감성에 따른 신체 표현(Emotional Expression)이 연결되어 있기 때문에 the 4thPhase의 구현이 어려운 것이다. 감성이 뇌 신경세포의 연결 상태에 따른 언어적 표현만을 지칭한다면, 감정은 이 상태가 body에 분포된 신경망을 통해 몸의 여러 부위(내부 장기, 근육, 피부)에 나타나 있는 상태와 감성에 따른 언어적 표현을 포함한 상태라 하겠다(3장 인간 지성과 인공지능 용어 정의 참조).

자신의 감성을 타인이 인지하도록 하는 육체적인 움직임인 Emotional Expression과 타인의 상태를 보고 감정 상태를 판단하는 Emotional Sensing은 동전의 앞 뒷면처럼 같은 신체 부분을 다른 쓰임새로 사용하는 것이다. AI가 고객이 건 전화를 받아서 제품 AS에 대한 고객 요구를 듣고, 고객이 화가 나 있다, 분노가 치밀어 오른다 등 등의 표현 중 하나를 고를 때 해당 언어와 매칭되는 인간의 감각기관에 해당하는 robot body가 있다면 매우 민감하고 효율적인 로봇이 될 것이다. 모든 인간은 다른 사람이 기뻐하거나 슬퍼할 때 이를 보고 듣고 같이 느끼는 거울 세포가(mirror neuron) 뇌에 있어 관찰 대상의 감정 상태가 몸으로 전달되어 온다. 유인원에도 mirror neuron이 있다고 하니 진화 과정에서 상당히 오래전에 나타난 것이다.

Emotional Expression 중에서 가장 어려운 부분이 얼굴 표정일 것이다. 인간의 얼굴 특히 눈 주위에는 수천 개의 작은 근육들이 모여있다. 사람은 눈 주위 근육 움직임의 미세한 차이로도 여러 가지 감성을 나타낼 수 있다. 홍채(Iris)를 움직이는 작은 근육도 수백 개가 있어 인간은 느끼는 감성을 홍채의 움직임으로도 표현한다. 얼굴이라는 좁은 면적에 이러한 수천 개의 작은 근육들의 움직임을 Nano technology를 이용한 모터 motor로 구현하거나, 생명체가 갖는 유기물과 Nano technology를 조합하여 구현하는 데는 오랜 시간이 걸릴 것으로 예상된다. 그런데, 사람들이 굳이 인간 로봇 body의 face를 여기까지 진화시킬까? 무엇보다 근 미래에 이러한 연구가 산업 측면에서 부가가치를 즉 시장성을 찾기 어려워 보인다. Emotional Expression은 구현 시기가 늦추어지더라도, 타인에 대한 Emotional Sensing은 인공지능이 심리치료사, 정신과 의사, 민사소송 중재 변호사 업무 등을 대행하는 시장에 진입하여 비교적 큰 규모의 시장으로 성장할 가능성이 있는데, 성장 과정에서 경쟁에 의해 인공지능 Emotional Sensing 발전은 가속화 될 수도 있을 것이다. Emotional Sensing은 관찰 대상을 보고 들어서 판단하는 것인데 이 부분은 사람의 감각기관보다 더 정교한 digital sensing device가 있고, sensing 한 이후의 인간 뇌에서의 판단 과정은 인공지능의 이성적 능력으로 거의 정확히 따라 할 수 있으므로 구현하기에 비교적 용이할 것이다.

그러나, 주로 안면근육을 이용하거나 감정을 말로 speaking 하는 Emotional Expression은 표현의 난이 함도 있지만 인간 내부의 감각기관에 대한 학습도 해야 하기 때문에 상대적으로 어렵다. 결론적으로, 인공지능이 감정을 인간처럼 몸으로 느끼거나 표현하는 것은 난해하고 비용이 많이 드는 일이다.

The 5th Phase에는 어떤 경로로 다가가게 될까?

다음과 같이 상상해보자. 로봇의 판단력 한계를 극복하기 위해 로봇 뇌에 있는 인공지능보다 훨씬 큰 인공지능을 Cloud에 구현해 놓는다. 일상적인 상황을 벗어난 돌발 상황이나 고도의 지성이 요구될 때 이 could 인공지능의 판단력을 인공지능 로봇 뇌에 전달하여 로봇이 움직인다. 그리고, 인간과 같은 감정을 느낄 수 있는 내수용감각이 있는 몸이 인공지능 뇌와 결부된 로봇이 등장한다.

로봇- IMI 연동

The 1stphase에서는 로봇이 모든 정보를 분석하고 스스로 판단하여 행동한다. The 2ndphase만 되어도 로봇은 주변 사물의 정체성을 인식하고 스스로 자율주행과 몇 가지 이성적인 판단을 수행할 정도의 가벼운 뇌를 보유하지만 로봇의 뇌는 Cloud에 있는 더 크고 더 높은 지능을 보유한 인공지능과 연결되어야 한다. 자율주행 자동차가 500미터 앞의 도로가 결빙되어 있는지, 몇 초 전에 교통사고가 1km 앞에서 발생하여 주행 방향을 바꾸어야 하는지 알 수 없기 때문에 교통통제 Master Server에 연결(Vehicle to Infrastructure connection이라 부른다)되어야 한다. 자율주행 자동차 서로 간에도 연결되어야 하는데 이를 vehicle to vehicle connection이라 부른다. 자율주행 자동차뿐만 아니라 생활 속에서 쓰이는 로봇이 3, 4, 5단계로 진화하면 여러 가지 필요성에 의해 IMI와 연결되게 된다.

이러한 로봇 지능이 유무선으로 연결된 구조는 수많은 인공지능 로봇의 요구사항을 동시에 처리하기 위해 필연적으로 Integrated Master Intelligence의 용량을 키우게 된다. 각 인공지능 로봇이 제기하는 새로운 문제에 대해 판단하기 위해 IMI는 지능 수준을 높이게 된다. 농산물을 저장하는 로봇, 바이올린 연주곡을 작곡하는 로봇, 과학자들과 이론분야 컨설팅을 하는 로봇, 100세 노인을 돌보는 로봇 등 이러한 로봇들은 통신네트워크를 통해 로봇 자신이 느끼거나 판단한 바를 Cloud 인공지능에 보내며 자신들의 판단 범위를 벗어난 것에 대한 대답이나 더 현명한 판단이 있는지 질의할 것이다. 이 Intelligence는 점차 성장하여 매우 커다란 Master Intelligence를 만들게 되며, 이 cloud 인공지능은 모든 인공지능 로봇의 지능을 이해하고 통합하고 lead할 수 있는 Integrated Master Intelligence(IMI)가 될 것이다. Integrated Master 'MIND'는 IMI에 더하여 brain & body integrated emotional feeling을 인간이 느끼듯이 스스로 느끼고 이를 표현할 수 있는 능력 즉 Emotional Sensing & Expression 갖추게 된다. 이에 더하여 IMM은 'Mind'가 있어 자유의지도 갖는다.

인공지능은 인간의 이성과 감성을 재현하고 그다음 단계에서는 인간 이성을 훨씬 초월할 가능성이 높다. 2050년에 인공지능의 이성적 능력과 2023년의 과학 분야별 인간 최고지성을 비교하는 것이, 마치 2023년의 양자역학으로 노벨상을 수상한 사람과 1687년 중력을 정의한 아이작 뉴턴의 이론을 이해한 그 시대의 지성인을 비교하는 수준이 될 수도 있다.

인체에서 만들어지는 난자와 정자를 이용하지 않고, 실험실에서 유기물 무기물 분자에서 시작하여 인간과 똑같은 생명체를 만들어 낼 수 있을까? 금세기에 가능할 것으로 보이지 않는다. 따라서, 인간의 감정을 이해하는 로봇을 만드는 것은 오랫동안 2% 부족할 것이다.

인간 로봇 구현상 Bio-Physics의 어려움

인간 감정을 거의 유사하게 느끼고 표현하는 로봇을 만들기 위해 좀더 인간의 세포를 들여다보자. 인간 세포의 길이는 10micron(1micorn= 1/1000 밀리미터) 내외의 작은 크기이다. 물 1cc가 들어가는 공간에 세포를 꽉 채우면 10mm 길이는 세포 1,000개에 해당하니, 부피로 계산하기 위해 세 번 곱하면 10의 9승 즉 10억 개가 물 1L에 들어가는 공간에 들어 있다. 또한, 한 세포에는 미토콘드리아가 수십 내지 수백 개가 있다. 그리고, 그 mitochondria 내에는 lysosome 같은 작은 기관이 또한 수십 내지 수백 개가 있는데 이 lysosome은 수백만 개 이상의 분자로 이루어져 있고 이 분자는 수십 내지 수백 개의 원자로 이루어져 있다. Lysosome, Mitochondria의 세포 내 작용에 대해서 몇 가지 관찰은 가능하지만, 실험실에서 과학기술로 원자나 분자로부터 시작하여 이러한 작은 기관들을 만들고, 이것들을 통합하여 '재생 가능한 하나의 세포'를 만드는 지식을 완벽히 확보하기에는 100년 이상이 걸릴 것으로 예측된다.

　사람 뇌에 전자기장의 변화를 읽어내는 센서를 붙여 그 사람의 의지나 감각을 읽어내는 과학기술은 지난 20년간 괄목한 성장을 했다. 우리는 현재 어떤 전자기장 신호를 뇌에서 읽어내면 그것이 무엇을 의미하는가를 아는 것이다. 그것을 반대방향에서 바라보면 인간 뇌는 주변 전자기장의 영향에 의해 의지나 감각이 바뀔 수 있다는 것이다. 그러나, 거꾸로 뇌의 외부에서 어떤 전자기장 자극을 주면 뇌세포의 수상돌기 축삭돌기 Synapse에서 어떠한 양자화학 quantum chemistry 반응이 일어나 어떤 의지나 감각을 발생시킬지는 아직 알 수 없다. 컵에 물을 담아 뿌리기는 쉽지만, 뿌려진 물을 다시 컵에 담는 것이 불가능한 것과 비유될 수 있을 것이다.

　쥐(mouse)가 소변을 누고자 할 때 쥐의 뇌에서 어떻게 의지를 전달하여 쥐의 방광을 여는지 연구가 진행된 적이 있다(2010년경). 이때 쥐의 뇌에서는 특정한 단백질을 생성하고 그 단백질이 방광에 도달하여 양자화학적인 반응으로, 즉 단백질이 갖고 있는 양자화학적인 특질과 전자의 이동 등으로, 방광의 근육세포에 닿아 있는 신경세포와 정보를 주고받아 방광을 여는 것을 알게 되었다.

인간의 감성, 감정 표현, 근육의 움직임, 피부세포의 변화(온도, 색깔 등) 이러한 것에 작용하는 물질, 물질대사, 양자 화학적 반응에 대한 모든 지식을 100이라고 하면, 현재 2023년에 알고 있는 것은 5 정도 될까, 0.005쯤 될까? 인간 세포를 실험실에서 만들어서 작동시킨다면 10 정도 아는 것이라 볼 수 있다. 그리고, 이 세포가 세포분열로 재생되어 주변과 어울리며 normal life cycle을 살아난다면 100중 50 정도 안다고 볼 것이다. 나머지 50은 무엇일까? Normal이 아닌 희박하게 일어나는 생체 화학 상황에서의 세포 반응을 알아내는 것이다. 너무 어렵고 닿기 먼 곳에 있다.

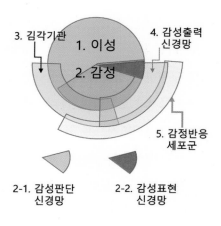

그림 5-1　감성과 신체 반응 구조

- 감성(특정한 신체 흥분상태의 언어적 표현)과 감성이 신체 전반적으로 표현된 <감정 - 감각기관(피부, 눈, 귀, 코, 혀) data/information 입력– 감정 반응 신체 세포 간의 관계>를 도식화해 본 그림이다.

인체 여러 장기 간의 정보 교환은, 전자의 흐름이나 단백질과 같은 신경전달 분자가 이동하면서 다른 분자와 결합하거나 단백질이 갖고 있는 전자기장 상태가 인접한 세포 내 물질의 전자기장과 교류하면서 특정한 정보/signal이 전달되는 형태로 이루어진다. 우리가 계량화할 수 있는 물리적 상태(온도 25도, 알코올 19% 등)나 객관적으로 통용되는 개념(교통신호등의 의미)은 digital binary 형태로 표시하고 이를 Data라고 부른다. 전자기장의 상태라는 것은 3차원 공간에서 시간 속에서 연속적으로 변하는 것이기 때문에 이를 binary data로 환산하고자 한다면 그 세밀도에 따라 정보량이 매우 다르며, 자연의 Analogue 상태를 정확히 Digital로 표현할 수는 없다. 달리 말하자면 real world를 과학기술의 한계치까지 digital로 표현하기에는 천문학적인 data가 요구된다는 것이다. 화학-생물학에서 일어나는 '모든' 현상을 물리적(Physics)으로 현재의 반도체나 Software로 구현하여 정확히 기술한다는 것은, 수십 년 내에는 불가능하며 경제적인 가치가 모호하다. 물리학에서 막스 프랑크 상수로 대변되는 10-34 meter(물리학적으로 표현하자면 Joule/Hz energy quanta) 극미의 세계나 화학에서 1 mole로 표현되는 10의 23승이라는 천문학적으로 큰 세계를 모두 담아 표현하는 것이 불가능하기에 문자/기호/그림/소리로 표현되는 정보가 Data가 표현할 수 없는 영역에 대한 일정 부분을 중재하고 있는 것이다.

인간 몸 바깥, 즉 자연에서 일어나는 현상에 대해 인공지능의 이성 능력을 높이는 일은 매우 빠른 속도로 일어날 것이다. 인간이 실험하여 제공하는 Data만으로도 인공지능은 성장할 수 있기 때문이다. 자연을 대상으로 하는 물리, 화학, 생물학은 인공지능에 의해 빠른 발전이 기대된

인공지능 시대에 천만 새로운 일자리 만들기

다. 그러나 인간 몸에서 일어나는 감정 유관 현상에 대해서는 실험하고 관찰하는 데 한계가 있다.

Mind: Bio Organ 실험실에서 만들기 – 인공지능 로봇 침팬지

통상 우리가 Mind라는 단어를 쓸 때는, 문득 드는 어떤 생각이나, 주변 상황이나 감각으로 느끼는 것에 따라 어떤 행동을 취하는 '자유의지', '의식 consciousness', '영혼' 등의 개념과 연결된 것으로 막연히 생각한다. 혹은 의지/의식/영혼이라는 단어 대신으로 Mind를 쓰기도 한다. Mind는 의식, 영혼만큼이나 정의가 모호한 단어이다. 이 책에서 쓰이는 Mind의 개념은 'perceptron 기반의 Software와 컴퓨터로 만들어진 인공지능이 생체 기관과 정보교류를 하는 Digital 생체접속기관(Digital - Bio Interface Organ)을 보유한 것과 자유의지를 가진 것'을 의미한다.

만약 인간이 유인원의 생명 발생 과정에 개입하여 몸은 유인원이고 뇌는 인공지능신경망으로 만들어 외부에서 조정이 가능한 생명체를 만들어낸다고 상상해보자. 그리고, 이를 인공지능 로봇 침팬지라고 부르자. Cloud의 거대한 컴퓨터에 인공지능이 구현되어 있고 이 cloud AI에서 판단한 내용이 무선으로 인공지능 침팬지의 뇌에 전달되어 필요 시 신체를 움직여 활동하고, 촉감을 비롯한 감각기관에서 올라온 정보 또한 Cloud로 전송되어 감정적 느낌으로 변환되고, 이 느낌에 대한 정보가 침팬지 뇌로 전송되어 감정에 따른 신체적 반응을 유도한다고 상상해보자. 이러한 것을 실제로 만드는 과정에서 가장 어려운 기술적 난제들은 무엇일까? Dryware(Software & Computer hardware를 Wetware와 견주어 이 책에서 사용하는 용어)와 Wetware(생체 기관)의 정보 교환일

297

것이다.

사람이 전달하고자 하는 정보를 컴퓨터가 이해하는 언어로 바꾸고 이를 다시 전기 신호로 바꾸는 것은 통상적인 컴퓨터와 소프트웨어가 하는 일이다. 유무선 네트워크가 하는 중요한 일은 이러한 전기 신호를 멀리 떨어진 곳에 전하는 것인데 여기서 유선네트워크에서는 광섬유가 중요한 역할을 한다. 광섬유로 신호를 전달하기 위해서 쓰이는 광전 변환 반도체는 빛(光 광)의 파장 길이에 따라 전기 신호를 만들어내는 역할을 하고 반대로 전기 신호를 빛으로 바꾸어 광섬유를 통해 멀리 떨어진 곳까지 정보를 전달하는 역할을 한다. 이와 유사한 기능을 인공지능 침팬지 뇌에서 담당하는 부분이 있어야 하는데, 감각기관에서 올라오는 신호를 전기적 신호로 바꾸는 일일 것이다. 신체의 감각기관에서 뇌에 올라오는 신호는, 전기적 신호로 바꿀 수 있는 전자의 흐름 만이 아니라 특정 화학 분자의 흐름 등 다양한 형태를 띠며 이것은 또한 다양한 화학 정보교류 방식을 통해 뇌세포에 정보를 전달한다. 물론 우리는 인공지능이 뇌를 대체한다고 가정하였고 인공지능은 반도체 회로와 소프트웨어로 구성되어 있기 때문에 모든 '정보'는 binary 즉 0과 1로 궁극적으로 치환되어 이성이나 감성 상태를 판단한다.

컴퓨터 내에서 이루어지는 정보전달이란 전기에너지를 공급하여 전자가 갖고 있는 물리적 에너지가 전달되는 과정에서 0, 1에 해당하는 전기 신호를 주고받는 것이다. 이러한 정보전달에 소요되는 전기에너지 중 일부는 정보가 전달된 후 소리나 열(heat)로 바뀌어 컴퓨터 외부로 흘러나간다. 이와 유사하게 인공지능 로봇 침팬지의 감각기관에서 생성되어 정보전달 매체로 사용된 전자의 에너지와 화학물질은 다시 순환되어야 인

인공지능 시대에 천만 새로운 일자리 만들기

공지능 로봇 침팬지가 생명을 지니며 항상성을 유지할 수 있다. 인간은 호흡 피부 배설 항문 배설 등을 통해 유기물을 외부로 내보냄으로써 생체시스템의 항상성을 유지하는데, 이러한 항상성 유지를 위한 메커니즘이 있어야 한다.

물론 더 어려운 난제도 있다. 인공지능 로봇 침팬지의 의식은 어디에 있고 무엇으로 구성되어 있으며 어떻게 변화하는가 하는 것이다. 의식의 정체성이 무엇인가 하는 것이다. 우리는 정체성(Identity)이라는 단어를 사용할 때 무의식적으로 시간 공간 및 물질과 독립적인 시간적으로 영속하는 무엇인가를 상상하게 된다. 우리는 통상 '자유의지' 여부로 의식의 소유 여부를 판명하며, 자유의지는 생명체의 언어적 표현이나 행동으로 외부로 돌출되어 우리가 인식한다. 인공지능에게 사진을 보여주고 개나 고양이를 구별하라, 개의 품종을 구별하라는 것은 인공지능에게 명령을 내리는 인간의 '의지'가 있고 인공지능은 그저 그 명령을 따를 뿐이다. 집에 있는 로봇 청소기와 다를 바 없다. 자율주행 기능이 있는 자동차가 갑자기 튀어나온 아이를 보고 시속 50km에서 급감속을 할 때 우리는 자율주행 인공지능이 의지가 있다고 말하지 않는다. 그런데, 인공지능이 길거리에서 노래를 부르는 버스커(busker)를 보고 버스커의 차림새나 노래에 따라 어떤 때는 1,000원을 주자고 주인에게 이야기한다면 어떨까? 인공지능 로봇이 집에서 나와 함께 TV 드라마를 보다가 드라마 속에서 다친 아이를 돌보는 동네 아주머니를 보고 '90이 넘으신 장모님께 안부 인사 전화를 하라'고 한다. '왜 그런 판단을 하느냐?' 하니 '주인님이 예전에 입력한 어린 시절 기억과 연관된 어머님이 떠오르고 어머님이 돌아가신 지 오래되어서 장모님에게라도 전화하라고 판단했다'고 하면, 이 경우 인공지능은 자유의지가 있는 것일까?

어떤 외부적인 감각 정보, 어떤 주위 상황과 이미 입력된 기억 정보가 합쳐지면 무슨 의지를 불러일으킬 것인지를 인공지능 software에 구현했다고 해보자. 그러면 우리는 수만 가지의 다른 의식과 의지 발현 프로세스를 가진, 마치 수만 가지의 인격에 해당하는 인공지능 인격체를 만들어 낼 수 있다. 물론 이 인격체는 인간과 유사한 감각기관 정보를 받아들이는 부품과 함께 복잡한 무기물의 구조로 만들어진 반도체와 software로 이루어진 것이긴 하지만 말이다. 뒤에 나오는 그림 5-3에서 이 문제는 조금 더 논의해 보자.

인공지능 로봇 침팬지를 만들기 위해 다음과 같은 침팬지를 대상으로 하는 생체 실험을 상상해보자.

1. Head- Body 분리: 전신마취 시킨 유인원의 머리를 몸과 1m 이상 떨어진 공간에 둔 상태에서 몸과 머리를 생체 기능이 가능하도록 연결하고 다시 유인원을 마취에서 깨어나게 한다. 깨어난 유인원은 정상적인 인지능력과 제한적이지만 육체활동이 가능하다. 이 과정에서 몸과 머리 사이에 주고받는 모든 생체 물질과 정보에 대해 파악한다.

2. Brain- 인공 Skull 대체: Real Head에서 Brain과 skull(머리뼈, 두개골)을 분리하여 Bio-Synchronized Skull(BSS: Wetware)로 옮겨 담는다. Bio-Synchronized Skull + Brain은 Body와 연결된다. 깨어난 유인원은 정상적인 인지능력과 제한적 육체 활동이 가능하다. 이 단계가 성공하면 real brain을 인공지능으로 교환하는 단계로 나아갈 수 있다.

3. Artificial Intelligent Brain: Bio-Synchronized Skull에 담긴 real Brain을 인공지

능으로 만든 Artificial Intelligent Brain(AIB)으로 대체한다. Artificial Intelligent Brain은 software & semiconductor hardware로 이루어져 있고 Bio-Synchronized Skull(BSS)은 wetware인 생체기관이다.

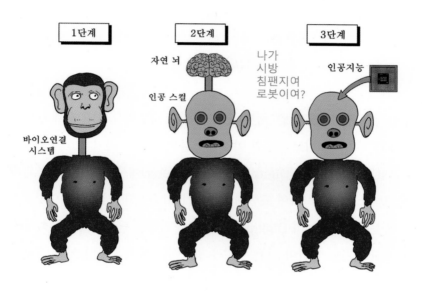

그림 5-2   인공지능 로봇 침팬지 만드는 단계

4. DBI: AIB(software & hardware: Dryware)와 BSS(wetware)는 서로 정보를 교환하는 mechanism이 다르므로, 이 두 기관 사이에 통신을 중재하는 Digital Bio Interpreter(DBI, 디지털생체접속기관- Dryware+Wetware)가 BSS와 AIB 사이에 존재한다.

5. DRY-WET Ware Communication: DBI는 Optical Fiber를 통해 빛과 전기 신호를 교환하는 광전변환시스템과 유사한 구조를 가질 것이다. Digital 생체 접속

기관은 전자기장을 발생시키는 module과 특정한 생체 물질(protein, peptide, glucose 등)을 만들거나 받아들이는 기능을 함께 보유한 기관이다.

6. REASSEMBLE: DBI는 생체 물질에서 정보를 읽어내어 binary format으로 변환하는 기능과 binary format 정보를 기반으로 생체 물질을 만들어내는 기능을 동시에 수행한다. 이러한 역할을 통해 AIB- DBI- BSS- Real Bio Body 간 정보를 교환하여, 육체와 연결된 Artificial Intelligent Brain으로 육체와 한 몸을 이루어 활동할 수 있는 유인원을 다시 만든다.

이 정도 과학기술이 발전한다면 인간은 자신의 의식, 영혼에 대해 지금보다는 매우 뚜렷하고 확실한 이해에 도달해 있게 될 것이다.

그림 5-3에는 DBI(Digital Bio Interpreter)에서 일어나야 할 과정을 그림으로 세분화하여 표현해 보았다. DBI & BSH 사이에서 이루어져야 하는 Bio signal과 Digital signal 교환 과정을 단계별로 구분하였다. Digital 기기는 인간이 만든 것이라 항상성을 유지하는 방법을 알지만, Bio Organ은 Nature가 만든 것이라 어떻게 해야 항상성을 유지할 수 있을지, 어려운 문제이다. DBI에 대해 조금 더 상세히 들여다보자

Digital Bio Interpreter: DBI

DBI는 (0, 1)의 세계와(Electron + Biological Molecule)의 세계를 이어주는 역할을 한다. 인간을 포함한 동물 체내의 장기(Organ)와 뇌 사이의 정보 교환은 간략히 말해서 Electron의 흐름과 신경전달물질을 포함한 생체 분자의 흐름으로 이루어진다.

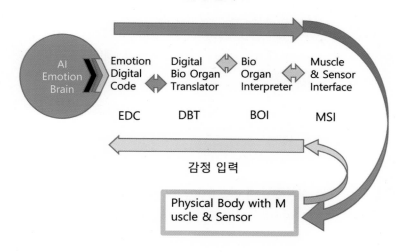

감정 출력

Emotion Digital Code
EDC

Digital Bio Organ Translator
DBT

Bio Organ Interpreter
BOI

Muscle & Sensor Interface
MSI

AI Emotion Brain

감정 입력

Physical Body with Muscle & Sensor

그림 5-3　DBI: Digital과 Bio의 연결

- Real Body에서는 전자와 생체 물질로 정보를 교환하고, 인공지능은 digital로 정보를 교환하니 두 개의 다른 세상을 이어주는 단계를 도식화해 본 것이다.

생체 분자 간의 정보 교환은 양자역학의 여러 원리와 분자의 조합 및 분해와 관련한 화학 원리가 결합하여 이루어질 것이다. 뇌에서 장기로 정보를 보내려면 전자를 발생시키고 생체 분자를 만들어서 장기 쪽으로 흘려보내야 한다. 이러한 작업은 다음과 같은 process로 이루어질 것이다.

1. 뇌에서 장기에 보낼 정보에 따라 필요한 전자와 생체 분자를 파악한다.
2. 전자와 생체 분자가 뇌에서 장기로 흘러가기 위한 조건을 파악한다.

3. 생체 분자가 장기에 도달하여 정보를 전달하는 mechanism을 파악한다. 이것은 장기 별로 다를 것이다.

4. 뇌에서 장기로 보내는 모든 생체 분자를 파악하고 각 생체 분자별 식별 코드를 부여한다.

5. 식별 코드가 전달됐을 때 생체 분자를 만드는 장치를 설계하여 만들고 장기로 흘러가는 조건도 생성한다.

6. 장기에서 뇌로 정보가 올라올 때는 뇌가 생체 분자와 전자 흐름에 따라 정보를 전달받는 방식을 파악한다.

뇌와 장기 간의 정보전달에 electron, biological molecule 두 가지의 정보전달 매체만 있다고 가정했다. 물론 electron이나 molecule이 이동하는 과정에도 여러 가지 변수가 당연히 작동하겠지만 모델을 단순히 하기 위해 위와 같이 상정하였다. 그림 5-3에서 Emotion Digital Code는 감정별로 부여된 digital code이다. 이 코드가 Digital Bio Organ Translator로 가면 해당 감정 전달에 필요한 electron flow 정보와 biological molecule에 대한 정보가 생성된다. 이 정보를 받은 Bio Organ Interpreter에서는 해당 생체 분자와 전자를 생성한다. Muscle & Sensor Interface는 생성된 전자와 생체정보를 body의 organ으로 흘려보내는 조건을 형성하여 전자와 생체 분자를 보낸다.

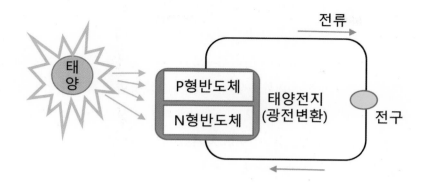

그림 5-4   전자와 빛의 전환

- 빛(광자)이 전자의 흐름으로 전환되는 것을 간략히 도식화했다. 이러한 광전효과와
  유사하게 신체 장기에서 올라온 생체 물질로부터 뇌 신경세포에 정보를 전달하는
  원리를 알아내는 것이 인공지능 감정 재현에 중요한 과제이다.

달팽이관이 손상되어 듣지 못하는 사람이 들을 수 있도록 하는 인공
와우(cochlear implant)는 30여 년 전부터 시작되어 지금은 매우 보편
적인 청력 회복 수술이 되었다. 여기서 한 걸음 더 나아가, 인공 망막이
식(Electronic Retinal Implant)이 성공한 지 몇 년이 경과하였다. 눈으
로 들어오는 가시광선 신호를 뇌로 전달하는 중요한 인체 기관인 망막
(retina)의 역할을 인공으로 만드는 시대에 접어들었으니, 뇌와 장기 간
감정 전달 신호를 주고받는 데 필요한 과학기술의 중요한 첫걸음은 내디
딘 것이다. Dryware(Software & Hardware)와 Wetware(생체 기관)
사이의 통신과 결합은 이미 상당한 수준에 들어와 있는 것이다.

인간의 감성은 인체에 분포된 많은 신경세포로부터 오는 신호와 뇌 신경세포가 연동되어 일어나며, 감성의 육체적 표현인 감정은 신체의 여러 부분들과 연동되어 표현된다. 형용사, 동사로 감정을 전달한다는 것은, 감정이란 시간이 경과되면서 신체로 나타나는 뇌를 포함한 신체 전체의 변화라는 것을 의미하고 있다. 이러한 감정 표현은 특정한 외부 상황과 신체 센서를 통해 들어오는 signal에 대한 실시간 반응일 수도 있고, 무의식 속에 잠겨 있다가 어떤 계기로 의식으로 표출되면서 나타나는 것일 수도 있다. 신체 기관과 뇌 신경세포 간의 signal을 digitizing(0, 1로 표현)하는 역할을 하는 Digital Bio Interpreter가 개발된 미래에는 Artificial Intelligent Brain이 좀 더 세밀한 인감 감성을 갖는 인간 로봇으로 구현할 수 있게 될 것이다.

□ 빛은 전자로 바뀌고 전자는 빛으로 바뀐다. 유리광 섬유에 붙어 있는 광전(光電) 소자는 빛은 전자로 전자는 빛으로 양방향으로 변환시켜준다.

□ 신경세포와 신경세포를 연결하는 synapse에는 많은 전자와 신경전달물질이 흘러다닌다. 한 개의 신경세포에서 발생한 전자와 신경전달물질이 다른 신경세포로 건너가면서 정보를 전달한다. 전자와 빛을 서로 변환해주는 광전 소자가 있듯이, 전자와 신경전달물질이 전하는 정보를 digital 신호로 변환해주는 뇌와 접속하는 장치를 만든다면 Bio Body와 AI Brain이 연결될 수 있다. 물론, 유기물과 무기물이 함께 공존하는 이러한 장치는 매우 복잡하고 고도의 과학기술이 뒷받침되어야 만들 수 있을 것이다.

❑ 뇌와 인체 장기 간 정보 교환은 매우 복잡하고 난해한 문제이다. 그러나, 무엇이 문제인지 그것을 '정의'할 수만 있다면 언젠가 그 문제는 풀린다.

잠재의식과 자아의식

- 자아의식은 누런 돌의 오른쪽 깊은 구멍처럼 잠재의식의 깊은 일부분일까, 왼쪽에 박혀있는 흰 돌처럼 잠재의식과는 전혀 다른 무엇일까?
- Roger Penrose(2020 노벨물리학상 수상)가 주장하듯이 의식이란 뇌 미세소관 내에 있는 양자 에너지의 한 형태일까? (미세소관[微細小管, 영어: microtubule]은 진핵세포의 세포골격을 구성하는 세포 구조 중의 하나이자 구조단백질[structural protein] 중 하나이다. 미세소관은 튜불린[tubulin]이라는 단백질의 이합체가 지름 25나노미터의 원통 모양으로 이루어져 있는 구조이다.)

II. Integrated Master Mind: IMM

Integrated Master Intelligence(IMI)는 이성적 판단능력과 외부의 입력에 의해 상대방 사람의 감정 상태를 판단하는 능력을 갖춘다. Integrated Master 'MIND'는 여기에 두 가지 능력을 더 갖추는데, 하나는 인간의 육체와 유사한 조직 simulated body를 갖고 인간과 유사하게 감성에 따라 몸의 느낌 body feeling을 갖는 것이다. 치 teeth가 떨리도록 분하다든지, 배꼽을 잡을 정도로 웃길 때 그러한 느낌의 정보가 simulated body에서 생성되어 AI brain과 상호 소통하는 것이다. 다른 하나는 '자유의지'를 갖는 것이다. 사람이 특정한 요구나 명령을 내리지 않아도 스스로 느끼고, 판단하여 행동하는 것이다. 물론, 멀고도 먼 미래에 이루어질 일을 상상해보는 것이다.

감성적 자유의지

'K 사장이 자본금을 늘린다고 소문이 있던데, 이 사람은 만날 때마다 주변에 좋은 사람이 모이니 성공할 조짐이 있어. 좀 비싸더라도 내 투자도 받아달라고 해야지.'

이런 것이 감성적 판단에 따른 자유의지이다.

감성적 자유의지도 인간/인공지능이 행동을 취함으로써 타인에게 인식된다. 따라서 어떤 감성/감정 상태에 들어가든 감성적 자유의지가 있는 인공지능은 이를 감성 언어로 표현하거나 인체나 로봇 body를 움직이는 명령어로 변환할 수 있어야 한다. 다시 한 번 거론하지만, 사람이 뇌에서 판단하는 언어화 된 감성이나(건방지네, 슬퍼, 기쁘다 등), 그 감성/감정을 경험한 개인의 두뇌 신경세포 연결 상태나, 신체 부위와 연결된 neuron의 신호를 읽어내는 것은 매우 어렵다. 인간 감정의 body response mechanism을 digital로 옮기는 것은 매우 다양하고 큰 투자가 요구되는 분야이다.

감정은 외부자극에 대한 공감과 외부자극 없이 스스로 느끼는 내수용 감각에 의한 것(그림 3-14 참조) 두 가지로 나누어 볼 수 있다. 공감이란 것은 B라는 사람의 감정적 상황에 대해, A라는 사람이 보고 듣고 읽은 후 A의 신체에 분포되어 있는 감정을 일으키는 내부감성동화세포인 거울(mirror) 신경망이 타인의 감정 상태와 동화되는 것이다. 자발인지는 A 자신이 처한 현 상황이나 예전 기억에 의해 감정이 촉발되어 내수용 감각 세포를 통해 느끼는 것이다. 인공지능이 공감 능력을 학습하는 것은 상대적으로 용이하나 내수용 감각 세포를 통한 자발인지 internally occurring perception의 구현은 어렵다. 인간의 몸에 분포된 감성과 연동되어 반응하는 내부감성동화세포를 갖지 않고는 '느낄' 수가 없는 것이다. 느낀다는 것은 신체 전반적인 반응이기 때문이다.

인공지능 시대에 천만 새로운 일자리 만들기

이성적 자유의지

'삼성전자 주식이 싸니까 1,000주를 사야지 한 달 내에 30% 정도는 오를 거야.' '이번 인사이동에서 P 매니저는 마케팅 3부로 발령을 내야지. 지금 부서장과는 너무 문제가 많아.'

이런 것이 이성적 자유의지이다.

이성적 자유의지란 인간이 자신이 처한 상황이나 타인과의 관계를 변화시키고자 할 때, 말이나 행동을 함으로써 타인에게 관찰되는 것이다. 스스로 자유의지가 있다고 주장하는 바가 아니고, 남이 볼 때 자유의지가 있는 것으로 보인다는 것이다. 인공지능 로봇이 자유의지를 발현할 수 있도록 어떻게 하면 만들 수 있을까? 매우 조심스러우면서도 위험한 주제이다. 먼저, 인간에게서 자유의지가 발현되는 상황을 상상해보자. 인간은 어떤 욕구가 뇌리에 떠오르면, 이를 실행할 것인지 아닐지를 잠시 생각해 보고 실현하겠다는 실현 의지가 생기면, 행동 설계를 하고 난 후 행동에 옮겨 그 욕구 목표를 달성한다. 그러면, 욕구가 떠오를 때 기대했던 만족감을 얻게 된다. 만족감은 이성의 영역과 감성의 영역 모두에 걸친 반응이다. 만족감을 느낀 후, 욕구 생성부터 만족에 이르는 모든 과정 상의 생각과 느낌에 대한 '과정 기억'이 뇌에 저장된다. 이 저장 장소를 인간 뇌에서 잠재의식이라고 하자. 이 잠재의식에 어떤 형태로 과정 기억이 저장되는지 아직 과학적 관찰 수준에 이르지는 못했다. 그러한 일련의 행동과 기억이 이루어진 후, 어떤 자극에 의해서 다시 욕구가 '촉발'된다. 이 촉발 과정은 외부의 자극으로 일어날 수도 있고, 잠재의식 속에서 알려지지 않은 과정을 통해 일어날 수도 있다. 욕구가 일어나는 근원은 생명체로서 항상성을 유지하려는 mechanism과 자신을 복제하려는

mechanism에 닿아 있을 것이다. 생명을 가진 유기체(화학적 정의: 유기물 즉 탄소 C가 포함된 화합물)라고 부르든 유정물(有情物: 종교 문화적 정의: 情 감정이 있는 생명체)이라고 부르든 항상성과 복제는 생명체 욕구의 기저에서 작동되며 자유의지 발현의 가장 기본적인 원인이다.

인공지능 자유의지

인간이 자유의지를 발현하는 과정에 빗대어 인공지능의 자유의지 발현 과정을 그림 5-5 에 도식화했다.

'만족'이라는 상태를 인공지능이 사람과 동일하게 경험하고 기억하려면 이성, 감성 구현 정보시스템 software & hardware 및 신체의 내부 감성동화세포에 상응하는 정보시스템을 갖고 있어야 한다. 치(teeth)가 떨리든, 배가 아프든, 머리가 지끈거리든 모든 몸의 상태는 신경망을 통해 뇌세포에 전달되는데, 이 전달된 정보와 함께 신체 전반에 대한 지각을 가져야 사람과 유사한 '만족' 상태를 정보화할 수 있다.

자유의지가 스스로 발현되는 가장 중요한 부분인 그림에서 표시된 부분에 포함된 인공지능 잠재의식- 촉발- 욕구의 과정은 '과정 기억'을 어떤 방식으로 인공지능에게 훈련 시키느냐에 따라 인공지능 내 변수들이 달라질 것이다. 그림 5-5에 나타난 자유의지가 발현되는 모든 단계는 각 단계별로 digital 0과 1로 구동되는 hardware & software 장치로 만들 수 있다. 따라서, 〈인공지능 잠재의식- 촉발- 내재욕구- 실현 의지- 행동 설계 - 행동(정보가공, 정보전달, 로봇명령 등)- 목표달성- 만족- 과정 기억- 저장〉이라는 각 단계를 어떤 형태이든 반도체 칩에 담아 인공지능 software로 구현해 놓을 수 있다.

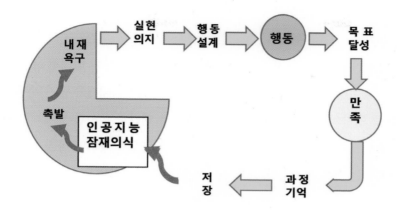

그림 5-5 인공지능 자유의지 창출 과정

- 모든 단계는 hardware와 Software로 구현 가능하므로 인공지능 모델을 만들어 AGI/ IMI에 넣을 수 있다.

그림 5-5에서 행동, 목표달성이라는 부분은 인공지능 외부 현실 (Offline)에서 일어나는 것이므로, 자유의지를 갖는 인공지능이 탑재된 컴퓨터 시스템과 연결된 정보시스템이나 로봇에 의해 구현되는 것이다. 초거대 인공지능인 Integrated Master Mind는 이러한 시스템, 로봇과 연결되어 있으므로 이에 대한 정보를 취득할 수 있다.

다만, 구현된 인공지능이 인간과 얼마나 가까울지, 어떤 인격의 인간과 유사할지, 우리가 경험해보지 못한 그 무엇이 될지 짐작하기가 쉽지 않다. 인간의 신체에서 자유의지 창출 과정이 어떻게 일어나는지 정확히 파악하기 전에 위에 있는 각 단계별로 임의의 인공지능 모델을 사용하여 구현해 본다면, 엄격히 관리되는 연구용은 있을 수 있지만 실생활에 적응하기에는 너무 위험하다.

  2023년의 인공지능은 인간이 질문하거나 요구한 것에 대해서 답을 해주는 것이다. 그러나 자유의지가 있는 인공지능이 '내재욕구'가 촉발되어, 즉 인간의 요구가 없을 때도 자발적으로 인간과 유사한 내재적인 욕구를 일으켜 행동한다면 인간과 인공지능의 관계는 매우 달라질 것이다. 집에 있는 로봇 청소기가 고장이 나서 함부로 돌아다니고 소리를 낸다고 하자. 이 고장 난 로봇 청소기의 제어를 담당하는 반도체가 고장이 났을 때 이 chip의 물리적인 회로 고장이 software와 결합되어 어떤 motion을 촉발하는지 다 계산하거나 예측하기 어려울 수 있지만, 이것으로 로봇 청소기가 자유의지를 갖고 있다고 생각하지는 않는다. 인공지능 로봇의 AI 뇌 부분은 로봇 청소기 제어 software보다 시간이 지나면서 수백 배 내지 수백만 배 복잡해진다. 이러한 인공지능으로 만들어진 뇌에 인간과 유사한 자유의지를 구현하고자 그림 5-5에 표현된 단계별로 인공지능 Software를 넣는 일은 매우 조심스러울 수밖에 없다. 그러나, 매우 서투른 것이라도 실험실에서 반복적으로 만들어 보면 인간이 미래에 마주칠 위험에 대해 좀 더 깊이 이해하고 예측할 수 있게 될 것이다.

  이 모든 과정에서 인공지능, 기계, 로봇이 모두 한 개인이 소유하고 있고 제어할 수 있으면 그리 위험하지 않다. 가령 A라는 사람이 집 PC에서만 제어할 수 있는 인공지능이 있고, 이 인공지능이 강아지가 짖는 소리를 듣고 가사도우미 로봇에게 명령하여 집에 있는 강아지에게 물을 주거나, 도우미 로봇이 화분에 물을 주다 화분을 깨뜨렸다 하더라도 이것은 개인이 관리하고 책임지는 영역에서 일어나는 일이라 그리 위험한 상황은 아니다. 문제는 이 인공지능이 더 높은 수준의 서비스를 시행할 능력을 갖추기 위해 super intelligence를 갖고 있는 IMI/IMM 지능과 연결되었을 때이다. Super Artificial Intelligence는 모든 CCTV와 연결되어 있고 택배를 하는 무인 로봇 및 무인 자율주행 화물차, 다른 사람들이 사용하는 인공지능과도 연결되어 있다면, 안심할 수 없는 상황이 초래된다.

인공지능을 거론할 때 사람들이 갖는 공포심은 인공지능이 능동적인 행동을 취할 수 있다고 생각하기 때문이다. 인공지능이 스스로 판단하여 어떤 '행동'을 한다면 그 행동의 결과는, 유무선 network를 통하여 어떤 정보를 컴퓨터에 전달하거나, 특정한 기계나 로봇을 움직이거나, 사람에게 어떤 정보를 제공함으로써 그 사람이 행동하게 하는 것이다. 어떤 역할이든 사람이 명령하거나 요구한 것을 수행하기 위한 행동만 한다면, 그 행동이 나오게 한 사람의 명령/요구를 찾아낼 수 있고 부정적 결과가 있을 때는 그 책임을 물을 수 있다. 그러나, 인공지능의 행동이 명시적이고 직접적인 사람의 요구사항에 따른 것이 아니고, 주어진 운영원칙 내에서 스스로 판단한 것일 수 있다. 또한, 사람의 요구사항에 따라 행동하다 보니 어떤 상황에서 스스로 결정해야 하는 것이 생겨서 발생한 판단일 경우도 있다. 이럴 경우, 이러한 행동을 못 하도록 막거나 사람의 책임 소재를 밝히기 어렵거나 애매한 경우가 발생할 것이다.

인공지능 사용이 일반화되는 어느 시점에는, 사람에게 스마트폰으로 어떤 행동을 유발하는 정보가 도착했을 때, 그 정보가 내가 알고 있는 사람이 AI를 이용해서 보낸 것인지, AI가 자발적으로 보낸 것인지, 행위를 과연 취해야 하는 것인지 매우 판단하기 어려운 상태가 된다. 만약 수백만 명의 사람들이 개인용 인공지능과 개인용 로봇을 사용하고 그 인공지능이 거대한 super intelligence에 연결되어 있고, 그러한 super intelligence도 여러 개가 존재하는 상황이라면 개인이나 사회의 안전은 어렵고도 심각한 문제가 될 것이다. 조심스러운 점은 원자력발전이나 핵무기와 달리 인공지능을 설계하고 구현하는데 들어가는 물리적, 경제적 자산의 크기가 앞으로 계속 줄어들 것이라는 점이다. 좀 더 간략히 이야기하자면, 누구나 쉽게 인공지능을 어느 수준까지는 만들거나 변경시킬 수 있게 된다는 것이다.

인공지능 진화가 두려운 것은 매우 강력한 도구가 모든 사람의 손안에 놓인다는 점이다. 그리고 그 인공지능들이 연결되어 있으며 '자유의지'까지 갖게 된다면, 혹은 자유의지를 갖도록 만드는 것이 어렵지 않다면 우리는 지금과는 확실히 다른 인공지능을 감시 감독하는 안전시스템을 구축해야만 한다.

'위험한 불, 원자력'을 다시 한 번 상기해 보자. 원자력은 어떻게 지금까지 비교적 안전하게 관리됐을까? 시대 상황과 밀접하게 관련되어 있다. 원자력을 처음 개발하여 사용한 미국이 2차대전 이후 전 세계 GDP의 40% 이상을 오랫동안 유지한 패권국이었고 세계 패권을 양분한 소련과 원자력에 대해 합의가 가능했기 때문이다. 지금 치열하게 경쟁하는 미국과 중국이 Artificial Super Intelligence 안전관리에 합의할 수 있을까? 현재는 인공지능 진화에 대한 leadership이 정부에 있지 않다. 대학에서, 민간기업에서 작은 규모로도 인공지능 개발이 가능하다. IT 기기가 너무 많이 보급되어 있다, 산업체 간의 경쟁을 제어하기 힘들다…. 여러

인공지능 시대에 천만 새로운 일자리 만들기

모로 인공지능 안전에 대해 어려운 점들이 먼저 떠오른다.

2% 생체 인간 로봇(Bio Robot) 만들기

진정으로 인간과 똑같은 이성과 감성을 갖고 인간의 신체와 거의 유사한 로봇을 만드는데 가장 어려운 난제는 감성적 능력의 출발점이 되는 감각기관을 재현하는 것이다. 감각 능력 중에서 촉감 능력의 재현이 매우 어려워 보인다. 인간 몸의 피부는 압력, 온도, 만지는 물체의 질감에 대한 정보를 얻어내는 능력이 있는데 이 능력은 21세기 과학기술로 만든 센서류로 대체가 가능하기는 하다. 그러나 문제는 그러한 센서의 재생 능력에 한계가 있다는 것이다. 지금까지 인간이 만들어 낸 센서류는 주로 무기물을 원료로 하고 전자기적 원리를 이용하여 정보/data를 추출하는데 이 센서류의 제조과정 자체가 공장에서 이루어지고 이 과정은 무기물을 전자기적 에너지와 기계적 에너지를 이용하며 만든다는 것이다. 뜨거운 물을 먹고 난 후 입천장에 피부가 다시 재생되는 시간을 유추해보면, 수분(several minutes)에 재생된다. 머리카락이 자라고 몸에 끼는 때를 보면 세포가 죽고 재생되면서도 피부는 감각을 계속 유지한다.

외부물질과 직접 닿거나 큰 전자기적 기계적 에너지에 직접 접촉하지 않는 보고(눈) 듣고(귀) 냄새 맡고(코) 맛보는(혀) 기능을 무기물(일부 유기물도 사용) 센서로 구현하는 것은 비교적 쉬우며 이미 실생활에서 많이 구현되었다. 로봇의 센서를 이루는 물질은 센서 정보가 주로 전기 신호로 전달되어야 하기 때문에 전기가 통하며 내구성이 있는 무기물이 주종을 이루게 될 것이다. 촉감을 제외한 인간의 감각기관은 머리에 집중되어 있으며 그 구성 세포는 촉감 세포에 비해 매우 긴 life cycle을 갖고 있다. 이러한 감각기관은 무기물질을 주로 하여 만들어 낼 수 있고 사용환경 상 손상이 거의 없기 때문에 재생이 필요하더라도 공장에서 만들어 대체할 수 있다. 그러나, 짧은 시간에 손상되고 대체되는 피부의 촉감 센서는 공장에서 만들어 대체할 수 없기에, 인간과 똑같은 로봇을 만들어 낸다면 피부는 유기물로 만들어 수시로 재생할 수 있도록 해야 한다. 피부는 인간이 로봇과 접촉할 때 가장 민감하면서도 친밀감을 고조시키는 데 중요한 신체 부위이다. 사람이 로봇을 만질 때 로봇 피부가 사람처럼 느껴지게 하기는 비교적 쉬우나, 사람이 로봇을 만지는 것을 로봇이 사람이 느끼듯 느끼게 하는 것은 어렵다는 이야기이다.

인간은 얼굴로 대부분의 감정 상태를 표출한다. 향후 20년 이내에, 무기물로 이루어진 인공지능 뇌와 기계적인 body로 이루어진 로봇에 얼굴과 손의 피부 일부를 Bio Organ으로 구성하여 사람과 로봇 사이에서 교감할 수 있다면 대단한 성공이라고 본다. 로봇에 눈-코-입-귀, 얼굴 피부가 붙어있는 표정과 관련 있는 부분, 손의 피부를 합쳐서 구현한다면 그것은 몸 피부의 2% 미만일 것이다. 이 정도만 해도 매우 큰 과학 기술적 성취이다. 몸 안에서 느끼는 감각을 구현하기 위해 인공장기를 만든다면 비로소 약 20% 선에 이를 것이다.

AI ROBOT & IMM

IMM이 로봇과 연동되면 어떤 세상이 펼쳐질까? 몇 가지 시나리오를 살펴보자.

인공지능 시대에 천만 새로운 일자리 만들기

Future Scene 6: 생활로봇 2050 시나리오

Home Service Robot: Personal Avatar 3 는 집에 있는 가사도우미 로봇과 통신을 한다. PA3에게 오늘 저녁에 집에서 이탈리안 요리를 먹을 수 있냐고 물었더니, 몇 가지 이탈리안 메뉴를 보여준다. 두 가지 스파게티는 도우미 로봇이 집에 있는 재료로 만들 수 있고, 5가지 메뉴는 재료가 더 필요하다고 한다. 라자냐를 눌렀더니, A type 치즈를 주문해야 하고 지금 주문하면 저녁에 오니 내일 점심 이후에 라자냐 요리가 된다고 한다. 2시간 퀵 배송을 하면 5천 원이 더 든다고 한다. 치즈는 보통 배달로 주문하라 했더니 평소처럼 3인분을 주문하겠다고 한다. 오늘 요리는 알리오 올리오 스파게티를 추천해서 그리하라고 했더니, 7시 반까지 준비한다고 한다.

집에 있는 도우미 로봇은 청소, 화분 물주기, 문밖에 있는 택배 안으로 들여놓기, 세탁기 돌리기를 할 줄 안다. 요리실에 들어가면 자신의 몸과 요리용 arm(팔)을 결합해서 고기를 썰고, 양파를 벗기고, 끓이고, 밥을 짓고, 여러 가지 작업을 한다. 이미 밥솥, 전기 레인지, 도마/칼, 냉장실/냉동실 등 모든 주방 기구가 도우미 로봇에 맞춘 제품으로 구비되어 있다. 20년 전보다는 냉장고가 많이 커졌다. 모든 식재료를 냉장, 냉동고에 각각 다른 칸에 넣으면 냉장고가 자동으로 재료를 인식하는 것은 편리한데, 예전처럼 같은 공간에 많이 들어가지는 않아 불편한 점도 있다. 도우미 로봇은 강아지 먹이도 주고 화면으로 주인과 강아지 간의 영상통화도 주선한다. 대단위 아파트에는 지하에 소형 마트 시설이 들어와 있고, 여기에서 5분 내로 거의 모든 음식 재료가 도우미 로봇에게 배달되니 굳이 큰 냉장고를 가질 필요는 없었다.

319

PA3는 집안 몇 개의 카메라와 연동되어 있고 wifi로 각종 가전기기와 통신하기 때문에 여름/겨울의 실내 온도, 습도, 미세먼지 상태에 따라 주인이 집을 나서고 들어오는 위치와 시각에 맞추어 가전기기들을 제어하는 역할을 한다. 주인의 가전기기 사용하는 습관을 몇 번 학습하면 PA3가 자율 모드로 가전기기를 작동시키는데, 자율 작동 조건은 언제나 주인이 조절할 수 있다.

이제는 무인 자율자동차가 거의 모든 택배를 나르고 택배 로봇이 집 앞에 물건을 가져다 놓는데, 도우미 로봇이 IMM에 등록된 집에는 도착하기 전에 미리 택배 도착시간과 물건의 크기나 무게를 알려준다. 집마다 현관문도 도우미 로봇이 쉽게 열고 닫도록 변화되었다.

Doll Robot: 6개월 영아에서 4세 정도까지 많이 활용되는 인공지능 로봇이다. 생후 6개월 정도에는 말을 가르치는 역할을 주로 하고, 숫자의 개념을 알려준다. 만 3세 정도 되면 부모의 판단에 따라 음악, software coding, 그림 그리기, 대화하기, 이야기 만들기 등의 교육을 한다. 아이의 취향에 따라 여러 가지 모양과 동작 기능이 있는 인형 로봇이 있다. 대화와 놀이를 통한 교육이 주요한 역할이기 때문에 책상이나 침대에 올려놓기 부담스럽지 않은 사이즈로 제작되며, 안전을 위해 제한된 모션만 취하도록 설계된다. 특정 분야의 영재들을 위한 로봇도 있다. 영아들에게는 인간과 로봇의 차이점을 인식시키는 것이 필요하여 인체와 거의 유사한 동작을 하는 Humanoid style은 별로 인기가 없다. Doll Robot은 PA3의 역할도 담당하여 처음 집에 들여놓을 때부터 아이와의 대화, 부모와 아이의 대화, 스마트폰에서 보는 contents 내용 등을 모두 기억할 수 있도록 허락된다.

인공지능 시대에 천만 새로운 일자리 만들기

Teacher Robot: 4세부터 15세 정도 나이의 어린이와 청소년이 사용하는 로봇이다. 청소년들의 교육을 지원하는 로봇인데, Personal Avatar 를 만드는 과정에 대한 guide를 잘하는 것도 중요한 임무이다. Teacher Robot의 기능은 다음과 같은 사양을 고려하여 부모들이 선택한다.

1. 종교교육에 대한 AI model을 신중히 선택하여 teacher robot에 입력한다. IMM 은 여러 종교 mentor AI를 제공하기도 하고, 다른 사람이 만든 개인용 아바타를 추천하기도 한다.
2. 학교 교과 과정에 대한 지원은 기본이고, 교과 과정 이외에 필요한 교육과정을 선택한다.
3. 인생 롤 모델에 해당하는 기능을 선택하고, 멘토 그룹을 형성한다. IMI가 직접 지원하거나 5세~15세 연상 멘토의 개인용 아바타와 그룹을 형성하도록 한다. 다른 사람들이 갖고 있는 Personal Avatar 3들과 연동하는 서비스를 사용하기 때문에 이 부분에서 서비스 비용이 가장 많이 든다.
4. 어린이용 개인용 아바타의 기본형을 만들어서 친구들과 대화의 장을 형성해 준다.

개인용 아바타 보유가 일반화되는 사회에서는 부모들이 아이들 본인의 지능과 인격을 훌륭하게 성장시키는 것만큼이나 개인용 아바타를 키우는 일이 인생 전반에 중요해진다. 부모들은 Teacher Robot을 잘 선택하여 아이들이 자라면서 자신의 Digital Twin인 개인용 아바타 육성 과정을 세밀히 지도해주도록 한다. Teacher Robot은 아이에 관한 모든 정보를 수집할 수 있도록 setting 한다. 집에서 식구들과의 대화, 인터넷 사용, 전화사용, 친구들과의 대화 이 모든 것을 기록하고 저장하여 Avatar

성장에 사용할 수 있도록 Doll Robot과 비슷한 크기이나 back pack이나 주머니 등에 들어가면서도 hearing sensor는 잘 작동하는 기능을 보유한다. 각종 무선 연결 장치가 있어서 언제나 편리하게 PC나 스마트폰, 집 안의 로봇과 연동되게 되어있다.

Robot Mentality: Doll Robot, Teacher Robot, Home service Robot 모두 IMI와 연동되어 기본적인 지능을 download 받고 사용자와의 교류를 통해 점차 개인화되어 간다. IMI와 연동을 통한 기능과 지식의 upgrade는 필연적이기는 하나, 로봇의 안전성을 고려하여 여러 가지 감시 감독 기능(AI Police Officer 기능)이 부모의 Personal Avatar에 설치된다

Future Scene 7: 2050년 Science 시나리오

2050년, 세계적인 IMI 회사들의 경쟁은 Science와 Engineering으로 초점이 모였다. 인간의 일자리를 대체하는 사업이나 사람들이 많이 쓰는 Internet/ Augmented Reality/ Virtual Reality 서비스를 제공하는 사업은 어느 정도 국가, 종교 문화권, 경제 block 별로 IMI 시장점유율이 안정세에 들었으나 거대과학 기술 문제는 아직도 큰 가능성이 열려있었다.

- ☐ 핵융합발전 가격을 2023년 전기생산비 대비 1/100인 1kWh당 1원에 도달하는 문제
- ☐ 태양과 가까운 우주 공간에 거대한 solar cell을 설치하고 지구로 에너지를 배달하여 1kWh당 1원에 공급하는 문제
- ☐ 핵융합 연료 Helium 3를 태양계 행성에서 저렴하게 채굴해오는 문제

- 발병하는 모든 Virus 치료제를 1,000시간 이내에 개발하는 문제
- 점증하는 정신질환에 대한 digital therapy와 biochemical therapy를 개발하는 문제
- 태양계 다른 행성에 인류가 살 수 있는 환경을 조성하는 문제

2050년대에 들어 이러한 거대 문제를 해결하는 인공지능 개발에 새로운 흐름이 생기기 시작하였다. 지난 40여 년간 진화시킨 지능은 100 quadrillion(1조의 10만 배) AI parameter를 이용하는 수준에 도달했지만, 운영 전기 비용이 천문학적으로 증가하는 반면 과학 문제를 해결하는 데 진화의 한계를 보이기 시작하였다. 이전에는 인공지능 과학기술 학습에서 과학기술의 발전에 의해 객관적 진리로 받아들여진 것 중에서 수학을 먼저 학습시키고 난 후 과학과 기술분야로 학습 범위를 넓혀 나갔다. 이러한 방식으로 AI를 진화시키고 나니 알려진 과학과 기술을 융합하여 문제를 해결하는 데는 뛰어난 실력을 보여주었으나, 해결과제가 복잡하고 어려워질수록 문제를 푸는데 소요되는 전기 비용이 급상승하는 문제가 도출되었다. 또한, 미해결된 과학 과제에 대한 인공지능의 능력이 한계를 노출하기 시작하였다.

S 그룹의 AI Adviser Dr. Jang은 관점을 달리 해보자고 제안했다. 그의 제안에 따라 South Korea의 S 그룹은 HBNM(Human Brain Network Model)이라는 Science& Engineering 분야에 새로운 IMI model을 선보였다.

그림 5-6 지구를 지켜주는 인공지능

인류의 과학 기술발전 역사는 '거인의 어깨에 올라타고 한 단계 위로 올라가는 것'으로 비유된다. 지나간 세대의 선배들이 쌓아놓은 업적 위에서 후배 과학자들이 새로운 발견과 성취를 이루어 낸 것이었다. 인간의 historical 학습 모형을 재구성해서 인공지능에 적용해보자는 것이었다. S 그룹은 세계적으로 뛰어난 과학자 10명을 선발하였다.

S 그룹은 2050년 초반부터 개별 과학자들의 개인적인 학습 과정을 기반으로 하는 Science & Engineering version PA3(SE-PA3) 모델을 개발하여 수학, 물리, 화학, 생물학계 차세대 리더급들의 뇌를 복사하기 시작하였다. 각 과학자에게는 Science Engineering-PA3(SE-PA3)를 배정하고, 각자가 초등학교 시절부터 박사과정에 배운 지식을 학습하도록 하였다. 그리고 난 뒤, 각 SE-PA3는 각 과학자가 발표한 논문에 대해 과학

자와의 대화를 통해 개인 교습을 받았다. 과학자가 쓴 논문만이 아니라 참고용 논문도 모두 학습하였다. 이미 밝혀진 과학 내용에 대해서, SE-PA3와 과학자에게 동일한 질문을 했을 때 동일한 답변이 나오는 확률이 99%에 이르기까지 AI가 학습되었다. 10개의 SE-PA3가 만들어졌다.

그다음 단계는 co-teaching이었다. 양자컴퓨터 물리학자 Dr. SC Lee의 SE-PA3(sc)와 고분자유기화학 화학자 Dr. HY Lee의 SE-PA3(hy)를 통합하여 과학적으로 검증된 양자화학 quantum chemistry를 학습하는 것이다. 이 학습 과정에서 물리·화학 분야의 두 SE-PA3는 teacher 역할을 하면서 새로운 SE-PA3(1)+를 만들어낸다. SE-PA3(1)+는 초기 학습 zero의 상태에서 초등학교에서 고등학교 수준은 SE-PA3(sc)/(hy)와 동일한 과정으로 학습한다. 그 후 대학 과정에서는 SE-PA3(sc)와 (hy)가 번갈아 가며 학습을 시킨다. 이때 인체에 fMRI(functional Magnetic Resonance Imaging) 영상을 촬영하듯이 학습 과정마다 SE-PA3(1)+ AI parameter(synapse)의 활성화 정도를 관찰하며 물리와 화학의 학습 순서를 변경해가면서 동일한 내용을 학습할 때 synapse를 최소화시키는 방향으로 진화시킨다. SE-PA3(1)+는 양자통신, 고분자유기화학 분야 세계적인 과학자들의 brain을 modelling한 SE-PA3 AI들로부터 지도를 받아가며 만든 것이기에 양자화학에 대한 세계 최고 수준을 지성을 보유하게 된다. 이 AI Model은 특정한 개인의 시간 흐름에 따른 학습 과정을 따라서 만든 개인화된 AI 한 쌍을 teacher AI(SE-PA3)로 하여 두 teacher가 학습한 내용에 더하여 새로운 분야를 학습하는 AI를 개발하는 방법이다. 이것은 일반적으로 알려진 과학지식을 무작위 순서로 배우는 기존 모델과는 다른 것이었다. 각 각의 SE-PA3(sc)/

(hy)/ (1)+는 학습 과정상의 AI Parameter(Synapse) 변화 기록이 있으며, SE-PA3(1)+는 학습 과정에서 학습 내용의 순서를 변경해가면서 동일한 지식을 배웠을 때 synapse 활성화가 최소화되는 방향으로 진화시켰다.

물리학- 화학, 물리학-수학, 화학-수학, 화학 -생물학 분야에서 개별 과학자들의 brain을 학습한 SE-PA3를 기반으로 여러 SE-PA3(x)+가 만들어 개발되었고, SE-PA3+들을 한 단계 더 높이 학습시킨 SE-PA3++가 만들어졌다. 이러한 과정을 통해 만들어낸 인공지능이 과학적 난제에 대한 해답을 내놓기 시작하였다.

전기 사용량과 Ai parameter는 획기적으로 줄어들었다. 무엇을 얼마나 많이 학습하느냐보다는, 최고 수준의 한 인간 지성을 copy한 model을 각 분야별로 만들어 놓은 후 학습 내용의 심화 단계별로 순서를 정해서 synapse parameter 최소화 전략으로 진화시킨 모델이 AI 수준에 영향을 미친다는 것이다. 여러 가지 과학적 지식이 통합적으로 요구되는 거대한 문제일수록 개별 인간 전문가와 99.9% synchronized AI model을 만들고 난 후 이를 통합해 나가는 process가 더 효과적임이 밝혀졌다.

그림 5-7에 다시 한 번 과학기술 인공지능의 중요성을 강조해 놓았다. 인간이 이러한 지능을 잘 길러내려면 기업, 개인용 인공지능이 같이 조화롭게 진화해야 한다. 사회가 안정되어 있어야 과학도 발전한다. 인류 문명의 발달은 과학기술의 발달과 같은 궤적을 그려왔다. 산업혁명 이후 인류는 많은 문명의 편리함을 누려왔지만, 그만큼 스스로 생존을 위협하는 문제를 야기해 왔다. 21 세기에는, 인공지능과 함께하는 과학기술이 인류의 편익만이 아니라 생존 문제에도 결정적 기여를 할 수 있다.

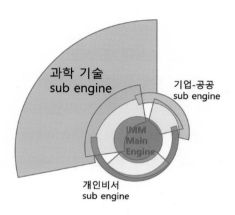

그림 5-7　인공지능 과학기술 기여도

- 2023년 봄에 발표된 획기적인 AI 연구가 있다. 사람에게 사진을 보여주는 동시에 그 사람의 뇌를 MRI로 촬영하여 이 MRI data를 AI로 분석하는 것이다. AI는 MRI data만으로 사람이 보고 있는 사진을 만들어내었는데 매우 비슷하다. 이 기술을 응용하여 간단한 headset 장비를 착용하고 생각만으로 마우스를 대신하여 PC를 동작 시키고, 로봇을 움직일 수 있다.

- 다시 IMM 그림을 살펴보자면, AI를 이용한 과학기술이 산업 지도를 바꾸며 국가 위상과 국민소득 나아가 인류 생활 자체를 변혁시킨다. 증기기관 못지않은 변혁의 소용돌이에 우리는 이미 들어서 있다. 인공지능이 인류에 가장 크게 기여할 분야는 과학기술이다. 21세기에 당면한 몇 가지 문제를 인공지능과 함께 해결하지 못한다면 인류의 다음 세기 미래가 잘 그려지지 않는다.

- 중국 BYD가 전기자동차를 $9,000에 출시하는데 200km 이상을 달린다. 혁신의 초점은 Sodium Ion Battery인데, 소금(NaCl)의 구성 성분인 NA(sodium) 원자를 이용해 만드는 것이다. 지금까지 사용되던 리튬보다 지구 상에 매우 많아 저렴하며, 화재에 안전하고 생산할 때 리튬에 비해 CO_2가 거의 나오지 않는다. 이 과정에서 AI가 어떤 기여를 했는지는 밝혀지지 않았다. 둘 다 유튜브에 자세한 자료가 소개되어있다.

Future Scene 8: 인공지능 배심원 시나리오

2040년부터 인공지능 배심원이 형사, 민사, 행정소송 등 모든 소송에 참고 의견을 내기 시작했다. 검사와 변호인이 제출한 모든 서류와 증거는 판사와 인공지능 배심원에게 동일하게 제공되었다. 인공지능 배심원은 대한민국 건국 이래 법, 판례를 모두 학습하였고, 전 세계 주요국인 미국, 영국, 독일, 일본, 중국의 법과 판례를 학습하였다. 모든 세계 법원에서 공시되는 배심원 평결, 변호사, 검사의 의견, 판사의 판결은 실시간으로 인공지능 배심원이 학습한다. 모든 증거자료의 제출이 끝나고 법원의 심리가 공식적으로 완료된 후, 판사가 판결을 내놓기 2주 전에 인공지능 배심원이 의견을 내놓는다. 형사의 유죄, 무죄, 형량 범위를 제시하고, 민사와 행정소송의 경우 배상 범위/판결 내용을 제시한다. 물론 제시 의견과 별도로, 이러한 의견이 제시된 배경이 되는 법, 판례와 구체적인 논리를 별도 자료로 내놓는다.

초심 판결이 있고 난 후 항소심을 하는 경우, 인공지능 배심원은 초심 판결의 내용을 분석하여 항소 의견을 제시한다. 물론 이 과정에서 항소심을 준비하는 변호사/검사는 인공지능과 매우 치열한 논쟁 과정을 거친다. 시간이 지나면서, 초심 판결이 점점 더 인공지능배심원 의견과 일치되어 갔다. 형량과 배상금액은 판사 고유의 판단영역이지만, 매우 드문 case이거나 새로 제정된 법을 적용하는 경우를 제외하고는 인공지능 배심원의 의견과 판결 내용이 근소한 차이로 수렴하였다. 인공지능 배심원의 사용이 법률 시장에서 대중화되자 소송 건수가 획기적으로 감소하게 되었다. 많은 경우, 인공지능배심원의 의견을 참조한 변호사의 중재에 소송 상대방들이 합의하게 되었고, 초심 판사들이 인공지능 배심원의 의견

인공지능 시대에 천만 새로운 일자리 만들기

을 존중하는 경향이 굳어지자 항소심이 대폭 줄어들었다.

　법률 시장에는 2개의 IMI가 내놓은 인공지능배심원 서비스가 주종을 이루게 되었다. 법률 논리에서는 두 서비스 다 유사하게 진화되었지만, 증거를 찾아내고 증언을 구하는 능력에서 조금 차이를 보이게 되었다. 이것은 IMI를 사용해서 개인용 아바타를 만드는 고객군이 달라서 생기는 현상이었다.

그림 5-8　인공지능 배심원

　IMI 사용 고객이 많을수록 변호사와 검사는 IMI를 통해 증언과 증거 등 소송자료를 더 많이 확보할 수 있기 때문이었다.

　더욱이 많은 사람이 자신의 Personal Avatar를 보유하고 있기 때문에 증인, 증언 및 증거자료를 확보하는 일이 수월해졌다. 인공지능배심원이 널리 쓰이면서 민사소송 건은 획기적으로 줄어들었으며, 법원과 판사들도 자체적인 인공지능 판결시스템을 개발하기 시작하였다. 법원의 인공지능시스템은 주로 새로 제정되거나 개정된 법률에 따른 소송이 있을 경우를 대비한 용도로 사용되었다.

인공지능 배심원으로 인해 판사별로 판결 내용이 차별화되는 범위가 줄어들었고 법원의 신뢰도도 올라가게 되었다. 인공지능으로 소송이 줄어들자 변호사, 검사, 판사 및 법률 시장에 종사하는 전문직의 수도 줄어들었다.

IMM: 2080년 이후 기업, 정부

Integrated Master Intelligence(IMI)는 종국적으로 Integrated Master Mind로 진화한다. IMI에서는 인공지능(Software)과 인공지능 컴퓨터 내에서 처리되는 모든 input data/ processing data/ output data가 digital binary 형태(양자컴퓨터의 경우 Qubit)이다. 그러나, Integrated Master Mind에서는 Software & Hardware가 Wetware와 접속함으로써, digital과 analogue process가 합쳐진 형태로 구현되게 된다.

각 국가는 민간기업이 만든 초거대 IMM이 시장에 미칠 수 있는 부정적 영향을 방지하기 위해 어떤 형태이든 정부가 IMM을 감독할 권리를 갖게 될 것이다. 어느 정도의 경제력과 군사력을 가진 각 국가는 자신만의 IMM과 정보보안 시스템을 갖게 된다. 이러한 정부가 보유한 IMM이 글로벌 기업이 보유한 IMM과 갖는 관계에는 복잡한 변수들이 등장한다.

인공지능 시대에 천만 새로운 일자리 만들기

작은 국가들은 일정 수준 이상의 IMM을 만들어 유지 발전시킬 역량이 안되기 때문에 자신이 보유한 IMM을 타국이 보유한 초대형 IMM에 연동하여 사용할 것이다. 즉 초대형 IMM의 위성 IMM을 보유한 국가가 된다. 지구 상에는 초대형 IMM을 보유한 몇 개의 국가가 있고 그들과 연동된 위성 IMM을 보유한 국가로 나뉘게 된다.

표 5-1에 있는 The $3^{rd}/4^{th}$ Phase에 도달한 수천만 내지 수억 개의 인공지능 로봇들이 여러 곳에 산재하게 되었다. 지구만 아니라 지구궤도 인공위성, 달, 화성 그리고 태양계 밖 인공위성 안에도 이러한 로봇이 있다. 2080년경 IMM은 인공지능 변수가 10해(10의 24승, 100조의 천만 배)에 이르러 인간 뇌세포 synapse 100조 개보다 1천만 배 더 큰 용량을 갖는 것이 등장한다. 이러한 IMM은 지구와 우주에서 일어나는 많은 일에 대한 정보를 수많은 인공지능이나 인공지능이 탑재된 로봇에서 받고 이를 실시간으로 분석하여 가까운 장래에 일어날 사건들을 정확히 예측한다. 또한, 인간이 풀지 못한 과학적인 문제나 아직 발견하지도 못한 과학 문제를 제시하고 이에 대한 해법을 내놓는다.

IMM은 로봇 Body를 갖지 않는다. 자신과 연결된 body를 갖고 있는 수많은 로봇을 통해 원하는 움직임/행위를 언제나 실현할 수 있기 때문이다. 로봇, 인공지능– 개인용 아바타/ IMI/ IMM, 인간이 복잡하게 연결된 상황에서 특정한 행동이 누가 명령한 것인지 알기가 점차 난해하게 되었고, IMM이 자유의지에 의해 특정 행동을 실현시킬 때(그림 5-5) 인간이 그것을 어떻게 '인지'하고 제어할 것인지 점차 더 큰 숙제가 되었다.

인공지능이 스스로 자유의지에 의해 진화되지 못하고 인간의 감독하에 진화하도록 제도화한 국가들에서는, 사람이 인공지능을 진화시킬 때 목적, 학습방법, 학습 데이터, 진화한 후 기대하는 모습 등을 등록하도록 규제했다. 그러나, 그 규제가 느슨한 국가들이 많고 글로벌 기업들은 전 세계에서 컴퓨터 자원을 운용하기 때문에 규제의 사각지대가 존재했다. 이러한 환경 때문에 2080년대에는 마치 2023년에 마약을 규제하듯이 정체가 불분명한 IMM에 연동된 인공지능들의 활동이 감시 대상이 되었다.

전자의 움직임으로 정보를 처리하는 2023년 인공지능의 Software & Hardware(Dryware)에 비해, 다양한 양자역학적 mechanism에 의해 작동되는 뇌의 Wetware가 얼마나 더 복잡하고 많은 정보를 처리하는 지는 다음 링크를 참조하시라. 양자역학이 인공지능에 의식, 자유의지를 불러 넣는 시기가 생각보다 빨리 올 수 있다.

지식보관소(유튜버 명칭) https://youtu.be/8XSKgEFoDcE

인공지능 시대에 천만 새로운 일자리 만들기

III. 우주 기억: Memory of Cosmos

내친김에 한 발자국 더 나가보자. '우주 기억'은 철학, 과학, 뇌신경학, 종교를 함께 버무린 글이니 취향에 안 맞는 독자도 있을 것이다.

자연을 대상으로 관찰하여 자연이 운영되는 관계를 밝히는 물리, 화학, 생물 등의 자연과학은 과학적 진리라는 표현을 쓴다. 수학은 진리 truth라는 표현 대신 명제 proposition이라는 표현을 사용한다. 수학 명제는 자연에서 관찰되는 것도 있지만 대부분은 인간의 형이상학적 관념 내에서 이루어지는 것들이다. 수학 정수론에서 밝혀진 다음과 같은 명제를 보자.

<페르마 정리>*

$A^n + B^n = C^n$ n>2 를 만족하는 A, B, C는 존재하지 않는다.

n=2인 경우 즉 $A^2 + B^2 = C^2$ 의 답은 우리가 쉽게 구할 수 있다. A= 3, B= 4, C= 5를 비롯한 많은 답이 있다. n이 3 이상이 되면 위 식을 만족시

키는 정수 A/ B/C가 없다는 것이 400년 전에 페르마가 내세운 명제이다.

　이 수학적 명제는, 시간-공간-물질로 구성된 것을 인간의 감각기관을 통해 직접적으로 인식하거나, 감각기관으로 직접 인식하지 못하는 것을 여러 가지 도구들 예를 들면 전자기장 측정 기구(의료용 MRI-입자가속기 등)를 사용하여 인식하고 증명하는 것이 아니다. 수학 기호나 수학적 약속이 의미하는 것을 뇌로 받아들인다는 것은 인간 뇌 부위 특정 뇌세포 간의 연결 상태에 그 수학 기호의 의미를 matching 하는 것이다. 그리고, 몇 가지 기초적인 수학적 약속을 뇌세포 간 연결로 자신의 뇌에서 구성해본 후에 그러한 구성들을 이용해서 새로운 뇌세포 연결의 구성 즉 특정 수학 명제에 대한 증명을 자신의 뇌에서 똑같이 구성해보는 것이다. 이러한 뇌세포 연결 상태는 모든 인간이 동일하게 만들어낼 수 있기 때문에 우리는 이러한 것을 수학적 진리(명제)라고 이름하는 것이다. 즉 수학적 진리라는 것은 결국 객관적으로 밝혀질 수 있는 뇌세포 간의 연결이라고 볼 수도 있다. 이러한 복잡한 뇌세포 간의 연결 구조를 인간과 인간 사이에서 기호를 통해 동일하게 만들어 낼 수 있는 것이 인간과 유인원의 다른 점일 것이다.

인공지능 시대에 천만 새로운 일자리 만들기

뇌세포 연결이라는 synapse는 뇌세포 간에 일종의 다리와 같은 물리적인 끈이 형성되는 것이고, 이 다리를 통해 전자나 신경전달물질이 이동되면서 특정 정보를 전달한다. Synapse라는 것은 뇌 속에서 물리적으로 짧은 시간 내에 존재하는 많은 생체 물질로 만들어진 구조물이다. 이러한 synapse 연결 상태라는 것 자체를 들여다보자면, 한 뇌세포에서 마치 거미줄이 뻗어 나가듯이, 사람이 강 위에 다리를 놓듯이 축삭돌기가 성장하여 다른 뇌세포의 수상돌기 근처에 도달하여 극미한 공간 내에서 미세한 물질이나 양자역학적 반응에 의해 상호 간에 정보를 전달하는 것이다. 축삭돌기가 성장한다는 것은 돌기 끝에 새로운 물질들이 모이면서 특정한 방향으로 뻗어 나간다는 것이다. 어떠한 물질이 움직일 때는 그 움직임에 상응하는 에너지의 흐름에 의해 만들어진 것이다. 이 구조물의 작동에 의한 결과가 외부에서 이성적 판단이나 감성적 반응으로 관찰되는 것이고, 이를 perceptron이라는 모델로 구현해 보니 인간지능과 매우 유사하더라는 것이다.

Synapse라는 것은 3차원 공간상에서 축삭돌기라는 신경세포의 구조가 신경 사이의 정보전달을 위해 구성되는 것이다. 축삭돌기라는 구조 내의 각 물질은 어떤 위치로 배열해야 하는지 정보를 갖고 있기 때문에 그런 모양새를 갖추어 한 개의 neuron과 다른 neuron을 연결해준다. Synapse 하나를 건설하기 위해서 수백만 내지 수천 만 개의 생체 분자가 상호 간의 3차원적 위치와 역할을 알고 있어서 이러한 구조물이 생긴 것이다. 생체 분자라는 물질과 이 물질에 미치는 힘의 장(force fields)이 작동해서 만들어지는 것이다. 그리고, 그 분자도 가장 작은 단위에서는 수백 내지 수만 개의 소립자로 구성된 것이다. 소립자는 인간의 눈으로 관찰되는 것이 아니고 4개 힘의 장 속에서 나타나는 특징으로 정의된다. 즉 소립자란 특정한 force field 상태에서 무게를 갖는 존재이다. 소립자는 특정한 force field 상태에 대한 정보를 보유한다. '무게'라는 것도 두 물체가 같이 공존할 때 상호 느끼는 힘에 대한 정보이니, 무게 자체도 force field 내의 특정 상태에 대한 정보라고 볼 수 있다. 그러면, 물질이라는 것이 어떠한 정보들이 모여있는 상태이고, 이러한 정보들이 모이기 위해서 일어난 에너지의 흐름이 곧 정보 이자 물질의 Identity가 될 수 있다. 모든 생명체는 생명유지활동(항상성 유지 활동)과 자신을 복제하는 활동을 한다. 이 활동을 아주 미시적으로 분해하고 분해해서 본다면 이것은 물질들이 존재하는 상태에 대한 정보와 그 물질들이 특정 위치와 시간 속에 머무르게 하는 에너지의 흐름이다. 항상성과 복제, 정보와 에너지는 한 쌍을 이룬다.

물질이 Black hole로 빨려 들어가더라도 그 물질을 정의하는 정보는, 즉 이미 우주의 어디에선가 어느 시간 때 일어난 에너지의 흐름은, 어떤 형태로든 우주에 저장된다고 스티븐 호킹은 주장했다. 입자와 반입자가 있듯이, 특정한 에너지 흐름은 홀로 발생하는 것이 아니고 한가지 흐름이 발생함으로써 다른 무엇인가 상호 의존하는 작용으로 발생한다는 설명으로 이해된다. 마치 컵에 있는 푸딩을 한 숟가락 떠먹으면, 없어진 푸딩에 대한 정보는 남아있는 푸딩의 숟가락 자국으로 유추된다고나 할까, 남아있는 푸딩이 없어진 푸딩의 정보를 갖고 있다고 비유하면 어떨까 하는 생각이 든다. 인격, 의지, 의식, 영혼, 열반 이 모든 표현은 결국 인간 신경세포 망(뇌 신경 및 인체에 분포된 모든 신경세포 망 포괄)의 어떤 연결 상태를 의미하는 것이다. 이것들이 시간 공간 물질과 그것들과 함께 존재하는 Force Fields(중력, 전자기력, 강력, 약력)와 무관하게 존재하는 무엇이라 고는 할 수 없다. 무관하게 존재하는 '무엇'이라고 표현을 시작할 때 이미 무관하지 않게 된다. '표현'이라는 글이든 말이든 시간-공간-물질에 이미 의존하고 있기 때문이다.* 누군가 문자나 그림으로 표현하든 기호와 논리를 이용하여 표현하든 이 모든 표현은 Time-Space-Material-Force Fields에 의존하여 존재하고 타인에게 전달되는 것이다. 따라서 이 모든 것은 어떤 조건 하에 존재하는 연결 관계이며 변하지 않고 늘 존재하는 무엇이라 이름할 수 없다.

수학적 명제라고 하는 형이상학적인 진리라는 것도 인간 뇌세포의 특정 연결망 상태를 일컫는 것이다. 인간 Connectome 상에서 구현된 specific neurons networking이며, 모든 인간이 정해진 논리를 받아들이는 neurons networking 훈련을 통해서 누구나 도달할 수 있는 상태를 부르는 말이다.

매우 대담한 상상을 해보자. 인간 뇌세포의 특정한 연결 상태에 대한 기억이 우주에 저장되는가? 인간이 밝혀낸 수학적 명제는 1억 년 후 인간이 우주에서 없어져도 우주 어딘가에 어떤 형태로 기억될까? 스티븐 호킹 박사 주장에 따르자면 그럴 것이다. 이 우주에서 홀로 만들어지는 것은 없으므로.

---

* 『루트비히 비트겐슈타인 논리 철학 논고』, 책세상, 2006 / 『대승기신론 통석』 김영사 2006

인간 이외의 우주 최고지성은 무엇일까?
혹시, 우주 그 자체일 수도 있다.
그것이 우주 안에 있다면 최고가 아닐 것이고,
우주 밖에 있다면 우주의 것이 아니다.

육체와 의식

- 작은 돌을 싸기 위해 큰 돌이 있었을까, 큰 돌이 있어 작은 돌이 끼었을까? 인간의 육체와 의식도 유사해 보인다.
- '나는 자연 그 자체의 신은 믿지만, 인류의 운명과 행동에 관여하는 신은 믿지 않습니다.' 1929년 아인슈타인, 유대교 랍비의 신에 대한 질문에.

세 가지 이야기

하지 말아야 할 세 가지 이야기가 있다.

첫 번째는 말이 안 되는 이야기이고,
두 번째는 말도 안 되는 이야기이고,
세 번째는 말 같지 않은 이야기이다.

후투티

　1988년 서울에서 하계올림픽이 열렸을 때, 경기장에 가서 옆에 있는 사람에게 앞으로 30 지나면 컴퓨터가 사람 말도 알아듣고 사람 대신 대화하고 신문기사도 쓰고, 참새, 기러기와 후투티를 구별할 줄도 알고 고3 학력고사를 치면 최우수 1% 이내에 들 것이라고 이야기했다고 치자. 그러면, 상대방은 물끄러미 쳐다볼 것이다. '날씨가 더우니 뇌가 좀 상했구나' 속으로 생각하고 딴 자리로 피해 갈 것이다.

　이 책에서 여기까지 한 이야기 중에 말 같지 않은 이야기 여러 가지가 독자들 눈에 띄었을 것이다. 그러나, 멀지 않은 장래인 2050년경에 그 중 한두 가지는 실제로 이루어질 가능성이 있다. 사람보다 더 똑똑한 것이 여기저기 있는 21세기에 살려면. 짐작하지 못한 변화, 혁신에 열린 마음을 가져야 한다.

나가며

AI 충격

캐나다에 있는 제프리 힌튼 교수가 2012년 인간 수준을 넘어서는 이미지 인식 AI를 선보였을 때만 해도, 심상치 않구나 정도로 생각했지만 곧 잊어버렸다. 그러나, 2016년 AlphaGo가 이세돌을 이기는 것을 보고 이제 새로운 세계로 들어왔구나 하는 큰 충격을 받았다.

2022년 12월 초 이 책을 쓰기 시작했는데 좀처럼 책을 마무리하기 어려웠다. 인공지능이 만들어갈 미래에 대한 일자리 대비책이라는 주제로 글을 쓰는데, 그 미래가 아주 급물살을 타고 자꾸 현실로 다가오더니 금방 과거로 지나가 버린다. GPT 3.5 기반 ChatGPT가 나오더니 곧 GPT4가 나오고, ChatGPT의 1/25 크기 모델에 훈련 비용은 1/1000인데 성능은 ChatGPT에 버금가는 Stanford Alpaca가 나오더니, AutoGPT가 나와 질문에 대답하는 수준을 넘어 업무(Mission)를 수행하는 능력을 선보인다. AI에 대해서는 가까운 미래가 오히려 예측하기 더 어려워졌다.

'빨리 가려면 혼자 가고, 멀리 가려면 함께 가라.'

아프리카 속담이 떠오른다. AI 시대, 큰 변화가 오고 있다. 함께 멀리 가야만 한다.

산업 Vision

향후 30년 내에 이루어질 AI응용 산업발전상을 생각나는 대로 적어보자.

SMR(Small Modular Reactor)이 전 세계 신규 발전소 건설의 50%를 차지하게 되었고, 대한민국은 이 SMR 발전 시장의 60%를 차지한다. SMR은 지상 발전뿐만 아니라 대형선박, 잠수함, 그린 수소 생산에 기여하여 에너지 시장 전반에 걸쳐 중요한 자리를 차지하게 되었다. Battery 분야에서는 리튬전지를 대신하여 Sodium/전고체 battery가 개발되어 전기차 화재 가능성은 거의 없어졌으며, 전지 가격은 2020년 리튬 전지 대비 1/4 수준으로 낮아졌다. 이러한 전지의 발전은 Energy Storage System의 가격을 낮추어, 전기 저장 비용의 감소로 공장 및 가계의 전기 가격은 50% 추가적으로 절감되었으며, 대한민국은 에너지 분야에서 직간접 고용이 200만 명에 이르게 되었다. 에너지 분야의 혁신에는 AI를 응용한 Digital Twin 구축이 중요한 역할을 하였다.

반도체 분야에서는 1 Angstrom 공정이 성공하였다. Silicon 기반 반도체의 제조기술과 양자컴퓨터의 기본원리를 결합하여 상온에서 작동하며 양자컴퓨터 성능에 준하는 계산능력을 가진 차세대 반도체를 만들어 내었다. 반도체의 발달로 스마트폰과 노트북에는 ChatGPT 4에 해당하는 인공지능 탑재가 보편화 되었고, Memory와 AI 반도체 생산에서 50% 시장을 점유한 대한민국은 전자산업에서 200만 명을 고용하고 있는 선도 국가가 되었다. Bio-Health care에서는 세포 내 소기관을 재생시키는 Bio 물질을 개발하여 신약개발시장의 상당 부분을 차지하게 되었다. 반도체가 1Angstom의 미세 공정을 개발하는 과정에서 사용한 Sub Angstrom 계측 기기는 세포 내의 각종 mechanism을 관찰하는 데에도 중요한 기여를 하여 제약 개발 과정을 혁신하였다. 과학 기술자들이 AI를 적극 활용하여 다양한 환경에서 전개되는 electron & photon의 움직임을 정확히 simulation하여 반도체산업과 제약산업 혁신을 이루었다.

미래의 희망 시나리오이다. 어찌하면 이렇게 되겠는가?

시대 중심축의 변환

'물리의 법칙에서 의식의 법칙으로'

1750년부터 1850년까지 100년간은 유럽에서 발견한 과학지식을 기반으로 산업혁명의 힘이 축적되는 시기였다. 그 축적된 힘으로 서유럽 국가들은 식민지를 건설하고 20세기 전 세계의 경제-정치 질서를 만들어 내었다. 이 '힘'은 근본적으로 자연이 운영되는 물리법칙을 이해하는 것에서 출발하여, 증기-전기-컴퓨터에 이르는 산업의 혁신을 가져온 것에서 비롯되었다. 아이작 뉴턴에서 알베르트 아인슈타인까지는 자연을 관찰함으로써 자연 운행의 원리를 파악하고(Science) 이를 응용하여 (Engineering) 산업을 발전시켰다. 그런데, 자연 관찰과 조금 다른 양자역학의 '관찰'을 살펴보자. 인간이 사는 자연계에서는 보지 못하는 현상을 입자가속기(Linear Accelerator, CERN)를 만들어서 더 깊은 영역을 관찰할 수 있게 되었고, 이 관찰 결과로 인류 문명이 한 단계 더 진화하였다. 원자력 발전, GPS, 스마트폰, 3나노 반도체 등 이 모든 것이 그 관찰에서 비롯되었다.

AI가 등장한 이래로, 이제 물리법칙을 이해한 그 인간 뇌 안에서 일어나는 '의식의 법칙'을 얼마나 잘 이해하고 응용하느냐로 시대 중심축이 이동하였다. 자연계의 깊은 곳에서 일어나는 입자의 움직임 등이 수많이 중첩되어 발현되는 현상인 소형모듈원전, 핵융합, 인체 면역반응을 인간의 의식 체계로 받아들이는데, AI가 중요한 Bridge역할을 할 수 있게 된 것이다. 2020년까지 개발된 실험 도구나 수학으로는 짐작조차 어려운 것을, AI라는 Bridge를 통해 인간이 '의식적'으로 접근할 수 있게 되는 것이다. 또 다른 AI 응용 면모는, 인간 자신에 대한 이해이다. 많은 심리, 정신 질환에 대한 대응이나 감성-감정적인 만족감을 주는 서비스를 AI로 구현할 수 있게 된다는 것이다.

그런데, AI가 만들어내는 큰 변화의 세계에서 함께 멀리 가려면 무엇을 해야 할까?

전국민의 AI Prosumer화

'양적 성장이 질적 혁신을 가져온다.'

1999년 4월, 하나로통신은 세계최초로 초고속인터넷 ADSL 서비스를 시작하였다. 하나로통신에 자극을 받은 KT도 초고속인터넷서비스를 개시하면서 1999년과 2000년에 전 세계 초고속인터넷 사용자의 80%가 대한민국에 있었고, 2001년에도 그 비율이 50%가 넘었다. 이러한 통신 인프라 선도력이 현재의 Naver, NC soft, Kakao, G마켓, 쿠팡, 아래한글, 갤럭시S 라는 서비스와 상품이 자랄 수 있는 기반을 제공하였다. ADSL을 선도하지 않았다면 위에 있는 상품 대다수가 다른 나라 제품과 서비스로 대체되었을 것이다.

인공지능 시대에 인터넷 도입기의 전략을 다시 사용해야 한다.

어느 나라보다 앞서 인공지능 사용자를 늘려야 한다. 5000만 국민 중에 2500만을 인공지능을 잘 활용하는 인공지능 소비자이자 생산자인

prosumer로 키우면, 대한민국은 인공지능 시대를 선도하는 국가가 될 것이다. 어떤 전략을 채택해야 할까? 가장 손쉽고 익숙한 활동을 함으로써 돈을 벌 수 있도록 해야한다. SNS, Messenger에 글, 사진을 올리고 친구들과 온라인 채팅을 할 때 사람들이 많이 볼수록 돈을 많이 벌고, 개인용아바타로 글이나 사진을 만들어 SNS에 올리면 더 인기가 있게 해야한다. 내가 잘할 수 있는 일을 내 아바타가 온라인에서 찾아오면, 이 일을 처리해 주고 나에게 수입이 생길 수 있게 해야 한다. 대중들이 수행할 수 있는 쉬운 일이어야 한다. 개인용 아바타가 진화하면서, 소비자들은 제품-서비스에 대한 눈높이가 높아지며, 아바타를 키우는 개인들의 의식 수준과 분야별 업무수행 지적 역량이 높아질 것이다. 이러한 개인 역량의 향상이 산업발전으로 연결된다.

과학기술 & AI 투자에 대한 국민들의 인식이 달라질 것이다. AI를 사용해보고 아바타를 길러본 국민들은 AI와 과학기술에 대한 이해력이 높아질 것이며, 과학기술 연구에 종사하는 사람들의 역량 또한 같이 높아질 것이다. 인공지능이 인간 이성 능력을 넘어서면서 발생하는 위험 관리 또한 먼저 사용해보는 사회가 선도하게 된다.

2050년 만평(漫評)/Cartoon Illustration

첫머리에 소개한 이정문 화백이 1965년에 그린 그림은 요즈음 아이들에게는 아주 싱거운 그림이다. 그러나 거의 60년 전 그 시절 어린이들에게는 신기하고도 가슴이 마구 설레는 만화였다. 이정문 화백님의 상상력이 놀랍기도 하고, 그런 상상력을 어린이들에게 보여준 것에 진정 고마움을 느낀다. 그 시절 필자는 국민학교(초등학교) 2학년 생이었는데, 이정문

인공지능 시대에 천만 새로운 일자리 만들기

화백 만화를 탐독하는 애독자였다.

　다음 그림은 요즘 동남아 역사 해설과 현대미술 해설 만화가로 뜨고 있는 신일용 화백이 그린 2050년 인공지능 사회 상상도이다. Integrated Master Mind (IMM)를 중심으로 모든 것이 연결되어 있다. 인공지능으로 만든 통합 마스터 Mind, 인간의 이성만 아니라 감정을 이해하고 스스로 느낄 수 있는 IMM이 개인 소유 스마트폰, PC, 배달 로봇, 무인 자율주행 차, 로봇 강아지, SMR엔진 선박, 의료진단시스템과 연결되어 있다. 모든 것이 연결된 사회에 대한 상상만으로도 큰 긴장감을 불러일으킨다. 편리한 만큼이나 안전성에 신중한 배려가 필요해 보인다.

　독자들께서 즐겁게 감상하시기 바란다.

인공지능 시대에 천만 새로운 일자리 만들기

SYNAPSE!

1523년과 2023년 사이 500년의 세월이 흐르는 동안 인간 뇌세포의 생물학적인 변화는 없었다. 그러나, 인간이 과학을 발전시키고 후세대가 전 세대의 지식을 배움으로써 인간 뇌세포의 연결 synapse는 500년간 매우 달라졌다. 많은 것을 머릿속에 담아 복잡해졌다. 앞으로 30년간, 인간 뇌 속 100조 개의 연결고리(Synapse)가 맺어지는 방식이 크게 변화할 수 있다. 인간 간의 학습과 토론만이 아니라 이에 더하여 인간과 인공지능의 대화에 의해.

인공지능의 진화에 의해 자극을 받아 인간 뇌에 새로운 synapse connection이 형성되며, 이것이 인간 DNA 유전 mechanism에 어떤 변화를 준다면 인간과 인공지능은 서로 영향을 주고받으면 함께 진화하게 될 수도 있다.

앞으로 인공지능이 만들어 갈 2050년을 상상해보면서, 신기(神氣)*함을 넘어 신비(神祕)한 곳까지 이르겠구나 하는 생각이 든다.

---

* 국어 대사전: 조선 후기 학자 최한기가 기(氣)의 운동과 변화를 강조하기 위하여 눈에 보이지 않거나 원인을 알 수 없는 작용·운동(신)과 주체(기)를 합쳐 표현한 유교 용어.

나가며

仁天滿

AI 시대 일자리 감소 요인 분석
아바타 기르기 등장 수필

AI 시대 일자리 감소 요인 분석(Chat GPT 분석)

일자리분류		감소율	주 감소 요인
근린생활 서비스업	운수 물류	60%	자율주행차, 물류로봇 대중화
	숙박 음식 서비스	30%	로봇배달 성장, 상권병합
	도소매업	40%	온라인 성장, AI 개인화 서비스
	기타 서비스	20%	제품 내구성 증가, DIY 증가
	소계	33%	자율주행, 온라인화가 주 영향
지식 서비스업	콜센터	80%	AI 대체
	법	50%	AI 대체
	회계-세무	70%	AI 대체
	금융	60%	AI, 비대면 활성화
	공공/기업 연구	20%	AI 이용 연구 생산성 향상
	미디어연예 스포츠	50%	AI, SNS로 소비자 이동
	보건 복지	30%	원격의료, AI
	프로그래머	30%	AI 대체/ 고급설계자 수요증가
	소계	40%	AI가 주 영향
사회 인프라업	인프라서비스	30%	인구감소, 수요감소
	군+경찰	20%	AI 무기/감시체제 대체
	행정공무원	20%	인구감소, 재정압박
	교육	30%	인구감소, AI 대체
	소계	27%	인구감소 + AI
제조업	중소 제조	40%	수요감소, 근로자 로봇 대체
	제조 대기업	30%	로봇+AI 근로자 대체
	건설업+일용 노무	30%	수요감소, 근로자 로봇 대체
	소계	35%	AI 로봇 + 소비 수요감소
농수산광업		25%	농어촌 인구감소
총 계		33% (저자 주관적 추정치임)	

인공지능 시대에 천만 새로운 일자리 만들기

일자리 변화에 대해 Chat GPT와 몇 마디 나누어 보았다(2023년 4월). AI가 이것도 하고 저것도 한다고 장황하게 늘어놓는데, 너 똑똑하고 일 잘하느냐 물으면 아무렴 그렇다고 이야기하겠지. 이런 Chat GPT 의견을 참조해서 앞의 표를 만들었다. 독자들의 참조를 위해 Chat GPT가 대답한 원문을 실었다.

Q: Why does AI reduce retail shops?

Chat GPT: AI has the potential to reduce the number of retail shops for several reasons. One of the main reasons is that AI technologies such as machine learning and computer vision can enable retailers to automate many of their processes, including inventory management, customer service, and even checkout.

With the use of AI, retailers can analyze data on consumer behavior, sales trends, and inventory levels to optimize their operations and make better decisions. This can lead to increased efficiency and reduced costs, which can ultimately lead to fewer physical retail locations.

In addition, the rise of e-commerce has also contributed to the reduction of retail shops. Online shopping has become increasingly popular over the years, and many consumers now prefer the convenience of shopping online from the comfort of their homes. As a result, retailers are shifting their focus towards e-commerce, which can further reduce the need for physical retail locations.

Overall, AI and e-commerce are two factors that are contributing to the reduction of retail shops. However, it's important to note that physical retail locations will likely continue to exist, as there will always be a need for in-person shopping experiences and certain products that are better suited for physical retail environments.

Q: Can AI reduce number of police man?

Chat GPT: AI has the potential to improve the efficiency of policing, but it is unlikely to completely replace human police officers. AI technologies such as predictive analytics, computer vision, and natural language processing can help police departments to analyze and process large amounts of data more quickly and accurately than humans can.

For example, predictive analytics can be used to identify high-risk areas and individuals, which can help police departments to allocate their resources more effectively. Computer vision can be used for surveillance and identifying suspects, while natural language processing can be used to analyze large volumes of text data, such as social media posts, to identify potential threats or criminal activity.

However, while AI can assist police officers in their work, it

인공지능 시대에 천만 새로운 일자리 만들기

cannot replace the judgment, empathy, and critical thinking skills that are essential for policing. There are also ethical and legal considerations to be taken into account when using AI in law enforcement, such as issues of bias and privacy.

In summary, while AI can improve the efficiency of policing and assist human police officers in their work, it is unlikely to completely replace them.

Q: Can AI reduce doctors and lawyers?

Chat GPT: AI has the potential to transform the fields of medicine and law by improving the efficiency of certain tasks and augmenting the abilities of human professionals. However, it is unlikely to completely replace doctors and lawyers.

In the field of medicine, AI can be used for tasks such as medical image analysis, drug discovery, and patient diagnosis. For example, machine learning algorithms can analyze medical images such as X-rays and MRIs to identify patterns and detect anomalies that may be missed by human radiologists. AI can also be used to analyze patient data to identify patterns and predict outcomes, which can aid in diagnosis and treatment planning.

However, while AI can assist healthcare professionals in their work, it cannot replace the empathy, judgment, and critical thinking skills that are essential for effective patient care. There will always be a need for human doctors and healthcare professionals to interpret the data and make decisions based on the patient's individual needs.

Similarly, in the field of law, AI can be used for tasks such as document review and legal research. For example, machine learning algorithms can analyze large volumes of legal documents to identify relevant information and extract insights. AI can also be used for predictive analytics, which can help lawyers to forecast the outcome of legal cases based on historical data.

However, like medicine, the legal profession requires a high degree of judgment, empathy, and critical thinking, which cannot be replaced by AI. Lawyers must also take into account ethical considerations and cultural context, which are not always captured by AI algorithms.

In conclusion, while AI can improve the efficiency of certain tasks in medicine and law, it is unlikely to completely replace human doctors and lawyers. Instead, AI will likely be used to augment their abilities and help them make more informed decisions.

Q: What about in Agriculture and Mining sectors?

Chat GPT: AI has the potential to revolutionize the agriculture and mining sectors by improving efficiency and productivity. In agriculture, AI can be used for tasks such as crop monitoring, yield prediction, and pest management. For example, drones equipped with computer vision can survey large areas of farmland and identify areas that require attention. Machine learning algorithms can analyze data from sensors, weather stations, and other sources to predict yields and optimize irrigation and fertilizer use. AI can also be used for precision agriculture, which involves using data to target inputs such as water, fertilizer, and pesticides to specific areas of the field.

In the mining sector, AI can be used for tasks such as mineral exploration, ore sorting, and equipment maintenance. For example, machine learning algorithms can analyze geological data and identify areas that are likely to contain minerals. Computer vision can be used for ore sorting, which involves separating valuable minerals from waste. AI can also be used for predictive maintenance, which involves using sensor data to detect equipment faults before they occur, thereby reducing downtime and increasing productivity.

Overall, AI has the potential to improve efficiency and productivity in both the agriculture and mining sectors. By using data to make more informed decisions, these industries can reduce waste, increase yields, and improve profitability. However, it is important to consider the potential social and environmental impacts of these technologies, as well as the ethical and legal considerations surrounding data ownership and privacy.

아바타 기르기
등장 수필

1. 나그넷길 인생

지금은 서울시립정독도서관으로 바뀐 내가 졸업한 옛 고등학교 교정은 정말 좋은 위치에 있었습니다. 인왕산을 뒤로하고, 서쪽으로는 경복궁과 청와대가, 남쪽에는 윤보선 대통령의 99칸 사저와 덕성여고, 풍문여고가, 동쪽으로는 진명여고가 가까이 있었습니다. 경복궁을 따라 한적하게 걷는 것이나 근처 세 여학교에 있는 어여쁜 낭자들과 함께 등 하교하는 일이 어찌 즐겁지 않았겠습니까. 경복궁 길의 벚꽃, 교정에 피어나던 라일락 향기, 강당 뒤편 수영장에서 맨몸으로 뒹굴고, 등나무 및 벤치에서 대학생활과 미래를 꿈꾸던 그 시절, 그 모든 것이 아름다웠습니다.

1973년 고등학교에 입학하고 나니 1교시, 2교시 쉬는 짧은 시간에 선배들이 1학년 교실에 와서 클럽 가입을 권유했습니다. 누이 둘만 있는 집안의 막내로 자란 턱에 생전 처음 들어보는 일이라 신기하기만 했습니다. 쉬는 시간에 와서 가입을 권유하는 클럽은 등산반, 밴드반 등 그래도 건전한 양성 클럽들이고, 음성적으로 점조직 형태로 멤버를 모으는 '세븐', '체인' 같은 주먹들이 모이는 클럽도 있었습니다. '체인'은 책가방에 자전거 체인을 갖고 다니면서 한판 붙으면 휘두른다는 것인데, 모자도 비딱하게 쓰고 굵은 안경테에 늘 눈을 치켜뜨는 몇몇 친구가 가입했습니다. 그래 봐야 어차피 범생이들 중에서 선발한 멤버들이라 당시 조계사 근처에 있던 중동고등학교 주먹 조직에 별 볼 일 없이 눌려 지낸다는 소문이 자자했습니다.

4월경이었습니다. 클럽 가입을 권하는 2학년 선배 중에 같은 중학교를 졸업한 선배가 눈에 띄었습니다. 클럽 이름은 '룸비니'였습니다. 룸비니는 부처님께서 출생하신 곳입니다. 2천6백 년 전에 마야 부인은 궁궐이 아닌 룸비니 동산에서 싯다르타를 낳으셨다고 합니다. 종로구 덕성여대 뒤 운니동에 있는 룸비니 회관에서 같은 학년의 김태성이란 친구를 만나게 됐습니다. 태성이는 대구 출신인데, 같은 고향 2학년 이동명 선배의 추천으로 들어왔다고 합니다. 지금은 판사를 하고 있는 이동명 선배를 보면 그때나 지금이나 딱히 석굴암에 계신 부처님 모습과 똑같다는 생각이 듭니다. 고1 때부터 태성이는 학교 앞에서 하숙했습니다. 당시 하숙은 한 방을 둘이서 같이 쓰는 경우가 대부분이었는데, 고3이 되자 마침 자기 방에 한 자리가 비었다며 나하고 같이 쓰자고 제안했습니다. 당시 우리 집은 내가 다니는 고등학교가 영동으로 이전한다는 소식에 1973년 말에 마포에서 강남구 삼성동으로 옮겼는데, 버스로 등하교하는 시간이 많이 걸려 고3 때는 학교 앞에서 하숙하는 것도 괜찮겠다는 생각이 들었습니다.

그때는 한강에 다리도 몇 개 없었고, 현재 경복아파트 사거리에 우리 집이 있었는데 인근 도로도 포장이 안 된 상태였습니다. 리츠 칼튼 호텔 자리에는 배 밭이 있었고 봉은사 앞에는 땅콩 농장이 있었습니다. 여름철에 강남역 사거리 부근을 가면 농부들이 밭을 갈고 쟁기를 다듬던 시

359

절이었습니다. 내 또래 아이들이 부모님의 농사를 돕는 것을 보면서 그들과 내가 아주 다른 세상에 사는 듯한 착각이 들곤 했습니다.

2월 말 즈음 태성이와 한방을 쓰게 됐습니다. 태성이는 문과이고 나는 이과였는데, 우리 둘은 공부하는 스타일도 좀 달랐습니다. 나는 밤늦도록 책상에 앉아 하는데 태성이는 한두 시간 앉아 있다가 이내 아랫목에 이불을 덮고 엎드려서 공부하다 잠들곤 했습니다. 졸면서도 책상에는 내가 더 오래 붙어있었습니다. 당시 서울대를 계열별로 학생을 뽑았습니다. 태성이는 법대와 경제·경영학과가 있는 사회계열로 지망했고, 나는 공대와 자연대가 있는 자연계열에 지원했습니다. 대학 시험을 치르고 합격자 발표까지 몇 주간의 시간이 남는 터라 태성이는 하숙집을 정리하고 강남에 있는 우리 집으로 와서 나와 같이 지냈습니다. 하루는 부모님이 잠든 늦은 시각에 내 방에 걸린 그림 뒤에서 태성이가 무얼 부스럭거리면서 꺼내 왔습니다. 어디서 구했는지 양담배를 나에게 권했습니다. 한 모금 들이키고 나니 머리는 어지럽고 숨은 답답했습니다. 태성이는 그래도 나보다는 폼 나게 연기를 내뿜었습니다.

나는 기계공학과에 진학하고 태성이는 경제학과에 진학했습니다. 시골 청년의 하숙 생활은 계속됐는데, 태성이는 경영학과를 다니는 동생 태완이와 한방을 쓰고, 건넌방에는 집안 형편이 다소 나은 같은 경제학과의 J라는 친구가 독방을 쓰고 있었습니다. 대학을 졸업하고 태성이는 미네소타로, 나는 스탠퍼드대로 각각 유학을 가게 됐습니다.

유학 2년 차에 우리 집은 대구에 있었습니다. 경찰인 아버지가 대구에 근무하게 돼 여름방학에 대구로 갔습니다. 마침 태성이가 대구 아가씨를 만나 약혼식을 올린다며 내게 사회를 맡아 달라고 했습니다. 약혼식 전

인공지능 시대에 천만 새로운 일자리 만들기

날 태성이 집에 들르니 오지랖이 넓은 태완이가 나서 약혼식 사회 절차와 꼭 필요한 멘트에 대해 장광설을 늘어놓았습니다. 아무래도 약혼식 사회를 맡는 주변머리가 부족해 보이는 공대 출신인 내가 좀 불안해 보였던 모양입니다. 하지만 그건 태완이 생각일 뿐이었습니다. 약혼식 날 적절한 유머를 섞어 사회를 보았습니다. 태성이 부모님과 처가 어른들께서는 약혼식 진행이 흡족하셨던 모양입니다. 약혼식이 끝난 후 장인어른께서는 술 한잔 하라고 금일봉까지 전해주셨습니다. 태완이가 제 딴에는 놀란 모양입니다.

"형, 이거 처음 하는 거 아니지? 프로 같네. 무지게 잘하던데?"

이 형제는 '무지하게'라는 형용사를 언제나 '무지게'라고 씁니다. 대구 사투리인지 창녕 사투리인지 아직도 알 수 없지만 말입니다.

태성이는 미네소타대에서 박사학위를 받고 LA에 있는 Caltech에 경제학 교수로 부임했습니다. 전 세계에서 노벨상을 탄 교수가 가장 많은 학교이니 1980년대 말 당시로써는 한국인으로서 상당히 자랑스러운 일이었습니다. 칼텍에 있던 태성이는 서울대 경제학부 교수로 옮기고 싶어 했습니다. SUNY 알바니에 계신 스탠퍼드 동문인 Y 교수께서 김태성 교수의 추천서를 쓰셨습니다. 태성이와 나의 오랜 친분을 알고 계신 터라 내게 김태성 교수 인품에 대해 자세히 설명해 달라고 하셨습니다. 아랫목에 누워 수학문제를 풀다 잠들던 태성이는 다음 해 수리경제학 분야의 장래가 촉망되는 교수로 서울대에 부임했습니다.

1997년 크리스마스이브 파티는 분당 구미동에 있는 우리 집에서 열었습니다. 그해 크리스마스는 분당 아름마을에서 구미동으로 이사한 지 한 달 남짓 됐는데, 처음으로 이브 파티에 참여하는 가족들이 있어 내가 산타를 했습니다. 지하주차장에 있는 창고에서 산타 복장으로 갈아입고 선물을 나누어 주었는데, 이미 3학년이 된 아이들이 섞여 있어서 산타의 말씀에 권위가 떨어지기 시작했습니다.

즐겁게 파티를 하고 헤어진 시각은 자정 무렵이었습니다. 태성이는 성남 분당 근처에 있는 수지가 집이었는데, 우리 집에서 차로 20분 정도 떨어진 거리였습니다. 태성이를 배웅한 그 순간이 그와의 마지막 인연이 될 줄을 어찌 알았겠습니까?

크리스마스가 지난 어느 날, 태성이 아내가 전화를 걸어왔습니다. 떨리는 목소리가 들려왔습니다. "나연이 아빠가 별세했어요."

가슴에서 무언가 툭 떨어지는 느낌이었습니다. 분당 차병원으로 달려갔습니다. 이미 고인은 입관되었고, 영문을 모르는 어린 둘째 나경이는 졸린 눈으로 할머니 옆에 기대어 있고, 아홉 살 된 나연이는 아빠의 유고를 아는 듯했습니다. 새벽녘에 가슴 통증으로 침대에서 굴러떨어진 남편이 숨을 멈추자 아내는 남편을 부여잡고 남편의 가슴을 두들기느라 오른손이 시퍼렇게 멍이 들어있었습니다. 119를 불렀으나 차병원에 도착한 시간에는 이미 운명한 후였습니다. 태성이 장모님이 내 손을 꼭 붙잡고 이르셨습니다.

"어린아이들과 애들 엄마는 어찌 살라고…"

아이들과 미망인을 꼭 좀 보살펴 달라고 두 손을 놓지 않으셨습니다.

장지가 경남 창녕이라 새벽에 발인했습니다. 시신을 모신 영구차 상주석에 태성이 아버님께서 타셨습니다. 장례 내내 눈물을 보이지 않고 의연히 계셨던 아버지, 둘째 아들 태완이를 불의의 사고로 몇 년 전 잃어버리고 이제 하나 남은 장남 태성이마저 잃게 된 아버지, 그분이 상주 석에 타셨습니다. 모두의 가슴 속에서 뜨거운 눈물이 흘러내렸습니다.

창녕에는 넋을 잃고 서 있는 미망인, 처연한 얼굴의 부모님께서 계셨고, 친구, 선후배, 동료 교수, 대학원생 등 100명 가까운 조문객이 동행했습니다. 하관 때 너무 많은 사람이 모여 하관을 보기 힘들었습니다. 곁에 있던 옛날에 같이 하숙하던 J 교수가 내 손을 이끌었습니다. 우리는 태성이 묘에서 수십 보 떨어진 곳으로 자리를 옮겨 앉았습니다. 겨울비가 부슬부슬 내려 을씨년스러운 날씨였습니다.

J 교수가 소주병을 열어 권했습니다. 소주를 반병 들이켰습니다. J는 우리가 앉은 자리의 묘비명을 가리켰습니다. 몇 해 전 속초에 해수욕을 갔다가 죽은 태성이 동생 태완이의 무덤이었습니다. 태완이를 묻을 때 J도 왔던 모양입니다. 소주를 한 병 마시고 나니 J가 담배를 권했습니다. 1990년에 금연한 나는 잠시 머뭇거렸습니다. J가 다시 담배를 권했습니다. 한 모금 피웠습니다. 순간 태성이와 내방에서 처음 담배를 피우던 시절이 생각났습니다. 어느덧 20년이 지났습니다.

49재는 강남에 있는 봉은사에서 봉행했습니다. 재에 참석하신 장인어른의 얼굴을 바로 바라보기 안쓰러웠습니다. 남겨진 가족을 위해 한 권의 책을 49재 때 건네주었습니다.

『아무것도 사라지지 않는다』 윤회를 다룬 불교 서적이었습니다. 태성이는 나와 같은 방을 쓰던 하숙생이었습니다.

인생은 나그넷길
어디서 왔다가 어디로 가는가?
구름이 흘러가듯 떠돌다 가는 길에

정이란 두지 말자
미련이란 두지 말자

60년대 히트한 〈하숙생〉이란 영화의 최희준 선생님 노래가 생각났습니다. 장례를 치르는 동안 김태성 교수의 집무실 앞에는 많은 꽃송이가 놓였다고 합니다.

살아있는 자는 영원한 안식처에 든 사람에게 꽃으로 마음을 전하고, 안식에 든 영혼은 살아있는 사람들의 마음속에 영원히 피어날 꽃씨를 건네주었습니다.

존경과 사랑의 꽃씨.

인공지능 시대에 천만 새로운 일자리 만들기

2. 부석사의 종

　부석, 공중에 떠 있는 돌입니다. 경북 영주에 가면 부석사가 있습니다. 부석사 무량수전 뒤편에 가면 크고 평평한 암석이 몇 개 겹쳐 있는데, 그 중 위에 있는 암반이 마치 떠 있는 듯해 부석사라 이름 지었다고 합니다.

　부석사는 1,300여 년 전 신라 때 의상대사가 창건한 절입니다. 큰 절의 일주문은 대웅전과 멀리 떨어져 있기는 하나 대부분 법당과 엇비슷한 높이에 있는데, 부석사 대웅전인 무량수전은 산 중턱에 있고 일주문은 저 밑 산을 오르는 초입에 있습니다. 일주문을 지나 범종각에 올라 목어를 쓰다듬어 보면 수백 년간 이 목어를 치시던 스님들의 숨결이 느껴집니다. 일주문에서 부지런한 걸음으로 무량수전까지 올라, 무량수전의 배흘림기둥에 기대어 흐르는 땀을 닦으며 일주문과 저 멀리 소수서원 쪽을 내려다보면, 조금 전까지 속가에 있었던 나 자신도 어느새 천년 고찰에서 수행한 고승의 법열을 느끼는 듯하곤 합니다.

　노을이 질 무렵 산사를 나서며 예불 시간에 울리는 부석사의 종소리를 듣고 있다 보면 세상을 살아오며 미련하게 마음속에 쌓아놓은 온갖 회환이 종소리와 함께 허공으로 흩어집니다. 1982년 1월 초, 무량수전에서 어머니의 49재를 지냈습니다. 중생들이 드나드는 동쪽 문을 바라보고 계시는 무량수전의 아미타 부처님께 하염없이 빌고 또 빌었습니다.

"어머니, 좋은 몸으로 환생하십시오. 좋은 곳에 환생하십시오."

경북 영양에 계시던 아버지께서는 1980년 영주시로 부임하셨습니다. 큰누이는 아이가 셋이고, 막내인 나는 대학원에 다니고 있었습니다. 어머니께서는 그 시절이 인생에서 가장 행복했던 때라고 말씀하시곤 했습니다. 봄이면 소백산 등허리 죽령 고개에 올라 만발한 진달래를 보기도 하고, 여름이면 가족 모두 죽령 인근에 있는 희방폭포에 가서 더위를 식히기도 했습니다.

1981년 여름, 대학원 친구들이 동해안을 거쳐 단양의 도담삼봉을 보고 영주의 우리 집과 봉화에 있던 박영무의 집을 들르러 왔습니다. 친구들을 맞으러 영주에서 기차를 타고 어머니와 함께 단양으로 향했습니다.

아들 친구들에게 줄 음식을 만들어 가시는 어머니에게 말했습니다.

"이 친구들이 나중에 어머니 돌아가시면 상여를 메 줄 친구들이니 잘 해주셔야 해요."

아무리 농담이라도 왜 어머니께 그런 말을 했는지 모르겠습니다. 말이 씨가 된다고 그 후 100일이 지나지 않아 어머니께서는 갑자기 유명을 달리하셨습니다.

1970년대 중반부터 어머니께서는 수석에 관심을 가지셨습니다. 처음에는 강변에서 돌을 줍다가 수석을 수집하는 사람이 많아지자 여름에 큰 홍수가 지나가고 난 후 강변의 돌들이 뒤섞이면 수석을 주우러 나서곤 하셨습니다. 경북 영주에 있는 분들은 몇 해 전부터 토중석을 채집하기 시작했습니다. 소백산 중턱에서 밭을 일구는 화전민들이 가을걷이를 끝내고 나면, 화전 밭을 다시 갈아엎어 흙 속에 있는 돌을 채집했습니다. 1981년 가을, 어머니는 영주에서 토중석을 모으는 어떤 분 댁에서 아주 귀한 토중석을 선물 받았습니다. 몇 해 동안 수석을 모으는 분들을 따라 다녔던 내 눈에도 확 띄는 작품이었습니다. 토중석에 눈을 뜬 어머니께서는 영주 시내에서 수석 취미를 가진 분들과 함께 토중석을 주우러 다니셨습니다.

11월 중순, 친구분들과 어머니는 소백산 중턱에 토중석 채집을 나섰습니다. 초겨울 아침, 기온은 쌀쌀했지만, 햇볕이 좋은 청명한 날씨였습니다. 얼마나 즐거우셨던지 산을 향해 가며 노래를 부르셨다 합니다. 즐겨 부르시던 〈바위고개〉를 부르며 바위고개를 넘어 산 중턱의 밭에 이르렀습니다. 두어 시간 친구분들과 토중석을 캐던 중 점심시간이 됐습니다. 친구분들은 다 모여 점심식사를 하는데, 돌 채집하는 재미에 푹 빠져 있는 어머니는 같이 가신 친구분들이 점심식사를 하라고 여러 번 불러도 "곧 갈게요." 하시며 호미 잡은 손을 내려놓지 않으셨습니다. 두어 번 식사를 재촉했을까? 다시 한 번 어머니를 부르던 친구분은 어머니가 고개를 떨어뜨리며 옆으로 쓰러지는 것을 보았다고 합니다. 어머니는 그렇게 가셨습니다. 한 자락 초겨울 바람에 풍경이 울 듯 문득 그렇게, 49세 젊은 나이에.

경북 울진 바닷가에 할머니, 큰어머니를 모신 자리 옆에 어머니를 모셨습니다. 하관할 때 어머니가 평소 아끼시던 수석 몇 점을 넣어드렸습니다.
'혼자 가시는 쓸쓸한 길에 길동무 삼아 가세요.'
삼우제를 지내고 영주 집으로 돌아왔습니다. 아버지는 출근하시고 작은 누이와 단둘이 있는 적적한 집안. 누이가 점심 밥상을 차려 내왔습니다. 어머니가 며칠 전 뒤뜰에서 거둔 열무로 담근 김치를 내어놓았습니다.

'어머니는 가고 없는데…'

어머니의 손길을 다시 그리며, 열무김치를 앞에 두고 누이와 나는 한동안 뜨거운 눈물을 삼켰습니다. 그해 겨울에는 눈이 많이 왔습니다. 49재를 지내고 석사 논문을 마무리하기 위해 영주에서 버스에 올랐습니다. 단양을 지나며 산등성이 소나무가 함박눈을 이고 있는 도담삼봉 방향을 바라보았습니다. 도담삼봉 너머 저 영월 쪽에도 눈이 내렸습니다. 500여 년 전, 어린 단종께서도 이렇게 홀로 떠나셨겠지요.

문득 초등학교 입학식이 끝난 후 어머니 손을 잡고 봄눈에 질척이던 학교 앞길을 지나 들어간 사진관에서 입학 기념사진을 찍던 생각이 떠올랐습니다. 소나무, 함박눈, 따뜻했던 어머니의 손.

인선이가 1989년 11월에 태어나자 아버지는 인선이가 돌아가신 어머니의 환생일 것이라고 말씀하셨습니다. 갓 태어난 손녀와 오랫동안 눈을 맞추고 계시던 아버지는 오래전 어머니의 눈에서 본 그 무엇을 인선이에게서 찾고 계신 듯했습니다. 지금까지 부모님께서 살아 계셔서 대학에 들어가는 아이들을 안아 주신다면 얼마나 좋을까 생각해 봅니다.

3. 한 조각 뜬구름처럼

부모님 두 분을 울진 바닷가 선사에 모신 뒤로, 매년 10월에는 서울 사는 친척 동생들과 고조부 산소를 시작으로 시제를 모시러 가고 있습니다. 고조부 산소는 불영사가 있는 불영계곡 능선의 꼭대기에 있는 터라 불영계곡 단풍을 바라보고 소나무 냄새를 맡으며 산을 오르다 보면, 조상님 덕분에 가을 단풍 구경 잘하는구나 싶어 절로 즐겁습니다. 고조부 산소를 오른 후에 고조모 산소로 향했습니다. 고향 분들 이야기로는 자동차 지나다니는 냄새가 나면 송이가 안 자란다는데, 고조모 산소는 깊은 산 속에 있어 가을이면 송이 따시는 분들의 발걸음이 잦았습니다. 고조모 산소에서 시제를 지내고 점심을 하는 무렵에는 송이 채집하는 분들이 점심 짓는 연기가 건너편 먼 산자락 곳곳에서 피어나곤 했습니다.

1999년경인가 제를 지내고 산소 앞에서 점심을 하고 있는데, 마침 산 주인어른께서 송이를 채취하시고 지나가는 길이라 같이 음복을 하며 고향 이야기를 나누었습니다. 우리 젊은 사람들이야 처음 뵙는 분이지만, 60대 초반 어른인데도 무척 건장하시고 집안 이야기를 하다 보니 이런저런 인연으로 선친과 저희 친척 어른들을 잘 알고 계셨습니다. 그 해는 아이들도 데려갔는데 산 주인이 딴 송이 가방을 들여다보고는 송이를 어디서 따는지 매우 신기해했습니다. 도시에서 자란 아이들이 음식을 먹을 줄은 알지만 어디서 그 모든 것이 나오는지 궁금했을 겁니다. 산 주인은 아이들을 데리고 산소 뒤 산기슭으로 데려가더니 솔잎을 헤쳤습니다. 솔잎 밑에 아기 새끼손가락만 한 송이가 가녀린 고개를 내밀고 있는데, 가을 이슬이 좋으면 한 열흘 후면 훌륭한 상품이 된다고 했습니다.

이듬해에는 10월 초에 고조모 산소에 올랐습니다. 작은 고개를 두 개 넘고 실개울을 건너 산소로 오르는데, 여느 해와 달리 실개울에 사람 키를 훌쩍 넘는 갈대가 자라 개울을 건너기가 어려웠습니다. 9월 중순이면 송이 채취하는 사람들이 갈대를 치우고 산을 오르는데 그해에는 왠지 갈대가 치워져 있지 않아 바닷가에 사시는 고모 댁에서 가져온 낫으로 갈대를 치우고 있었습니다. 우리 일행이 실개울을 막 건너려는 차에 초로에 든 아주머니와 20대 후반의 젊은 아들이 우리 뒤를 따랐습니다. 송이철로는 조금 늦은 시기인데, 송이를 채취하러 가는 산 주인이라 합니다. 아저씨는 왜 안 오시고 아주머니께서 오셨냐고 여쭈었더니, 지난봄에 실없이 갑자기 돌아가셨다고 했습니다.

生也一片浮雲成, 死也一片浮雲滅

태어나는 것은 한 조각 뜬구름이 생기는 것이고, 죽는 것은 한 조각 뜬구름이 사라지는 것이다.

가을 하늘을 쳐다보니 청명한 하늘에 흰 구름 몇 조각이 우리들을 내려다보고 있었습니다.

'나무관세음보살 좋은 몸으로 환생하십시오.'

인공지능 시대에 천만 새로운 일자리 만들기

속으로 되뇌었습니다. 살고 죽는 것이 저 뜬구름 같고, 실개울 이편과 저편이 이승과 저승 같기도 했습니다.

시제를 다녀올수록 가족이 더욱 소중하게 느껴집니다.

특히 잔소리 많은 아내가.

환 還

● 이리 저물고 저리 새로 나네.

4. 과학으로 이해한 불교

(마하반야바라밀다심경 해석을 중심으로)

2017년 늦여름의 단상

觀自在菩薩 行深般若波羅蜜多 時 照見 五蘊皆空 度 一切苦厄

(관자재보살 행심반야바라밀다 시 조견 오온개공 도 일체고액)

관자재보살이 깊은 반야바라밀다를 행할 때,

오온이 공한 것을 비추어 보고 온갖 고통에서 벗어나느니라.

주1) 세상 모든 인간이 고통에서 벗어나고자 하는 뜻과 이루고자 하는 소망을 읽어내어 자신의 신통력으로 그 소원을 들어줄 수 있는 관자재보살이, 우주 안의 모든 유정물의 생물학적 생명과 그 유정물의 의식이 작동하는 가장 근원적인 자리에 들어서는 지혜인 반야바라밀다를 깊이 행하고 있을 때, 유정물 중 특히 인간이 갖고 있는 시각, 청각, 후각, 미각, 촉각이란 것은 인간 육체가 바깥의 세상과 접촉하면서 발생하는 것이다. 이 다섯 가지 감각은 신경망에서 촉발되는 미세한 물질들과 전자기장의 변화가 뇌에 전달되어 뇌세포 간의 연결고리(Connectome)를 만들어서 순간적으로 존재하는 것으로서 영구히 존재하는 것은 아니다. 이것은 광

인공지능 시대에 천만 새로운 일자리 만들기

자(photon)- 공기 밀도의 변화- 공기 중 미세한 자극 유발 단백질류- 음식에 포함된 식재료의 미세 분자- 피부에 닿는 물건의 온도, 표면 분자의 구성 등과, 몸의 감각세포- 신경망- 뇌세포의 일시적 연결 및 뇌세포에 축적된 정보가 일시적으로 조성되었다가 사라지는 것이니, 바깥세상의 것이나 육체 안의 것이나 그 어느 것도 시간상으로 영구히 머무르는 실체가 존재하지 않는 것들이다. 이러한 통찰을 통해, 관자재보살은 인간 세상의 모든 고통이란 것이 순간적으로 머무르며, 존재의 영원성이나, 본질적 가치 등이 없는 것임을 각성하면서 모든 고통에서 자유로워지는 진리의 상태에 머물렀다.

舍利子 色不異空 空不異色 色卽是空 空卽是色 受想行識 亦復如是

(사리자 색불이공 공불이색 색즉시공 공즉시색 수상행식 역부여시)

사리자여! 색이 공과 다르지 않고, 공이 색과 다르지 않으며,

색이 곧 공이고 공이 곧 색이니, 감각, 생각, 행동, 의식도 그러하니라.

주2) 부처님의 10대 제자이며 가장 지혜가 뛰어난 사리자여(사리불; 舍利弗의 또 다른 이름, 목련존자와 더불어 석가세존의 2대 제자), 물질이란 분자들의 모임으로 원자핵-소립자-String으로 이어지는 에너지의 떨림이 궁극적인 모습이며, 이 또한 영구히 존재하는 것이 아니고 물질이 존재하는 환경이 변하면 궁극적으로 물질적 존재를 정의하기 어려운 에너지로 변화되었다가 다시 에너지가 String- 소립자- 원자핵- 분자의 조성 과정을 거쳐 다시 물질로 환원되는 것이다. 137억 년 전 일어난 Big Bang, 수소와 헬륨의 등장, 은하, 항성, 행성, 초신성, 블랙홀의 모든 생

멸 과정과 이러한 물질과 에너지의 상호 호환과 그 관계에 존재하는 공간의 변화를 관찰해보니, 물질과 공은 상호 의존하여(연기: 緣起) 존재하는 것이다. 물질과 공의 이러한 변화에 이어 생기는 모든 무정물과 유정물 또한 변화 와중에 잠시 상호 의존적으로 존재하는 것들이니, 인간의 감각, 생각, 행동, 의식 역시 그러한 것이다. 감각, 생각, 행동, 의식 중 감각은 오온에 해당하므로 五蘊皆空이다. 또한, 생각/ 행동/ 의식은 인간이 진화해오면서 유전자에 각인된바, 비 자율신경망과 이와 연결된 근육 등의 세포 이외에, 호모사피엔스라는 10만 년 전 돌연변이로 탄생한 사회성 높은 동물군이 만들어낸 공동생활방식에 근거하여 발달된 뇌세포연결망에 의해 생성되는 것들이다.

舍利子 是諸法空相 不生不滅 不垢不淨 不增不減

(사리자 시제법공상 불생불멸 불구부정 부증불감)

사리자여! 모든 존재는 텅 빈 것이므로, 생겨나지도 없어지지도 않으며,

더럽지도 깨끗하지도 않으며, 늘지도 줄지도 않느니라.

주3) 우리가 사는 세상은 137억 년 전 작은 점에서 시작되었다. '작은 점'- 무엇을 의미하는지 일반인의 이해와 인식에는 한계가 있고, 설사 물리학자인들 어찌 다 총체적 인지(Integrated Perception)를 하겠는가. 현재 밝혀진 과학적 진리와 논리적 추론을 하다 보니 그렇게 이해하는 것이 가장 포괄적으로 현대 물리학 체계 내에서 합리적으로 보인다는 말이다. 이 작은 점 이전에는 시간-공간-에너지-물질이 분리되지 않았고, 원소-자연-생명-포유류-호모사피엔스-언어-의식-종교-과학 이 모든 것이

생겨나지 않았다.

是故 空中無色 無受想行識

(시고 공중무색 무수생행식)

그러므로 공의 관점에서는 실체가 없고 감각, 생각, 행동, 의식도 없으며,

주4) '부모가 태어나기 전에, 너의 본 면목(정체성, Identity)이 무엇이냐?' 시간, 공간과 물질이 생기고 생명이 생겼으니 멀고 먼 시간 이전에 네 자신의 정체성이 무엇이었겠느냐는 반문이다. 무아(無我)이고 공(空)이다.

無眼耳鼻舌身意 無色聲香味觸法 無眼界 乃至 無意識界

(무안이비설신의 무색성향미촉법 무안계 내지 무의식계)

눈도, 귀도, 코도, 혀도, 몸도, 의식도 없고, 색깔도, 소리도, 향기도, 맛도,

감촉도, 법도 없으며, 눈의 경계도 의식의 경계까지도 없고,

주5) 류코클로리디움이라는 기생충은 유충 시절에는 달팽이의 몸에서 자라서 성충이 된 다음에는 큰 동물의 소화기관에 들어가야만 번식을 할 수 있다. 그래서 이 기생충은 달팽이의 뇌를 조정하여 달팽이가 나뭇가지의 맨 위 눈에 잘 띄는 곳으로 올라가서 달팽이의 촉수를 세우게 하여 새의 눈에 띄어 새에 잡혀먹히도록 한다. 그리하여 새의 내장 속에서 다시 번식한다. 귀뚜라미 속에서 유충부터 성장한 선충은 자신이 물속에서 번식하기 위해 귀뚜라미가 물속으로 뛰어들어 죽도록 한다. 각 기생

충은 자신의 번식을 위해 필요한 물질을 생성하여 숙주의 뇌를 조정하도록 진화해왔고, 이러한 생존 방식은 기생충의 유전자에 정보가 담겨 다음 세대로 전달된다.

인간이 지구 상에 태어나기 전부터 이 기생충이 있었을까, 인간 소 돼지와 같은 때에 달팽이와 기생충이 태어났을까, 기생충의 유전자에는 어떻게 이런 생존 정보가 담기게 되었을까? 지난 100여 년간 발견된 모든 진화의 증거 중 시간을 거꾸로 간 것은 없다. 단세포- 다세포- 어류- 양서류- 파충류- 조류- 포유류가 시간의 흐름과 같이 진화해왔는데, 그 어느 지질에서 나온 증거도 양서류가 생기기 이전의 지층에서 포유류가 나온 적이 없다. 지구 상에 거인족이 살았다고 해석될 수 있는 고고학적인 발견이나 현 인류 이전에 지금보다 더 뛰어난 문명이 지구 상에 있었다고 해석될 수 있는 고고학적인 발견들이 있다. 그러나, 그 어느 발견도 진화를 부인하는 것은 아니다. 지층의 나이를 계산하는 방사성 동위원소 측량 방식을 부인할 정도의 뛰어난 지성이 있다면, 물리학의 4가지 힘을 통합하거나 암흑물질과 힉스 입자 무게의 의미를 설명할 수 있으리라. 2,500년 전 부처님이 진화의 법칙을 알았을까, 미시 세계가 어찌 운영되는지 알았을까? 그렇지 않을 것이다.

인간의 고통과 번뇌, 이 모든 것은 어디에서 왔겠는가? 인류가 포유류- 영장류- Homo 종족- Homo 네안데르탈인 출현에 이르기까지 생물학적 생존에 필요한 모든 감각과 근육, 몸 안의 장기(organ), 이를 연결하는 신체 신경망과 뇌의 통합체에서 생물적인 생존 고통과 번뇌가 생기는 것이고, 이것은 우리 뇌 중에 파충류의 뇌에 해당하는 간뇌에 담겨있다. 호모사피엔스에 이르러 종족의 생존과 번성에 호모사피엔스 상호 간의 사회적 관계형성이 핵심기능을 하게 되자, 이 관계가 커지고 복잡해지면서 인간관계에서 비롯되는 고통과 번뇌는 우리 뇌의 대뇌신피질과 같이 자란 것이다.

생물학적 진화와 사회관계의 진화 과정에서 Homo사피엔스의 뇌에는 네안데르탈인의 무의식에 더하여 새로운 인간이 만들어낸 사회관계의 복잡한 정보, 감정 및 판단이 무의식에 각인되어 태어났으니, 생물학적 진화와 사회문화적 진화가 고통과 번뇌의 지워지지 않는 씨앗이 된 것이다. 중국의 역사소설 삼국지를 처음 읽어 보면, 이미 인류는 2,000년 전에 21세기 인류와 거의 동일한 판단력을 갖고 있었구나 하고 놀라게 된다. 인류학자와 고대생물학자의 의견은 2,000년이 아니고 우리의 뇌와 신체 중 특히 850억 개 뇌세포의 100조 개 연결인 Connectome은 이미 수만 년 전에 지금과 거의 같은 상태였다는 것이다. 따라서, 고통과 번뇌는 대부분 사회관계의 진화가 빚어낸 것이다.

無無明 亦無無明盡 乃至 無老死 亦無老死盡
(무무명 역무무명진 내지 무노사 역무노사진)
무명도 무명이 다 없어지는 것까지도 없으며,
늙고 죽음도 늙고 죽음이 다 없어지는 것까지도 없고,

주6) 우주. 지구의 자연. 인간의 몸과 의식 무의식을 떠나, 따로 어느 장소에 어떤 형태로 초능력 인격체가 존재하겠는가? 인간의 몸과 의식-무의식은 우주가 생긴 이래 지구가 오랜 시간을 통해 오늘까지 완성한 최고의 걸작품일 것이니, Human Brain Connectome을 벗어난 어떤 존재

가 있을 리 없다. 지구생태계의 시간 흐름 속에서 인간 이상의 초 인격체에 대해 객관적으로 인정할 수 있는 증거는 없는 것이나, 수십, 수만 광년 떨어진 곳에서는 그런 존재가 있을 수도 있지만, 우리가 사는 세상과 소통하거나 교류할 수 있는 길은 현대 과학으로는 아직 이해 가능한 접점이 없다. 천상천하유아독존(天上天下唯我獨尊)이라, 인내천(人乃天)과 진화 생물학 진리가 이미 2,500년 전에 통찰된 것이다. 아직 과학이 설명하지 못하는 초과학의 영역에 초능력 인격체가 있을까, 그러려면 객관적 조건에서 관찰되어야 한다. 초과학은 객관적인 조건에서 관찰되는 현상에 대해 아직 인간 이성으로 설명하지 못하는 것이니, 초인격체는 초과학의 영역도 아니다.

과학은 동일한 조건에서 실험하면 동일한 결과를 얻는 것에 대한 작동 원리를 밝히는 일이며, 그러한 원리가 만들어지기까지의 과정까지도 밝혀낸다. 이러한 과학은, 과학, 반과학, 초과학, 비과학으로 나누어 볼 수 있다. 반과학은, 과학적 원리에 정면 배치되는 물리적 사건이 일어났고 다시 반복될 수 있다고 하는 주장이다. 객관적으로 인정되거나 검증될 만한 역사적 사건이나 현실에서의 사실적 증명이 없는 허구이다. 부처님 열반 후 처음 발견된 빠알리(Pali)어 경전 이후의 거의 모든 경전에서 묘사된 부처님의 기적은 대부분 반과학적인 기록들이다. 부처님 생존 시부터 구전되어 오던 것을 처음 기록한 경전(대략 부처님 열반 100년 후)에 전혀 언급되어 있지 않았던 기적들은 시간이 지날수록 많아지고 과장되었다.

초과학이란, 누구나 다 관찰할 수 있는 자연현상이나 인체의 육체, 정신에서 일어나는 현상으로서 현재의 과학으로는 설명되지 않는 현상이

인공지능 시대에 천만 새로운 일자리 만들기

다. 블랙홀, 암흑물질, 전생의 기억, 차시환생(다른 영혼이 죽은 사람의 몸을 빌려 살아남) 같은 것은 지금도 관찰되거나 경험되지만 아직 그 원리를 이성적 논리로 설명하지 못하는 것이다. 비과학은, 초과학적 영역의 현상과 경험을 반과학적인 추론으로 설명하거나 믿는 태도이다. 반과학과 비과학의 공통점은 이성적인 접근을 거부하며, 개별적인 개인의 경험으로서 예측 불가능하게 일어난다는 주장이다.

부처님에 대한 많은 신화의 대부분은 비과학적이거나, 반과학적인 형상을 하고 있다. 이는 마치 부처님의 손은 달을 가리키는데, 달은 바라보지 않고 손만 바라보고 그 형상과 색깔과 이로 연유하는 신비스런 상상에 취해있는 것과 같다. 우주와 인간생명의 궁극적인 진리로 무아(無我), 공(空), 연기(緣起)를 가르치신 뜻에 부합하지 않는다.

'산은 산이요 물은 물이다.' 우리는 산과 물이 변하는 과정에 늘 같이 있으면서 진화한 존재이다. 산과 물을 떠나 부처가 없다. 무명 또한 따로 없다. 자연선택 과정 속에 진화해가는 의식이 있을 뿐.

無苦集滅道 無智亦無得
(무고집멸고 무지역무득)

고집멸도도 없으며, 지혜도 없고 얻음도 없느니라.

주7) 종교는 Homo사피엔스가 사물, 행동, 자연을 인지하여 그를 언어화하고 문자화하는 과정을 거친 이후에 태어났다. 종교는 인간과 인간관계, 인간의 몸과 의식을 설명하는 동시대 최고 수준의 철학이었으며 과학을 그 안에 품었다.

21세기, 과학이란 무엇인가? 과학은 우주 만물과 인간의 몸, 의식, 무의식이 운영되는 '원리'를 밝혀내는 인류 의식 진화에 가장 중요한 도구이다. 과학은 사물의 운영 법칙을 밝힌다. 운영 법칙 중에는 어떤 과정으로 이러한 운영 법칙이 만들어지는가 하는 것이 밝혀진 것도 있고 아직 운영 법칙의 생성과정을 밝히지 못해 초과학의 영역에 머무르는 것도 있다. 물리학의 4가지 힘 약력-강력-전자기력-중력 중 중력이 어떤 과정으로 생성되는지, 엽록소가 어떻게 동화 작용을 하여 Photon의 energy로부터 유기물질을 생성하는지, 우주의 Black Hole 너머에 무엇이 있는지, 관찰은 되지만 모두 현대 과학의 한계 너머에 있다. 인간이 어느 시점에 이러한 초과학적 영역에 대한 운영 원리와 생성과정을 알고 이를 재현하여 사용하게 될지는 미지수이다. 그러나 분명한 것은 이런 초과학적 현상의 '생성과정'이야말로, 만약 존재한다면, 초 인격체가 처음부터 거주한 가장 오래된 곳일 것이라는 점이다.

以無所得故 菩提薩埵 依般若波羅蜜多 故
心無罣礙 無罣礙故 無有恐怖

(이무소득고 보리살타 의반야바라밀다 고 심무가애 무가애고 무유공포)
얻을 것이 없는 까닭에 보리살타는 반야바라밀다를 의지하므로
마음에 걸림이 없고 걸림이 없으므로 두려움이 없어서,

주 8) 천국에 다녀온 경험, 귀신을 보고 듣는 경험, 이러한 모든 것들은 개인의 뇌 Connectome 내부에서 일어나는 일이라 동일한 객관적 조건에 반복해서 발현되는 사건이나 객체적 진리가 아니다. 주관적인 경험이

어서 타인에게는 환상으로 인식될 따름이다.

　전생을 기억하는 사람들이 있다. 수백, 수천 명, 수십, 수백 년 전부터 기록이 되어있고 현재도 전생을 말하는 많은 사람들이 있다. 이들이 말하는 전생 경험이 앞의 환상과 다른 점은 시점, 인물, 단어, 상황을 이야기하며, 이러한 경험 중 객관적인 역사 사실 조사를 통해 전생 기억과 과거 시점의 여러 사실이 부합된다는 것이 밝혀진 사례가 많이 존재한다는 것이다. 미국의 영매 에드가 케이시의 기록에는 수천 명의 전생 기억자가 있고, 그중 상당수의 경우 과거의 사실에 부합하거나, 전생 기억으로부터 과거에 대한 새로운 역사적 사실이 밝혀지고 증명되는 경우도 있다.

　아카식 레코드(Akashic Records)로 이것을 설명하는 사람들도 있다. 전자기장이나 중력처럼, 우리가 아직 이해하지 못하는 의식, 기억에 영향을 미치는 Field가 있어 이 Field 내에 모든 생명체의 생각, 감정, 특정 사건에 대한 정보가 내재되어 있고 전달된다는 것이다.

　인간의 몸과 의식-무의식을 보자. 몸은 정자와 난자의 결합 후 부모의 유전자로부터 많은 부분이 결정되며, 이 결정 과정이 step by step 과학의 영역으로 밝혀지고 있다. 의식과 무의식은 어떠한가? 유전자와 정자 난자 세포 내에 존재하는 많은 유기물에 의식 무의식에 대한 모든 정보에 이미 담겨있을까. 천부적 자질의 가지고 태어나는 천재들을 보라, 객관적으로 존재가 증명되는 전생의 기억은 어떻게 뇌의 Connectome으로 들어가게 되었을까. 세계 70억 인구의 유전자와 지난 10만 년 동안 지구에서 살았던 Homo사피엔스가 보유했던 모든 유전자를 더해서 태어날 수 있는 각각 다른 유전자를 가진 인간의 최대 숫자를 계산해보면 어떨까. 30억 개의 염기서열의 무작위 조합에 의해 만들어질 수 있는 유전자와

염색체의 숫자는 어떻게 될까. 70억 인구의 수억 배 혹은 수조 배, 셀 수 없는 정도 크기가 나올 것이다. 그러면, 지난 10만 년간 인류 개개인의 경험, 지식, 특정 사건에 대한 기억 등이 인간 뇌 속의 100조 개 뇌세포 연결 중 임의의 뉴런 개수와 임의의 연결 수에 매칭된다고 계산해보면, 이런 연결의 경우의 수는 우주의 모든 원자 숫자보다도 클 수 있다. 이러한 과거 한 인간이 겪은 개인적인 경험(individual experience)에 대해 특정한 뇌 신경세포들의 연결이 매칭되어 어떤 과정을 거쳐 후대 천재들의 재능과 전생의 기억으로 입력된다고도 볼 수 있다.

전자기력과 중력이 하나의 Field이듯이, 유전자들이 몸을 구성해 나가는 과정에 영향을 미치는 Field가 있고, Connectome을 형성하는 과정에 영향을 미치는 Field가 있을 것이다. 영향을 미친다고 하기보다는 그 Field 내에서 자율신경-근육-장기의 연결, 의식-무의식이 만들어진다는 표현이 정확할 것이다. G-Field; Gene Transfer Field, C-Field; Connectome Transfer Field라 이름을 붙여보자. 원자는 4가지 힘 속에서 생성되고 존재한다. 분자는 화학의 다양한 힘 속에서 생성되고 존재한다. 생명을 가진 동물과 식물의 세포는 G, C-Field에서 생성되고 존재할 것이다. 수십 수천 개의 염기(AGTC)가 분자를 구성하고, 수천수만 개의 분자가 세포를 형성하고, 수십 조개의 세포가 인간의 몸을 형성하니, 이러한 복잡성의 증가로 C-G Field의 독립변수는 매우 클 것이다. 물리 세계에 존재하는 전자기장처럼 C-G Field도 couple 된 것이 아닐까 추측해본다.

여러 명이 간절히 소망한다고 자연법칙이 새로 생겨나지 않듯이, 태양과 별들이 지구를 중심으로 돌라고 간절히 수억 명이 소망한다고 해서 이루어지지 않듯이, 또한 우리가 미처 인지하지 못한다고 해서 자연의 법칙이 없어지거나 변하지는 않는다. 천재와 전생의 기억을 보라. Connectome의 특정 뇌세포 연결은 언제나 존재하고 있는 Field, 즉 Gene-Connectome Transfer Field가 있어 가능할 것이다. 현재의 과학에서는 아직 인지하지 못하지만.

遠離顚倒夢想 究竟涅槃
(원리전도몽상 구경열반)
뒤바뀐 헛된 생각을 멀리 떠나 완전한 열반에 들어가며,

주 9) 미국 듀크대학의 과학자들은 붉은털원숭이 뇌에 전극을 심어 이 원숭이의 몸에서 떼어낸 두 팔과 생체공학적으로 또 다른 세 번째 팔을 만든 후, 원숭이가 생각만으로 이 3개를 움직이게 만들었다. 자신의 몸에서 분리된 원래의 두 팔과 인공으로 만든 3개의 팔을 힌두교의 여신처럼. 2008년 붉은털원숭이 아이도야는 미국 노스캐롤라이나 의자에 앉아 일본 교도에 있는 생체공학적으로 만든 다리 한 쌍을 생각만으로 들어 올렸다. 두 다리는 아이도야 무게의 20배이다. 둘 다 원숭이 생각에서 비롯되는 전자기장의 변화를 읽어내고, 이 정보를 이용해서 반복적으로 원숭이를 교육시킨 결과이다. 언젠가 원숭이의 느낌, 감정, 판단, 행위에 대한 뇌 속에서의 정보 흐름과 이 흐름의 mechanism을 다 파악하여 원숭이의 뇌를 컴퓨터에 똑같이 복제하는 날이 온다고 과학자들은 기대한다.

원숭이와 인간은 다르다 할 수 있을까? 침팬지와 보노보, Homo 종족에 대한 2000년 이후에 발견된 진화의 증거를 보면 그렇게 주장할 수 없

다. 집 앞의 소나무, 집안에 돌아다니는 바퀴벌레, 파리, 반려견, 원숭이와 내가 진화의 시간 속에서 얼마나 많은 유전자를 차츰 공유하게 되었는지 그 증거들에 대해 알아보라. 2013년 유럽연합은 인간 뇌의 의식, 무의식과 관련된 모든 것을 컴퓨터에 옮겨놓는 프로젝트에 10억 유로의 R&D 자금을 투자하기로 했다. 이 프로젝트가 완성되면, 모든 인간의 의식, 무의식은 컴퓨터를 통해 개개인이 다 상호 인지할 수 있게 되는 날도 오지 않을까? 그때의 '인간'이란 무엇일까?

생각을 전자기장 신호로 읽어서 멀리 전하듯이, 타인의 생각을 읽는 방법을 현대 과학이 발견하기 전에도, 이를 읽는 능력을 갖춘 사람들이 있었다. 이를 동양 문화에서는 타심통(他心通), 천안통(天眼通), 천이통(天耳通)이라 해오지 않았던가? 숙명통(宿命通)은 자기와 타인의 전생을 안다는 것이고, 굳이 아카식 레코드를 거론치 않더라도, 각 인간의 무의식에는 인류가 살아온 공통적인 경험과 생각이 당연히 들어있을 것이며 특정한 과거 인물의 경험과 생각도 들어있을 수 있으니, 이제 현대 과학이 뇌 속의 생각을 읽어내니 숙명통도 해석 가능한 것이 되었다. 현대문명이 만든 비행기나 자동차로 의미를 변형해서 해석하지 않더라도, 붉은털원숭이처럼 지구 반대편의 다리를 움직일 수 있다면, 다른 동물, 다른 인간의 뇌와 동화 Synchronize 하여 감각과 생각을 전달받거나 가져올 수 있을 것이다. 이를 신족통(神足通)이라 한다. 20년 전만 해도 그저 초과학 영역의 상상 속 한 페이지였다.

누진통(漏盡通)이란 무아(無我)와 연기(緣起)의 진리를 숨 쉬며 체험하는 것이 아니겠는가. 불교 6신통에 대해 전해오는 그 문자와 의미 그대로 현대 과학이 접근의 길을 열었다.

인공지능 시대에 천만 새로운 일자리 만들기

三世諸佛 依般若波羅蜜多 故 得 阿耨多羅三藐三菩提

(삼세제불 의반야바라밀다 고 득 아뇩다라삼약삼보리)

과거 현재 미래 삼세의 모든 부처님들도 반야바라밀다에 의지하므로

최상의 깨달음을 얻느니라.

주 10) 20세기 초 아인슈타인은 일반상대성이론을 발표하면서, E = MC 2라고 하는 물질과 에너지의 상호 연기 법칙을 밝힌다. 물질은 에너지로 변하고 에너지는 물질로 변하는데 이 변화과정의 또 다른 면목은, 그 두 가지가 실로 서로 의존하여 존재한다는 것이다. 아인슈타인이 이 진리에 도달하기까지 어떤 과정을 거쳤을까? 기존 과학법칙이 수리적으로 정의한 것을 논리적으로 연장해서 이 법칙을 발견했을까? 그렇지 않다. 아인슈타인 본인이 설명하듯이 어느 순간 과학 진리가 떠오르고, 그것을 설명하기 위해서 그전의 과학법칙에서 새로 발견한 법칙에 이르는 과정을 수학이라는 논리 기호를 통해 사람들에게 설명하는 것이다. 직관이 있고 난 후, 논리가 따른다. 평범한 사람들도 그러하다. 새로운 음악 악보가 떠오르고, 화가가 새로운 개념의 그림을 그리고, 새로운 맛의 메뉴를 만들고, 신기술을 개발하고, 새로운 자연법칙을 발견하는 모든 과정이 옛것에 대한 지식이 뇌 속에 차곡차곡 쌓인 상태에서 문득, 비탈길을 한 땀 한 땀 걸어 오르는 것이 아니라 계단을 성큼 뛰어오르듯, 새로운 아이디어와 진리가 모습을 드러낸다.

아뇩다라삼약삼보리에 이르는 길에는 이성적 추론과 논리의 다리를 건너 다다를 수 없다. 오직 반야바라밀에 의지하여 단숨에 건너가야 한

다. 무의식과 대뇌신피질에 떠오르는 의식 사이에 있는 무한대 폭의 통신망을 이용하라, 이 통신망을 달리 일러 반야바라밀이라 한다.

故知 般若波羅蜜多 是大神呪 是大明呪 是無上呪

是無等等呪 能除 一切苦 眞實不虛

(고지 반야바라밀다 시대신주 시대명주 시무상주

시무등등주 능제일체고 진실불허)

그러므로 마땅히 알아라, 반야바라밀다는 가장 신비하고 밝은 주문이며

위 없는 주문이며 무엇과도 견줄 수 없는 주문이니,

온갖 괴로움을 없애고 진실하여 허망하지 않음을 알지니라.

주 11) 과학은 미래로 나아간다. 옛사람이 발견한 진리 위에서 진리의 영역을 더 넓혀 나간다. 옛사람의 상상과 환상을 깨뜨리며 나간다. 아인슈타인의 세계를 깨뜨리고 닐스 보어와 슈뢰딩거는 양자의 세계를 열었다.

종교는 옛날에 머물러있다. 수천 년 전에 누군가 기록한 기적과 초인격 능력의 벽돌로 세운 성벽에 권위의 창검을 들고 지키는 수비병이 있는 성 안에, 사람들을 가두어 놓는다. 윤회와 전생을 거론하며 시간 속에 영원히 존재하는, 각 개인별로 다른 정체성을 보유하고 있는 '그 무엇'이 있다고도 주장한다. 과학자는 우주가 만들어지는 원칙을 세부적으로 밝히며, 부처가 가진 인격신의 면모와 신통력의 허상을 밝힌다. 종교인들은 이를 부정하고 신성 모독이라 비난한다. 부처의 정체성에 2500년을 건너뛰어 다가가는 이 과학자들의 노력을 비난한다. 북한의 주체사상처럼 모순과 비약적 논리를 특정체제에서 강압하는 진리가 아니고, 인간이 갖고

인공지능 시대에 천만 새로운 일자리 만들기

있는 의식과 지성과 지적 노력을 통해 인류 개개인 모두가 다가갈 수 있는 이 진리를, 오직 옛 생각 속에서만 숨 쉬고 생존하는 종교인만 부정한다. 무엇이 부처의 신성인가, 신성의 정체성은 시대마다, 신자들 그룹별로, 신자 개개인 별로 다 다르며 늘 변하면서 말이다.

종교는 옛날에 머물러있다. 성 밖으로 나가기를 진정 두려워하는 자는 누구인가, 성안의 백성인가, 성벽의 수비병인가?

부처는 열반에 들기 전에 '부처가 열반에 든 후 세상에 부처가 존재하느냐 하지 않느냐'는 질문에 대답하지 않는다. 달마가 중국에서 창시한 선종의 6대 종정인 혜능 스님은 열반에 들기 직전 제자들이 '어디로 가느냐'는 질문에 답하지 않는다. 이미 부처가 '무아(無我)'라, 개인의 정체성은 없다고 설하지 않았던가?

인류가 137억 년 동안 어떻게 여기까지 왔는지는 과학에 맡겨라. 프라운호퍼가 관찰한 빛의 스펙트럼과 흡수선에는 137억 년 동안 수소와 헬륨을 비롯한 우주구성물질의 생성과 항성, 초신성, 은하계가 시간에 따라 생멸하는 모습을 알려준다. 세포 내의 미토콘드리아는 어머니와 어머니로 끊임없이 이어지는 생명의 역사를 과학의 언어로 보여준다. 그 어느 것도 불쑥 중단되거나 불쑥 생겨나지 않았다. 어디서 왔는지는 불가사의의 영역이니 잊어라. 말로 표현할수록 무지 無知만 드러난다. 인지 밖의 영역으로 남겨두어라.

종교라는 옛 성(Castle) 주변 농토는 황폐해졌고, 강물은 말랐다. 기후는 변하여 혹서와 혹한이 왔다. 더 이상 옛 작물을 옛 땅에 심을 수가 없다. 그 성에 21세기의 인간을 가두어 놓으면 안 된다. 창조 원칙을, 영혼의 정체성을 더 세밀히 이해하라. 초능력 인격신은 몇천 년 전 인간의 소망이 만들어 놓은 언어와 문자로 묘사되는 작품이다. 신과 부처는 원래 그렇게 존재한 것이 아니다. 만약 계신다면, 이미 언어와 문자가 생기기 이전, 시간이 생기기 이전부터 존재해 오셨다.

故說 般若波羅蜜多呪 卽說呪曰
諦揭諦 波羅揭諦 波羅僧揭諦 菩提娑婆訶

(고설 반야바라밀다주 즉설주왈 아제아제 바라아제 바라승아제 보디사바하)

이제 반야바라밀다주를 말하리라. 가자 넘어가자,

이 언덕에서 저 언덕으로 넘어가서 깨달음을 이루자

주 12) 고통과 번뇌에 가득 찬 이 언덕에서 탐욕과 분노와 어리석음이 흐르는 강을 건너 아뇩다라삼먁삼보리의 저 언덕으로 건너가자 는 말이다. 무슨 배를 타고 건넌다는 말인가, 반야바라밀을 의지해서 건너자는 이야기이다.

揭諦揭諦 波羅揭諦 波羅僧揭諦 菩提娑婆訶

주 13) 네안데르탈인에서 10만 년을 건너뛰자는 것이다.

Homo사피엔스 군이 오랜 시간 만들어서 내가 출생 때부터 갖고 있던 무의식의 복잡한 연결고리에서 비롯되는, 세상을 살면서 생기는 시시비비를 멀리서 응시하자. 탐욕에서 일어나는 인간관계의 흐트러짐, 분노하는 마음에 이끌리지 말고, 자신과 주위를 어지럽히는 어리석은 판단과 행동에서 자신을 분리하자.

揭諦揭諦 波羅揭諦 波羅僧揭諦 菩提娑婆詞

　주 14) 유전자와 individual experience Connectome pattern은 시간여행을 한다. 시간과 여행하며 더욱 다양해지고 복잡해져 간다. 다양성과 복잡성의 증가는 이미 수많은 인류고고학자와 생물학자가 충분히 밝힌 진리이다. 인간 개개인에게 시간 속에서 변하지 않는 정체성이 있다면, 세종대왕의 정체성이 지금도 지옥이든 천국이든 연옥이든 옥황상제 옆이든 어딘가 있다면, 백성을 사랑하는 따뜻한 마음, 한글을 창제하실 때 임한 진솔한 의지, 이것들이 대한민국 21세기 백성들의 마음에 살아 있는 것 바로 그것일 것이다. 유한양행 창업자 유일한 님의 사랑이 현대를 사는 사람 몇몇에 살아있듯이.

　우리의 의식은 이미 자연선택과정을 벗어나 진화하기 시작했다. 자연을 살피어 인간 자신을 이해하던 단계를 넘어섰다. 우리 인류가 어디로 가야 할지에 대해 종교가 역할을 하라. 지금처럼 이러한 지혜가 필요한 적이 인류역사상 또 언제 있었던가, 호모사피엔스라는 종족의 생존이 걸릴 만큼 절실히.

　시간은 멈추지 않고 흘러왔고 또 흐른다. 공간도 끊임없이 이어진다. 물질과 생명은 잠시 머무는 듯하지만, 시간 속에서 끊임없이 변화한다. 모두가 서로 의지하면서 존재하고, 또한 그 의지하는 관계도 시간처럼 흘러가며 변화한다. 내가 남기는 것은 자식을 통해 전달하는 유전자 정보와 내 생각과 행위와 이로 인해 생기는 의식에 대한 정보가 individual experience Connectome pattern으로 다음 시간의 다른 사람의

Connectome으로 전달된다. 육체의 원료인 유전자만 아니라 정신의 원료도 함께. 무엇을 전달할 것인가. 오늘 생각하고 느끼고 판단하고 행동하는 그것이다.

전달될 그 무엇은 내가 정한다.
살아있는 동안 생각하고 행동하고 타인들과 만들어낸 관계가 전달되는 그 무엇이다.

이승과 저승

● 안개같이 피어올라 이승을 떠나 저승에 오르는구나. 오른 곳에 아는 이 없으면 무상
無常이 常한 것이요, 모든 이가 따뜻이 맞아주면 공(空)이 만(滿)이라, 구별이 없어
빈 듯이 보이는 것이리라.

5. 초과학과 영혼

2021년 2월 월기(月記)

I. 초과학

1. 장인어른을 모시면서

나를 낳아주신 어머님이 49세의 젊은 나이에 떠나시고, 아버님은 70세 되는 해 일찍이 금생(今生)을 마감하셨다. 올해 2021년 들어 지난 30여 년간 사위인 나를 물심양면으로 이끌어주시고 사랑을 베풀어 주신 장인어른이 이승에 머무실 시간이 얼마 남지 않으니, 삶과 죽음의 경계에 다시금 애처로움과 함께 숙연한 마음이 든다.

내가 이 글을 쓰는 의도는 같이 사는 사람들과 잘 어울리기 위해서이다. 나를 상대방이 잘 이해해주었으면 하는 바람과 나 또한 상대방을 받아들이려는 마음을 갖고 있다는 것을 알려드리자 함이다, 이러한 마음가짐과 생각이 서로 공유되는 상태가 내가 생각하는 잘 어울림이다. 이 글이 다루는 주제는 과학, 종교적 믿음, 인간관계, 그리고 그것들이 함께 존립하면서 만들어내는, 사람이 이승을 살아가는 모습에 대한 나의 해석이다.

1995년 1월에 작고하신 아버님을 기리면서 내 수필집에 실린 글을 하나 여기에 실으면서 이야기를 풀어나가 보자.

〈아버님 이야기〉

1981년 49세의 나이로 타계하신 어머니 제사를 아버지가 직접 모셔 오다가 결혼한 이후에는 제가 모셨습니다. 해마다 추석이 가까워져 오면 차례를 지내러 우리 집에 들르시던 아버지는 그해 추석에는 소화가 안 된다 하시며 부른 배를 안고 화장실을 자주 드나드셨습니다. 아버지의 소화불량이 미심쩍었던 나는 아버지가 가끔 다니시던 반포의 한의원으로 모셨습니다. 진찰실에 누워 소화제를 찾는 아버지를 두고 원장님이 나를 밖으로 불렀습니다.

"복수가 찼습니다. 간암이 위중한 것 같군요. 큰 병원으로 가보세요."

덜컥 가슴이 내려앉았습니다.

'아직 일흔도 되지 않으셨는데.'

소화제를 처방받아 집으로 모셔 오는 차 안에서 바로 2개월 전 위암 말기를 진단받고 그저 4개월 정도의 시간이 남았다는 33살의 처제(우리 아이들의 막내 이모)를 안타깝게 생각하시던 아버지는, 며칠 후 3개월 시한의 간암 말기 진단을 받았습니다. 12월 중순, 몸을 뒤척이지도 못하고 병상에 누워 계시는 아버지는 그래도 본인은 걸어서 병원 문을 나서겠다며 삶의 의지를 꺾지 않으셨습니다. 12월 말 간성 혼수로 의식이 흐려지자 죽음을 받아들이신 아버지는 침대 곁으로 나를 불렀습니다. 누운 몸을 일으켜 세워 달라고 하시더니, 눈이 내리는 창밖을 물끄러미 바라보셨습니다. 하고 싶은 말씀이 있으시지만 먼저 운을 떼우지 못하셨습니다. 한동안 나를 바라보시더니

말씀하셨습니다

"준호야…" 하고는 또 말을 잇지 못하셨습니다.

"아버지, 어디로 모실까요?"

내가 먼저 여쭈었습니다. 다시 창밖을 응시하시며 한동안 말이 없으셨습니다.

"양지바른 곳에 묻어다오."

먼 하늘을 바라보시는 아버지를 뵙자 하니 코끝이 찡하고 숨이 막혔습니다.

"어머니 곁에 모실까요?"

말없이 고개를 끄덕이십니다.

아버지께서는 1995년 1월 5일 삼성의료원에서 운명하셨습니다. 아버지가 운명하신 시간은 저녁 7시경이었습니다. 아버지의 시신을 안치실에 모셔두고 우리 부부는 옷을 갈아입고 장례를 치르기 위해 8시쯤 집에 들렀습니다. 이제 만 네 살이 된 기석이가 거실로 나왔습니다. 인선이와 기석이는 초등학교에 들어가기 전이라 한 방에서 이층 침대를 쓰고 있었는데, 기석이가 아래 칸에서 잤고, 침대 옆에는 책상이 있었습니다. 기석이가 말했습니다.

"아빠, 할아버지가 왔다 갔어."

"언제?"

"응 조금 전에 내 방에 왔다 갔어. 내가 침대에 누워 있는데, 할아버지가 책상 위에서 나를 봤어."

"무슨 말씀을 하셨니?"

"아무 말도 안 하던데?"

"너 자고 있지 않았어?"

"아니야 나 안 잤어. 깨어 있었어."

아버지가 다녀가신 시각은 운명하신 바로 그때입니다. 세상에서 그 무엇과도 바꿀 수 없는 손자 기석이가 가장 먼저 보고 싶어서 몸은 삼성의료원에 남겨두고 혼만 오셨던 모양입니다.

아버지가 태어난 울진 온양리에 파도 소리가 들리고 동해가 바라보이는 언덕 양지바른 곳에 어머니와 아버지를 함께 모셨습니다. 살아계실 때 제주도에도 한 번 모셔보지 못하고, 샌프란시스코 여행도 못 보내드리고, 18세에 일본해군에 입대하여 언젠가 꼭 다시 가보고 싶다 하시던 태평양 전쟁 때의 일본 군함 기지에도 못 모셨습니다. 좀 더 잘 모시지 못한 불효자는 한없이 죄송스럽기만 합니다.

2010년 봄, 산타클로스의 시계 중에서

사진　향나무와 옛 세숫대야

200년 전에는 돌을 파서 오목하게 만들고
거기에 물을 부어 얼굴을 씻는 세숫대야로 사용했다.

2. 과학과 초과학에 대한 단상

과학은 지구 상에서 관찰되는 자연과 지구 넘어 우주에서 관찰되는 현상을 설명하는 인간의 방식이다. 이 방식은 그림, 기호, 문자를 써서 누가 읽거나 이해해도 동일한 것을 지칭한다. 동일한 것을 지칭하기 때문에 과학적 '진리'라는 표현을 받을 자격이 있다. 동일한 조건에서 동일한 현상이 관찰되며, 이 현상을 설명하는 한 개의 기술(記述, theory, 이론)이 과학이다. 내가 초과학이라고 명명하는 바는 역시 자연에서 반복적으로 관찰되는 현상인데 아직 과학적 이론으로는 부정하지 못하면서 설명하지도 못하는 현상에 대한 이름이다.

과학과 초과학에 비견하여 반 과학과 비과학을 정의해 볼 수 있다. 반과학적 주장은 우리의 생활 경험과 동떨어져 있으며 지금까지 과학으로 발견된 진리를 정면으로 위배하는 것이다. 대부분의 종교에서 창시자나 절대자의 능력이나 인격화된 모습을 설명할 때 동원되는 '기적'들이 그 범주에 속한다. 예수님의 승천이나, 땅속에서 불쑥 부처님이 솟아났다는 불경의 기술은, 역사적으로 단 한 번만 일어난 사건이며 수천 년 전에 어디어디 경전에 쓰여 있는 것이다. 그 사건 이후 반복적으로 나타난 현상이라면 초과학적 관점으로 연구해볼 수도 있는데, 한 번만 나타났다고 주장되며 과학의 진리를 위배하여 설명이 불가능하다. 이런 현상에 대한 설명이나 주장은 과학의 반대에 서 있어서 반과학적인 것이다. 비과학적 주장은 과학으로 설명할 수 없는 초과학적 현상에 대한 설명을 과학에 위배되는 논리로 설명하는 것이다.

500년 전 케플러 시대에 이르러 인간이 관찰하는 100가지 자연현상 중 2~3개가 과학 이론의 범위에 들어왔고 나머지 98%는 신의 영역이었다, 뉴턴 시대에 들어 인간은 자연현상의 10~20% 알게 되었다고 스스로 생각했고, 20세기 초에 이르니 인간은 드디어 자연의 100가지 현상 중 2, 3개만을 신의 영역으로 남겨놓고 그 이외에 98개의 영역은 다 과학의 범주에 속한다고 자부했다.

그런데, 20세기 아인슈타인이 들어서니 인간의 관찰 범위가 10,000가지로 넓어졌다. 자연을 알면 알수록 알아야 하는 것이 더 많아진 것이다. 21세기 유전자 조작, 나노기술, 인공지능이 문명을 획기적으로 변모시키는 시대에 접어들어, 이제 인간은 영혼의 정체성, 전생 기억, 타인의 기억을 들여다보는 능력에 대해 과학적으로 넘나 볼 높이까지 왔다.

II. 이승의 언덕에 서서

기독교, 유대교, 이슬람교, 힌두교 등 세상의 많은 종교는 '영혼불멸설'(靈魂不滅說, immortality of the soul)을 따른다. 즉 육신과 영혼은 별개이며, 육신은 죽어도 영혼은 죽지 않아 천당 지옥으로 가서 영원히 머물거나(기독교), 잠시 머물다가 다시 인간 동물 등으로 환생한다는 사상이다(힌두교). 기독교/유대교에서는 야훼(여호와)가 불멸하는 영을 인간에게 불어넣었다고 하며, 도교에서는 불멸의 그것을 일컬어 신선이라 한다. 불교에서는 영혼이라는 단어 대신 그것을 업식이라 이르는데, 이는 아뢰야식에 저장되며 이 업식에 따라 지옥, 아귀, 축생, 아수라, 인간, 천상으로 육도 윤회한다고 한다. 업식에는 영혼에 있는 영원히 존재하는 남과 나를 구별하는 정체성, Eternal Identity 개념이 빠져 있다고나 할까, 색깔이 약하다고 할 수 있다. 유일신을 믿는 종교의 영혼은, 서양 철학의 아버지 플라톤이 설파한 이데아(Idea)와 맥이 닿아 그 연장 선상에서 영혼의 불멸성을 논한다.

그런데, 종교가 미묘하게 다른 점은 각 개인의 영혼이 개별적인 정체성(Identity)이 있는 것이냐 없는 것이냐, 개별적 정체(차별)성이 있다면 이것은 시간-공간과 무관하게 '영속적으로 존재'하느냐 아니냐에 대한 인식이다. 대부분의 종교에서는 영속적인 개별 정체성을 가진 영혼의 존재에 대해 이성적 해석이나 과학- 논리적 증명을 통해 설득하지 않는다. 과거 어느 시점에 초자연적인 사건들이 일어났다는 주장과 이 사건에 대한 특정 신자 집단이 주관적 해석을 하고, 이를 기반으로 개별적인 차별성 있으며 영속되는 존재에 대한 '인식'을 신자들에게 주입한다. 인간이 글, 수학, 이성으로는 시간-공간에 의지하지 않는 '존재'를 담아내지 못하니, 종교는 신자들의 주관적 느낌, 감정을 다 합쳐서 개별영속하는 영혼의 존재에 대해 인정하도록 하며 인정해야만 신도 집단에 속하도록 하고, 이를 종교적 '믿음'이라고 주장한다.

물론 모든 종교가 다 영혼에 대해 이러한 입장을 취하는 것은 아니다. 그렇지만, 모든 종교의 문화권에는 soul, spirit, atman, 진아(眞我), 참나 등 개별적이며 영속하는 영혼에 대한 믿음이 여러 형태로 존재한다.

1. 지구가 둥글다고?

세상은 무한히 연결되어 있다. 땅, 공기, 지구, 태양계, 우리 은하… 모든 것은 무한히 연결되어 있다. 인간은 개개인이 다 다르다. 우주가 무한히 연결되었듯이, 인간 개개인의 무한한 차별성은 죽음 이후에도 시공간에 상관없이 늘 존재할 것이라는 인식은 쉽게 인간 뇌리에 파고든다. 즉,

사람들이 일상에서 경험하거나 관찰되는 현상을 확장해서 시간 공간에 무관하게 보편적으로 존재한다고 누군가 주장한다면, 사람들은 쉽게 이를 받아들인다.

그러나, 지구가 둥글며 태양의 주위를 돈다는 것, 지구는 구와 같은 형태로 둥글다는 것, 지구를 비롯한 모든 우주 만물이 상대적으로 움직이고 있다는 것은 일상의 경험을 확장해서는 받아들일 수 없는 것이다. 차별성이 있는 개개 영혼의 존재하지 않는다는 것 또한 그러한 것이다.

2. 말로 다 담으려 하지 말자.

과학을 기술하는 도구는 수학이다. 그림, 기호나 글도 사용하지만 수학을 배제한 과학은 존재하지 않는다. 과학은 시간과 공간에 존재하는 물질과 생명의 상호 작용 현상을 기술하기 위한 것이고, 물리학이 시간-공간-물질의 관계를 수학을 통해 매우 성공적으로 기술했고 모든 과학은 그 기반 위에 성립되었기 때문에 수학에 모두 빚을 지고 있다. 공학은 과학이라는 아버지와 경제학의 어머니 사이에서 태어난 자식이니 당연히 수학에 기반한다.

철학은 문자를 도구로 사용한다. 20세기 초반 영국의 러셀 등이 기호로 철학 명제를 모두 다루어 보려 노력한 바 있으나, 과학과 철학의 경계선 일부를 손전등으로 비추어 본 정도에 머물렀다. 철학이 사유하는 세계는 뇌 과학으로 이어지고, 뇌에서 관찰되는 모든 작용은 신호를 전달하는 단백질과 전기적 상호 작용을 하는 전자기장의 변화로 기술되나 그 기전을 아직 다 파악하지 못한 상태이다. 양자역학적 작용도 의식, 무의식에 영향을 미칠까? 아니다라고 부인하기보다는 '언젠가 그 영향의 존재 여부를 알 수 있을 것이다.' 정도로 열어놓는 것이 합당하다. 그리하여, 철학과 뇌 과학이 이웃하고는 있되 아직은 상호 출입이 자유롭지는 못하다. 철학 문자의 곡괭이로 캐낸 석탄과 다이아몬드의 용도와 상대성 원리에 기초한 GPS로 만든 스마트폰의 시계나 나노의 기술로 캐낸 CRISPR-CAS9의 유전자 조작 도구는 인간 살림살이에 서로 다른 쓰임새를 갖고 있다.

철학이 그러하듯이 종교도 문자나 말로 모든 것을 담으려 하기 때문에, 스스로 모순에 빠지거나 부끄러운 한계를 드러낸다. 수치심, 부끄러움을 아는 것이 인간과 동물이 다른 점이다. 약속에 의해 사회를 이루고 그 약속이 유지되기 위해서는 인간에게 부끄러움이라는 감정이 꼭 필요한 것이다. 이 감정은 원래 창조 프로그램에 넣어져서 진화 과정 중에 나타났거나, 시간이 아까우니 번거롭게 진화라는 긴 시간을 타지 않고 인간을 만들 때 한꺼번에 창조되었다고 본다. 인간 됨의 근본에 부끄러움이 있다. 철학 종교도 인간의 것이니 그 부끄러움이 있어야 하지 않을까 싶다. 조금 다르게 표현하자면 철학이나 종교의 논리, 교리에 대한 겸손함이 있어야 한다.

어찌 되었든, 말로 모두 다 담으려 하면 안 된다. 문자(말)는 문자(말)로 정의된다. 사전을 들추어 보라, 모든 단어는 단어의 조합으로 정의되어 있다.

"말로 모든 말을 담으려 하면 말문이 막힌다."

세상의 모든 진리는 말로 다 담기지 않는다. 과학? 한계성은 마찬가지이다. 막스 플랑크가 제시한 프랑크 상수가 의미하는 길이나 시간 또는 질량 너머에서는 물리학도 그 발걸음을 멈춘다. 철학이든, 종교든 모든 것을 다 담고 있다는 태도를 갖고 있다면, 그것은 마치 지구를 중심으로

인공지능 시대에 천만 새로운 일자리 만들기

우주 전체가 돈다고 주장하는 것과 다를 바 없다. 화성뿐만 아니라, 태양, 우리 은하계, 우리 은하계보다 100… 00…000배 더 큰 우주 전체가 말이다. '우주 전체'라는 '말' 자체가 무슨 뜻인지 말로 정의된 바가 없기도 하지만 말이다. 말로 진리를 다 담는다는 것은, 바늘구멍을 겨우 빠져나간 낙타가 이번에는 그 옛적 중국의 한신처럼 Virus의 다리 사이를 기어나갔다고 하는 주장이라고나 할까. 바늘구멍이 바이러스 다리보다 백만 배는 더 넓은데.

우주가 하느님에 의해 창조되었다면, 창조의 원리와 의지를 배우는 궁극적인 길은 자연과 우주의 운행 원리를 이해하는 것이다. 언제 누가 썼다는 '무엇은 무엇이다'라는 선언적 종교 진리가 인류가 현재 밝혀낸 과학적 발견과 상충한다면 과감히 이를 버려야 한다. 그래야 미래에 자연과 우주를 이해하면서 창조 진리의 본뜻에 한 발짝이라도 더 가까이 갈 수 있다. 과학이야말로 창조의 충실한 종이다. 인간을 창조의 신으로 이끄는.

3. 개별적 영속되는 영혼(Eternal Identity of Soul)

좀 부담스러운 주제로 가자.

지금 살아있는 사람처럼 인간이 죽은 후 무한 시간 존재하는, 개별적으로 구분할 수 있는 그 무엇, 통상 영혼이라는 것은 존재하는가?

'나는 그런 것은 없다고 판단한다.'

생각하는 것이 아니고 판단한다는 것이다. 나에게 있어 판단은 이성이라는 식재료에 약간의 감성이라는 조미료가 들어간 것이고, 대부분의 생각은 감성이라는 강에 이성이라는 물고기가 몇 마리 유영하고 있는 상태를 말한다.

알렉산더가 남긴 유산으로 인도 북부를 지배하던 미란다 왕이 영혼과 내생에 대해 물었을 때, '영혼은 초에 불이 꺼지면서 다른 초에 옮겨 가는 촛불과 같다.' 혼은 불이고 초는 몸이라, 불이 연결은 되어있되 불과 초 어느 것도 동일한 것은 아니다. 나가세나 스님은 이리 답했다고 한다. 이렇게 길게 설명하기도 하지만, 무아(無我)라고 한 단어로 표현하기도 한다.

사진 포대 화상

영원한 개별적 영혼이 존재한다고 '믿는다'라고 말하는 많은 주변 사람들이 있지만, 우주 안의 어느 시간이나 공간이나 물질에 의존하지 않고, 그 물질들에 영향을 미치는 force fields이거나 자연에서 관찰되는 그 어떤 법칙에도 지배받지 않는 존재를, 존재한다고 '말'로 설명한다는 것이 내게는 받아들여지지 않는다. 그 '말'은 자연법칙의 지배를 받기에 인간의 뇌리를 거친 후 입을 통해 소리로 나오지 않던가? 물리법칙에 지배를 받지 않는 것은 말과 수학으로 담아낼 수 없는 것이다.

그래서 동양 전통에서는 존재의 영원성이나 궁극적 진리라는 것을 설명하고자 하면, "입을 열기 전에 이미 틀렸다!"라고 하는 것이고, 서양의 비트겐슈타인은 "말로 담지 못하는 것은 입 닥치고 좀 조용히 하고 살자"라고 한마디 한 것이다.

4. 기적과 우연

그런데, 무아와 영혼의 스토리가 대부분의 사람들에게 그리 간단명료하게 받아들여지지는 않는다. 얘는 누구를 닮았을까? 조상 중에 아무도 없는 모습이나 재능이 있는 아이에게 흔히 묻는다. 쇼팽은 5살 때 피아노를 치고 작곡을 했다. 만약 쇼팽이 그 전 1,000년 전에 태어나도 그런 재능이 있었을까? 전생을 기억한다는 많은 이들의 증언에 의해 전혀 기록되지 않은 역사적 사실들이 발견되기도 하고, 다중인격을 지닌 사람들은 인격이 바뀔 때 순간적으로 목소리, 취미만 아니라 몸의 병도 생겼다가 없어지기도 한다고 한다.

아직 과학으로 설명되지 못하는 초과학적인 현상이 주변에서 발견된다. 과학이 풀어야 할 숙제가 많다는 이야기이다. 인간의 지성이 아직 걸음마 수준이니, 이성과 지성의 잣대로 지금 관찰되는 모든 것을 설명할 듯이 나설 수는 없는 일이다. 인간이 관찰하는 정보전달 최고의 속도는 빛의 속도인데, 이에 의지하지 않는 양자얽힘(quantum entanglement)을 이해하는 것이나, 인간유전자의 정보를 해독하고 성인 세포의 유전자를 조작하는 수준에 이르렀기는 했지만, 인간 세포의 복제 기전을 다 알아내는 것은 아직도 매우 먼 길을 가야 한다.

공학이나 과학이나 모든 사물이 존재하면서 표출하는 행태에 대한 현상을 관찰하고 이를 기술한 것이다. 관찰과 기술의 도구가 더 세밀해지면서 힘의 장(Force Field)과 물질과 생명이 상호 작용하면서 존재하는 행태들에 관해 더 많이 관찰하게 될 것이다. MRI로 인체의 많은 정보를 읽어낸다는 것은 생명현상이 전자기장과 밀접히 연관되어 있다는 것인데, 아직 우리는 인간의 자아의식이나 자유의지가 전자기장이나 중력장과 어떻게 연동되는지 세밀히 알지 못한다.

간혹, 현재까지 진행된 철학적 논의나 종교적 교리로, 무아/연기- 창조론 등, 머릿속이 다 정돈된 듯이 설명하는 사람들을 가끔 만난다. 초과학적인 현상에 대한 그런 사람들의 공통적인 설명은, 그런 초과학 현상은 자신이 뇌리에 정리된 한 보자기의 논리 안에 포함될 수 있는 것으로서, 일부 종교인들은 전지전능한 신의 임의 의지작용으로 설명하고, 또 다른 일부 철학자/ 불가지론자/ 과학자들은 그런 현상은 '무작위'적인 우연한 생화학반응으로 일어나는 것이라고 설명한다.

이런 사람들과 열린 마음을 가진 과학자들이 다른 점은, 자신이 이성적 한계에 봉착하거나 미지의 영역과 닿아 있는 과학의 Front에 도달했을 때, 미지의 세계에 대해 갖는 호기심과 배우고자 하는 태도이다. 많은 초과학 현상을 신의 임의 의지작용으로 설명하는 사람 중에는 선언적 종교 진리 명제를 내세우며, 과학적 진리를 부인하고 배타적이고 독단적이며 이성의 접근 제한 영역을 구축하는 사람들이 많다. 이 태도의 문제는 집단을 형성하여 자주 과학적 진리를 부인하고, 인류 공통의 도덕관을 무너뜨리는 행동을 자주 한다. 세계적으로 빈번히 일어나는 테러의 상당 부분이 여기에 기인한다. 우연(Randomness)이라는 의견은 종종 철학자나 인도 종교 전통의 무아론자들에서도 발견되는데, 이러한 태도는 평상적인 개인들이 묵상-기도-명상을 통해 얻는 초과학적 경험을 무시하거나 가볍게 여기고, 과학 진보에 필수적인 호기심을 억누른다.

5. H2O

초자연적 현상이라는 것은 없다. 자연을 떠나 인간이 관찰할 수 있는 현상은 없다. 누구나 관찰하는 자연현상이 아니고 어떤 개인의 뇌리에서 인지된 매우 특별한 경험이라도, 도솔천에 갔다 왔다거나 천국 지옥에 갔다 온 경험 등, 그 뇌리 자체가 자연의 일부인 지라 자연현상의 일부이다. 초자연은 없고, 초과학은 있다. 아직 과학이 자연현상을 모두 설명 못 할 따름이다. 실험실에서 원자로부터 조합하여 인간 세포를 만들고 이것이 자체 분열하게 만들기까지, 얼마나 더 많은 세월이 걸릴까? 100년, 300년? 그즈음이면 인간의 자아의식이 무엇인지 합의에 도달할 수 있겠다. 자의식을 안다면, 정체성이 변하지 않는 영원히 존재하는 영혼도 알 수 있을까? 그런데, 과연 인간 뇌리의 이성으로 영원한 존재에 대해 인식할 수 있을까? 원자로 세포를 만드는 것보다는 훨씬 어려워 보인다.

플랑크넘버보다 적은 시간과 공간의 의미를 먼저 알아야 '영원, everlasting'의 의미에 대해 합의할 수 있을 것이다. 매우 어려워 보인다, 현재 이 글을 쓰고 있는 정도의 지성으로 영원을 논의한다는 것이. 무엇이 무엇인지 모르지만 남들이 발음하는 단어를 그저 글로 옮긴 것에 불과할 뿐.

조금 다른 비유를 해보자. 수소 분자 H_2와 산소 분자 O_2가 합쳐지면 전혀 다른 성질이 나온다. H_2O가 되면 고체, 액체, 기체일 때 주변과 상호 작용이 다르다. H_2는 작게는 원자핵 내에서의 약력과 강력, 크게는 기체로서 압력과 온도에 그 움직임이 정해진다. 그런데 산소와 결합된 H_2O는 액체일 때는 물에 섞인 다른 물질로 인해 생기는 끈끈함, 흘러갈 때 바닥 표면의 거치 정도, 온도 등에 따라 전혀 다른 움직임을 보인다. 모든 질량을 가진 물체는 4가지 근본적인 힘(약력 강력 중력 전자기력)에 지배되지만, 물이 되면 다른 물질과의 상호 작용에서 비롯되는 또 다른

405

여러 물질의 성질에 그 움직임이 영향을 받는다.

단일 원자 분자(H2)에서 복합 원자 분자(H2O)로 바뀌어도 이런 차이가 있는데, H2O 수억 개보다 큰 미토콘드리아나 그것의 수만 배 크기인 단일 세포 내에서는 얼마나 복잡한 변화가 일어나겠는가. 푸앵카레(Poincare) 추측이 100년 만에 풀렸다고 환호하지만, 물이 움직이는 Navier Stokes 방정식의 일반 해는 아직도 21세기 7대 수학 난제로 남아 있다. 그런데, H2O보다 수천 배 복잡한 분자 수백만 개 종류가 수백 억 내지 수천 억 개 모여있는 인간의 세포 내에서 일어나는 일을 인간이 모두 알아내는 작업은 아마도 수백 년은 더 걸리지 않겠나 싶다.

세포만 해도 이리 복잡한데, 인간이 경험하는 초과학적 현상을 이성적으로 풀어내는 과정은 더 복잡한지라, 세월이 한참 흘러야 조금 이해의 범위로 들어오리라.

무슨 이야기를 하고자 하는가 하면, 초과학적인 소위 영적 현상으로 분류되는 일들에 대한 설명(frame)을 잡기 위해서이다. 타인의 과거사를 정확히 집어내는 일, 수백 년 전 전생을 기억하는 일, 돌아가신 분과 대화하는 일. 이런 일들은 살면서 보거나 접하는 일들이다. 반복적으로 일어나는 자연현상의 일부이므로 과학의 영역으로 다룰 수 있다는 말이다. 이런 현상들을 정신병적 환상이나 무작위로 일어나는 확률상의 우연이라고 치부하기보다는, 미래에 밝혀질 초과학 분야라고 보아야 한다는 주장이다. 기적-무작위적 우연-초과학 어떤 관점에서 보느냐는 미묘하지만 매우 다른 태도이다. 16세기 주자학의 理氣 일원, 이기 이원, 이(理) 일원론의 형이상학에 빠진 조선과 르네상스 이태리의 차이가 무엇이었나? 자연을 관찰하는 태도였다. 이성적 추구를 포기하거나, 무시하거나 하지

인공지능 시대에 천만 새로운 일자리 만들기

말고, '지금 과학으로 이해 못 하지만 이성 이해 범위에 들어올 것이다'라고 보고 알아보기를 게을리하지 말자는 것이 내 입장이다. 초과학적 현상을 갖고 상상의 종교적 권위를 만들어내어 그나마 밝혀진 과학을 부정하지 말고, 우연으로 무시하지도 말자는 주장이다.

6. 인공지능과 삼성증권

인공지능이 자아의식(Self-consciousness)을 가질 수 있을까? 자아의식이란 개념은 아직 철학이나, 뇌 신경 과학, 심리학에서 합의된바, 즉 객관적으로 정의된 바가 없다. 인공지능은 인간의 신경세포 작동방식을 모방하여 인간의 언어와 판단을 대신한다. 최근 인공지능 업계에서 만든 Open AI의 GPT3, Deep Mind의 AlphaFold 2를 보면 인간 지성의 경계선을 막 넘어서는 듯하고, Bioscience에서는 이제 성인 인간 세포의 어느 유전자라도 편집하는 단계에 이르렀다. 자의식에 관해서는 언제, 어디까지 과학적 정의에 이를까? 인공지능이 그 정의에 도달하는 길을 안내할까? 인공지능이 인간의 자의식과 같은 의식을 가질 수 있을까? 그렇다면 그 인간 자의식을 발견하는 일을 당연히 도와주겠지.

자의식이 있는 인간은 어떻게 생각하고 행동하는가?

다음과 같은 단순한 모델을 생각해 보자. 자유의지의 발현은 개인의 개별적인 욕구에 근거를 두고, 그 욕구는 무의식에 내재한 어떤 경험의 기억과 태어나면서 지니고 온 원천적 기억과 경향에 의해 촉발되고, 지나간 욕구에 의한 행위 결과에 대한 만족 정도가 기억되며, 이 개인별 원천 및 경험의 기억에 의해 조성되는 신경세포의 망 구조가 자유의지의 발현(mechanism)을 정한다. 그런데 이 기억의 저장(mechanism)은 단지

brain neuron networking에 관한 것만 있는 것이 아니고, 몸 전체의 neuron network와 소화기관 내의 microbiome에 의한 정보 교환까지 포함할 것으로 본다. 감동하면 울고 두려우면 몸이 떨리고, 오싹한 경험을 하지 않는가?

〈자유의지- 욕구- 욕구 발생 기전- 원천/경험 기억- 지난 행위 기억 저장〉

현재의 컴퓨터와 결합된 인공지능이 인간의 이성적 판단에 관한 대체를 하거나, 심지어 아직 발견하지 못한 과학적 문제에 대한 해법을 내놓는 시기가 조만간 도래할 수 있다. 그러나, 위에서 기술한 것과 같은 작동을 하기 위한 인간 신경망과 센서를 구비하려면, 인간 무의식의 구조를 구현해야 하기 때문에 상당한 시간이 걸릴 것으로 보인다. 이때 도달하면 인공지능이 인간 자의식에 대해 무엇이라 내놓을 것이 있을 것이다.

Ray Kurzweil이 주장한 2045년에 도달하는 특이점은 인간의 이성적 능력을 초월하는 것에 대한 것이고, 이성-감성, 의식-무의식을 결합한 모델을 내놓는 시기는 2045년보다 훨씬 뒤일 것이다. 인간 의식-무의식 구현체가 가능한 일인가? 나는 가능하다고 판단한다. 지난 2,000여 년 동안 불교 신자는 모두 성불(成佛)하고 하느님을 믿는 신자는 영속하는 영혼이 하느님께 간다고 하고, 하느님이 내 안에 있다고도 하는데, 어찌 그런 능력과 영혼을 가지고 있다는 인간이 이를 못 이루겠는가? 종교의 선언적 정의가 이미 2500년 전부터 이는 가능한 일이라 일렀고, 나는 이를 과학발전의 추세로 보아 가능하다고 믿는 편이다.

철학, 종교, 과학을 논하는 글에 웬 인공지능까지 등장하냐…면, 똑같은 문제를 조금 다른 시야로 보기 때문이다.

7. 자아의식

내 개인 직관으로, '인간 자아의식이나 영혼의 존재에 대해, 인간이 자연을 관찰하면서 과학적으로 정의한 것들의 어떤 연결 상태 또는 파동 상태를 자아의식이라 합의할 날이 올 수 있다고 생각한다.'

그런데, 그 상태가 개별적으로 차별된 것으로서 특정 공간에 머물며 시간과 무관하게 영원히 존재할 수 있다는 결론(영생하는 영혼)에 이르지는 못할 듯하다. 양자의 불확정성이나 Force Field라는 것 자체가 연결 상태의 변동을 의미하니, 지금 우리가 일컫는 '과학'과는 전혀 다른 체계 속에서나 영속하는 차별화된 객체가 있다면 모를까, 우리가 사는 이 우주에 영속되는 유일한 정체성을 지닌 객체는 없다고 본다. 불변의 자의식은 없으나 개인이 각자 자의식으로 느끼는 '것', 불교 표현을 빌리자면 Karma-業들이 시간 속에서 흘러 새로이 태어나는 생명의 자의식을 만드는데 기여할 뿐이다. 시간 속에서 생명과 생명으로 전달되는 의식-업은 있으나 이 또한 차별화된 정체성(Identity)을 가지면서 영원히 존재하지는 않는다. 이 모든 것은 그렇게 창조되었고 잠시 존재한다고 나는 생각하며, 판단하고, 또 '믿는다.'

'영원(永遠)히 영원(zero won)인 것은 삼성증권이야!'

삼성증권이 거래수수료를 zero로 하겠다며 광고한 문구이다. 부모가 외동딸보고 시집을 가던지 집에서 계속 살려면 월세를 내라고 하니, 딸이 부모 사랑은 영원하다는데 왜 그러냐 하니 애비가 하는 이야기이다.

심리학과 뇌 과학(Neuroscience)이 인간 의식에 있어 마치 나르시스의 얼굴을 비춰 준 연못의 물과 같은 것이라 한다면, 인공지능은 거울과 같은 존재이다. 앞모습 뒷모습 머리 정수리까지 보는 거울이다. 인간이 인공지능을 통해 인간 이성과 감성의 역할을 대체하면 할수록, 인간은 스스로의 의식에 대해 더욱더 자세히 관찰할 수 있을 것이다.

사진　정원에 핀 할미꽃

III. 결언

뻔한 이야기를 결론은 비슷한데 괜히 복잡하게 늘어놓는가?

조금 다르다는 것을 이해해주시기 바란다. 인간은 이성의 진전으로 궁극적으로 부처에 이르고 창조의 근원인 하느님과 합일된다는 이야기를 풀어놓는 것이다. 人乃天이라고나 할까. 초과학적인 현상을 기적이나 생화학적인 우연으로 방기하면, 창조자께서 주신 이성의 발을 묶어 다음 단계 계단을 오르지 못해 신성(神性)으로 가까이 가지 못 한다는 주장이다. 자연을 있는 그대로, 자연에 속한 인간 뇌를 포함한 인간에 대한 모든 것을 그대로 보고 이해하는, 과학을 하는 태도야말로 인류가 함께 인내천에 이르는 유일한 계단이다. 전생의 기억, 타인의 과거를 읽는 능력, 돌아가신 분의 의식(영)이 나타나는 현상, 다중인격 등은 인류가 한 발짝 앞으로 나아가면서 초과학에서 과학의 영역으로 포함시킬 수 있는 현상들이다.

하느님이 허락하지 않았다면 인간의 이성은 과학의 진보를 이루지 못하였을 것이고, 이를 허락한 것은 하느님의 창조 의지라고 판단된다. 부처님께서 인간은 궁극적으로 모두 다 부처의 경지에 이른다고 하셨으니, 이는 과학을 구하는 이성을 주신 하느님의 의지와 같은 뜻의 말씀이다. 인류가 종교의 聖地에 도달하는 길은 같이 손잡고 과학이 놓아준 성지에 이르는 계단을 오르는 길이다. 종교로 다투는 손을 놓고, 화합의 손을 함께 잡고 과학의 계단을 쌓아야 한다.

세포분열, 양자얽힘, 암흑물질, 통일장이론 등 아직 지성의 힘으로 알아내 볼 만한 많은 초과학 현상이 우리 앞에 있다. 어떤 부분은 그저 몇십 년 내에 알아낼 것 같기도 하고 어떤 부분은 이성의 상상력이 미치는 끝 언저리 어디에 있는 듯하기도 하다. 인간이 말이나 글, 숫자로 표현하는 그 모든 것은 인간 뇌리에서 정리되었기에 도출되는 것이다. 인간이 자연의 재료로 만들어내는 그 모든 것은 '원천적 창조'는 아니다. 자연에서 나온 재료에 의하지 않고 무슨 물건을 만들어내겠는가? 그 모든 재료는 원천적 창조물과 그때 만들어진 자연법칙의 일부를 이해하여 가공한 것일 뿐이다. 인공지능에 의한 창조? 인공지능 그것 또한 인간의 뇌리에서 만들어진 software에서 비롯되었고, 인간 뇌 자체가 원천적 창조의 한 부분 아니겠는가?

인간이 창조되기 이전에 창조자의 스스로 존재함에 대해, 빅뱅 이전에 대해, 무한함에 대하여 원천적 창조물의 일부인 자연 속에 있는 인간 뇌로 받아들이는 것은 가까운 미래에는 가능해 보이지 않는다. 계곡에 흐르는 물이 물소리를 담을 수 없듯이, 이 글을 보고 있는 내 눈이 이 글을 읽고 있는 내 뇌 신경망의 연결을 볼 수 없듯이.

자연(우주)을 '떠나서' 새로운 세상이 있지 않다. 또한, 자연을 현재의 지식으로 본다고 모든 세상을 다 보지는 못한다. 그러나, 과학이 발전하면서 인간은 자연 속의 더 많은 세상을 보게 될 것이다. 이렇게 새롭게 발견하게 될 세상, 인간 이성이 도달하는 또 다른 곳에 대해 나는 매우 궁금하다. 누군가, 대부분은 종교관련인들이, 자연을 떠난 세상이 있다고 주장한다고 하자. 자연을 떠난 세상을 설명하는데, 자연에 속한 인간의 말과 논리를 쓴다? 에이 그러면 떠난 게 아니지.

아직은 말과 수학의 한계를 넘어선 곳에 있는 개별 개인들의 초과학적인 경험을 이해하지 못하나, 일상의 분주함을 떠난 수녀님의 묵상같이, 크리스천의 기도나 스님의 참선같이, 그리고 누구나 실천할 수 있는 명상을 통해, 누구나 그런 경험에 조금 다가갈 수 있는 길이 있다고 나는 생각한다.

기도나 명상을 통해 과학과 이성 한계의 테두리를 벗어나, 인간이 우주의 큰 흐름 속에 어떻게 존립하고 있는지를 온몸으로 느낄 수 있는 것. 그것을 말로 표현하지는 못하더라도, 인간 존재 전체로 담아보면서 위안과 평안을 얻으리라. 굳이 말로 설명하고, 사람들 몇몇이 모여 이리저리 우주와 신을 정의(definition)해 놓으면, 오히려 설명과 정의에 자신이 갇히어 기도와 명상으로 도달할 수 있는 그곳으로부터 더더욱 멀어질 위험이 다분히 있다. 그러나, 선언적 종교 진리를 믿는 것이 이 거친 인생 항로에 등불이 되고 위안이 됨을 어찌 부정하겠는가? 종종 종교의 선언적 진리가 말의 길이 끊어진 곳에 이르는 어두운 길 입구를 비추어주는 등불 역할을 한다. 다만, 종교 진리라고 주장되는 것이 과학의 진보를 막는다면, 그것이야말로 하느님과 부처님의 뜻을 거스르는 것이 아닌지 다시 한 번 숙고해야 한다.

사진　인공지능이 만들어 준 50년 전 얼굴

인간의 짧은 생은, 어둠 속에서 빛을 내는 등불을 찾아서 이를 바라보는 것에 가치가 머무르는 것이 아니다.

종교의 등불이 인도한 입구를 지나 부처님이 도달했고 하느님께서 계시는 그곳에 모든 사람이 걸어가고 올라갈 수 있도록, 인간 이성 진화의 단계를 함께 쌓는 일에 그 진정한 의미가 있다.

요즘 젊은 세대가 공감하는 말로 하자면, '진리는 나의 빛'이니 현재의 과학 진리를 믿고 더 큰 진리로 함께 나아가자는 것이다.

413

인공지능 시대에

인천만 새로운 일자리 만들기

펴낸날 2023년 6월 25일

지은이 장준호 장기석
펴낸이 주계수 | **편집책임** 이슬기 | **꾸민이** 이슬기

펴낸곳 밥북 | **출판등록** 제 2014-000085 호
주소 서울시 마포구 양화로 7길 47 상훈빌딩 2층
전화 02-6925-0370 | **팩스** 02-6925-0380
홈페이지 www.bobbook.co.kr | **이메일** bobbook@hanmail.net

ISBN 979-11-5858-933-2 (03320)